U0918166

现代教育技术

XIANDAI JIAOYU JISHU

主　编　赖　麟　陈代娟
副主编　李又玲　唐　蓉

四川大学出版社

责任编辑：蒋姗姗
责任校对：许　奕
封面设计：墨创文化
责任印制：王　炜

图书在版编目(CIP)数据

现代教育技术 / 赖麟，陈代娟主编. —成都：四川大学出版社，2014.8
ISBN 978-7-5614-7971-1

Ⅰ.①现… Ⅱ.①赖… ②陈… Ⅲ.①教育技术学-中小学-师资培训-教材 Ⅳ.①G40-057

中国版本图书馆 CIP 数据核字（2014）第 195688 号

书名　**现代教育技术**

主　　编　赖　麟　陈代娟
出　　版　四川大学出版社
地　　址　成都市一环路南一段 24 号 (610065)
发　　行　四川大学出版社
书　　号　ISBN 978-7-5614-7971-1
印　　刷　郫县犀浦印刷厂
成品尺寸　148 mm×210 mm
印　　张　11.25
字　　数　281 千字
版　　次　2014 年 8 月第 1 版
印　　次　2017 年 8 月第 3 次印刷
定　　价　39.50 元(含光盘)

◆读者邮购本书，请与本社发行科联系。电话：(028)85408408/(028)85401670/(028)85408023　邮政编码：610065
◆本社图书如有印装质量问题，请寄回出版社调换。
◆网址：http://www.scupress.net

前　　言

本书以教师教育专业化和新课程改革为背景，以《中小学教师教育技术能力标准（试行）》为依据，充分考虑学校媒体条件和教学中对教育技术的实际需要，按照教育技术基本理论、教学设计、教学媒体与教学资源及教学实施与评价四大部分组织内容，包括现代教育技术概述、信息化教学设计、教学媒体、信息化教学资源、课件设计与制作、信息环境下的教学实施，以及信息环境下的教学评价共7章。第1章包括教育技术概述和理论基础介绍；第2章结合具体案例和“任务”，详细介绍信息环境下课堂教学设计的一般环节和具体方法；第3章主要介绍各种信息化教学环境的结构和功能，以及几种典型的新型教学媒体；第4、5章以案例引领，“任务”驱动，介绍数字化教学资源的设计与开发，从素材准备到多媒体课件制作，详细展现常用PPT课件和Flash课件的制作方法；第6、7章结合案例，介绍教学过程的基本环节、教学信息的呈现方式，以及常见的教学组织形式、教学交流方法、教学评价方法和反馈数据统计分析及呈现方法等。

本书在体例设计上充分考虑教学实际需要并体现课程特点，每章均提供学习目标、案例呈现、知识导航、实训任务、拓展学习和头脑风暴六个部分，并随书附送教学用的PPT光盘。本教材由赖麟、陈代娟担任主编，李又玲、唐蓉担任副主编。赖麟负责本教材内容体系构建与规划，陈代娟编写第 1 章和第 2 章，卢建斌编写第 3 章，唐蓉编写第 4 章和第 5 章，李又玲编写第 6 章和第 7 章，叶美金、邱恕洁、郭刚负责部分资料的收集和各章教学用 PPT 的设计与制作。

本书的适应性较强，既可作为高等师范院校教师教育专业本、专科《现代教育技术》公共课的教材，也可作为在职教师继续教育培训的教材，还可作为各级各类学校信息技术人员、学科教师及教学管理人员等的参考阅读书籍。

由于编者水平有限，书中不足在所难免，敬请各位读者批评指正。

编者

2014 年 7 月 16 日

目　　录

第1章　现代教育技术概述

【学习目标】

·理解教育技术的概念

·了解教育技术的产生、发展过程与发展趋势

·了解教育技术的理论基础，特别是行为主义、认知主义、建构主义学习理论的基本观点，理解各种不同学习理论的特点和适用范围，以及在不同学习理论指导下的基本教学原则和规律

·了解教育信息化和新课程理念，理解教育技术与教育信息化、新课程改革和教师专业发展的关系

【案例呈现】

案例1-1　马老师巧用DVD（改编自《教育技术培训教程 教学人员·初级》，祝智庭主编，北京师范大学出版社）

马老师是西部某边远小镇的一名小学语文老师。今天，她将给小学一年级的同学们上《清澈的湖水》一课。以前上这节课时，由于孩子们从未见过湖水，所以很难理解课文中所描述的湖光山色，结果对课文中要掌握的十几个生字只能机械记忆，课堂显得十分冗长沉闷，对课文中“……像……”的句法难点很难掌握。今天马老师却胸有成竹，原来，她备课时利用DVD设备，认真观看了远在千里之外的东部某知名小学一名特级教师讲授《清澈的湖水》一课的课堂教学DVD，从中学到了很多东西。

上课铃响了，马老师自信地站在讲台上，声音洪亮地说：

“春天到了，大家都很想出去春游吧！让我们一起来看一段风光片吧！”说着，马老师按下了 DVD 播放机遥控器上的“播放”按钮。一段风景秀丽、湖光山色的美丽画面出现在电视屏幕上：蓝天、白云、清澈的湖水、倒映的青山，还有在湖水中游来游去的鱼儿。这时一家三口，父母领着孩子乘着一条小船在湖水中荡漾，全家人都陶醉在这美丽的景色中。不远处，一位也坐在小船上的小朋友正想把吃面包剩下的包装纸扔进湖里，但她看到这清澈的湖水，不忍心打破美丽的湖面，就一直把废纸带回到岸上，丢进了垃圾箱。

这时，马老师按下了“暂停”按钮，问道：“同学们，大家刚才都看到了什么？哪位同学能告诉我们吗？”同学们争先恐后地举起了小手：“美丽的湖水”“漂亮的大山”……大家纷纷说出了自己所观看到的景色。马老师问道：“大家想不想听电视里的小朋友们怎么说的？”伴随着同学们急切的回答，马老师又按下了“播放”按钮。电视里的学生们也正争先恐后地说“我看到了蓝天白云映衬下的宁静的湖水。”“我看到了两岸的青山和它们在湖水中迷人的倒影。”……“大家想不想再说说，刚才看到了什么？”马老师按下“暂停”按钮的同时再次启发道。于是受到启发的同学们给出了更多美妙的描述：“碧绿的湖水中一条银色的小鱼游来游去，像是在给大家表演”“两岸的山峰有的像展翅的雄鹰，有的像可爱的小兔”……

“大家想不想听听电视里的老师怎么评价那里的小朋友的发音？”马老师再次开始了放映……DVD 光盘中的特级教师简单点评之后，就开始朗读课文。以前，朗读课文是马老师最头疼的环节：说惯了地方方言的她，有些字发音始终有困难。现在，听着电视里老师标准而优美的发音，马老师让同学们一起跟读。读完课文，马老师把画面停在生词上，说道：“这些啊都是我们今天要认识的字。其中有些大家可能认识，能不能说说你是怎么认识的?”学生们给出了自己的答案。“大家想不想知道电视里的小朋友是怎么记住这些字的?”马老师又开始播放……

电视机里面和电视机外远隔千山万水的两地学生就好像一个班级的两个学习小组，在一起学习和操练。电视机里的老师读得标准，写得规范，教得高明；电视机外的老师播得恰当，停得巧妙，教得实在。马老师不但用 DVD 光盘中的美丽风光片当作教学资源，用 DVD 光盘中规范的教学弥补自己的不足，她还特意让学生注意学习 DVD 光盘中学生的学习方法。在这节课中，马老师还让自己班上的学生和 DVD 光盘中的学生开展竞争学习，他们比发音、比认字、比造句，跟一个班级里的两个学习小组没什么区别。

“叮……叮……”不知不觉中下课的时间到了，看到同学们眼中闪烁着兴奋的光芒，还在意犹未尽地模仿电视里的发音，马老师不由开心地笑了。

案例 1－2　网络教室中的数学应用

小学五年级数学课程中的《身边的行程问题》一课，是在学习了“速度、时间、路程间的数量关系”“24 时计时法”“小数乘、除法”等知识的基础上进行的教学活动课，要求利用速度、时间、路程之间的数量关系，解决生活中的实际问题，主要训练学生将数学知识综合运用于生活实际的能力，让学生感受生活中的数学。

王老师所任教的学校建有多媒体教室、多媒体网络教室等，学生也具备一定的信息技术能力。所以，王老师决定把《身边的行程问题》一课的教学活动安排在多媒体网络教室进行。

课前，王老师从资源准备、活动设计等方面对这节课进行了精心的策划。课堂上，王老师首先创设了一个情景：“快放国庆长假了，你或许会跟爸爸妈妈一起去北京、上海或成都游玩。”同时利用多媒体投影大屏幕呈现出这几个城市的主要景观图片，同学们立刻被吸引住了。王老师不失时机地提出了这节课的任务：“请大家分组为这次出游制订一个既经济又快捷的旅行计划，说明你打算去哪个城市游玩？选择什么交通工具去？为什么选择这种交通工具？并用 PPT 在班上展示。”

在王老师的协调下，同学们很快分成若干小组。这时王老师又问道：“大家会根据什么因素决定去哪个城市啊？”“好不好玩”、“远不远”“花费贵不贵”“花在路上的时间多不多”等，大家争先恐后地回答。“那就让我们上网查查这三个城市分别都有哪些好玩的景点，我们离这三个城市有多远，以及飞机航班、火车时刻、票价等信息吧。”并且，王老师还提供了一些相关的网站地址。在王老师引导下，各小组热情高涨地开始了网络环境下的分工协作，分别负责查询景点、查询路程、查询航班和火车时刻及票价、记录数据和进行数据整理、利用电子表格计算并比较，忙得不亦乐乎。接下来，小组成员一起交流、讨论，确定了最终的旅行计划，并做成了 PPT。在这一过程中，王老师不忘提醒同学们：“我们收集到了信息，应该运用什么样的数量关系，利用这些数据得出我们关心的信息，做出我们的决定呢？”王老师及时的点拨，使同学们避免了在网络上迷航，同时在阐述选择旅行方案的原因时自然地利用到了速度、时间、路程之间的数量关系。最后，王老师组织全班同学通过投影大屏幕进行小组汇报展示与交流，每个小组的陈述与展示都那么有理有据，博得全班同学的喝彩与掌声。同学们的成就感油然而生，王老师也露出了一脸灿烂的笑容。

【知识导航】

信息时代的到来，使人类社会的方方面面都发生着深刻的变革。教育教学领域作为人类社会发展中的一个重要领域，其观念、理论和方法也随之不断更新，教育技术正是在此背景下产生和发展起来的。教育技术在教育教学中的应用，优化了教育教学过程和效果，已经成为除教师、学生、教材等传统教学过程基本要素之外的第四要素。

1.1　教育技术的概念

1.1.1　教育技术的基本概念

教育技术的概念是在教学理论与实践研究中不断发展和完善起来的。自 20 世纪 60 年代出现“教育技术”这一术语以来，随着教育技术实践的增加以及对教育技术认识的深入，教育技术的概念和内涵几经变化，表述也不尽相同，目前仍在不断完善。

美国在 1963 年（视听传播时期，也是教育技术形成的前期）将其定义为：“视听传播是教育理论和实践的一个分支，它主要研究：如何对控制学习过程的讯息进行设计和使用。”1972 年定义时首次使用“教育技术”这一术语：“教育技术是这样的一个领域，它通过对所有学习资源的系统化鉴别、开发、组织和利用，以及通过对这些过程的管理，来促进人类的学习。”

1994 年，美国教育传播与技术协会（Association for Educational Communication and Technology，AECT）在总结美国众多教育技术专家历时 5 年对教育技术研究对象和研究范围的全面考察和讨论的基础上，提出了教育技术的全新定义（简称 AECT94 定义）：

“Instructional technology is the theory and practice of design，development，utilization，management，and evaluation of processes and resources for learning.”

——AECT1994

“教育技术是关于学习资源和学习过程的设计、开发、利用、管理和评价的理论和实践。”

——美国教育传播与技术协会 1994

2005年，美国教育传播与技术协会对上述定义做了新的修正：

“Educational technology is the study and ethical practice of facilitating learning and improving performance by creating, using and managing appropriate technological processes and resources.”

——AECT2005

“教育技术是通过创设、使用和管理合适的技术性的过程与资源，以促进学习，改善绩效的研究与合乎道德规范的实践。”

——美国教育传播与技术协会 2005

新的定义中主要包括三个研究范畴：创设、使用和管理。94定义中的设计、开发在新定义中演化为了“创设”，并添加了有关改善绩效的新内容。“改善绩效”的提法强调了学习的新含义：学习不单指获取静态的知识，更注重应用能力的培养和提高。新定义更加强调过程和资源的技术性与合适性。“研究与合乎道德规范的实践”用“研究”代替了原定义中的“理论”，表明当前教育技术的理论体系尚未成熟，还需要继续深入研究；“道德规范”则表明新定义对伦理道德的关注。另外，“AECT 05定义”采用的是“教育技术”(educational technology)，而“AECT 94定义”采用的是“教学技术”(instructional technology)。

在我国，教育技术的定义则经过了从电化教育到教育技术的演变。早期都是关于电化教育的定义，南国农教授的“运用现代化教育媒体，并与传统教育媒体恰当结合，传递教育信息，以实现教育最优化就是电化教育”，是在我国影响较为广泛也较为典型的关于“电化教育”的定义。后来，我国关于教育技术的典型定义，则主要有以下几种：

“教育技术学是应用技术学的概念、观点、方法以及方法论，研究教育、教学过程及其管理过程的优化的技术手段、操作方法和方法论的一门学科，其目的是为了获得更有效的教学。”

——何克抗教授

“运用现代教育理论和现代信息技术，通过对教与学过程和教学资源的设计、开发、利用、管理和评价，以实现教学优化的理论和实践。”

——李克东教授

“教育技术是根据教育理论和科技知识，开发和使用各种媒体及其他学习资源，优化教与学的一种实践和研究。”

——桑新民教授

上述诸多定义中，“AECT 94 定义”在学术界影响最大，在一定程度上反映了美国和国际教育界的看法，也是现阶段我国教育技术领域公认的学科性定义。本章下面的讨论主要在该定义的基础上展开。

“AECT 94 定义”界定了教育技术研究的领域和范畴，明确指出教育技术的研究对象是学习过程和学习资源，研究内容（或范畴）是设计、开发、利用、管理和评价，研究领域包括理论和实践两个部分。定义中没有直接提及媒体等硬件技术，表明教育技术关注的重点已经从“硬件”进化为“软件”，即越来越重视技术方法和方法论而不是设施本身。图 1－1 直观地呈现了 AECT 94 定义中的教育技术研究对象、研究内容及研究领域以及它们之间的关系。

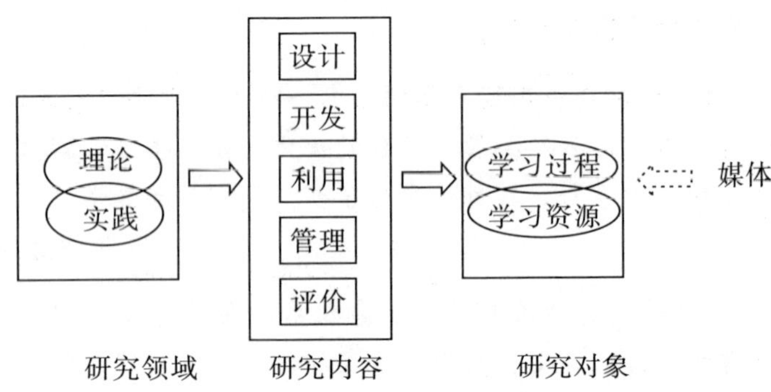

图 1－1　AECT 94 定义的基本结构

在理解教育技术概念时应注意以下几个关键点。

1. 教育技术的研究对象和研究内容

根据 AECT 94 定义，教育技术的研究对象是学习过程和学习资源，研究范畴包括学习过程和学习资源的设计、开发、利用、管理和评价五个方面。这五个方面既相互独立又相互渗透，每一个方面都包含具体的研究内容。

设计：主要包括理论和实践的四个方面，包括学习者特征分析、教学策略设计、信息设计和教学系统设计。

开发：是把设计方案转化为物理形态的过程，它需要相应的媒体技术支持。这些技术包括印刷技术、视听技术、基于计算机的技术、整合技术等。

运用：包括媒体的运用、革新与推广、实施和制度化、政策和法规等。

管理：包括项目管理、资源管理、教学系统管理和信息管理等。

评价：包括问题分析、参照标准评价、形成性评价和总结性评价等。

2. 教育技术的内涵

通常，技术是指“为社会生产和人类物质文化需要服务的，供人类利用和改造自然的各种手段的总和，包括有形的物化技术和无形的智能技术”。物化技术指人们在生产和生活过程中，为解决问题和完成任务，所使用的各种物质工具与设备；智能技术指人们在生产和生活过程中，为解决问题和完成任务，所采用的策略、方法和技巧。

从这个角度，教育技术可以理解为“应用于教育教学领域的各种手段和方法的总和”，同样包括有形的物化技术和无形的智能技术。教育技术中的物化技术主要指教育教学活动中所运用的物质工具，它往往通过黑板、粉笔等传统教具，或者幻灯、投影、电影电视、视听器材、计算机、网络、卫星等各种教育教学媒体体现出来，既包括传统媒体，也包括现代媒体。教育技术中的智能技术既包括解决教育教学问题过程中所用到的技巧、策略、方法，又包括其中所蕴含的教学思想、理论等。有形的物化技术是教育技术的依托，无形的智能技术是教育技术的灵魂。

3. 教育技术的本质特征

（1）教育技术的目标是实现教学效果的最优化。

从国内外专家学者对教育技术的理解可以看到，教育技术的主要任务是：在系统科学方法论的指导下，运用现代教育科学理论和先进的技术手段和方法，对教育教学中存在的问题进行分析，提出解决问题的策略和方法，监督实施并给予评价和修正，以实现教育教学的最优化，促进学习者的成长与发展。即教育技术的本质是运用技术手段优化教育教学过程，以提高教育教学效果、效率与效益。

（2）教育技术以坚实的理论基础为依托。

教育技术对教育教学问题的分析和解决、对教育教学过程和效果的优化离不开学习理论、教学理论、传播理论及系统科学理论的指导。只有通过理论联系实际地、灵活地、创造性地应用这些理论，教育技术才能在教育教学过程中真正发挥作用。这些理论是教育技术坚实的理论基础。

（3）媒体是分析和解决教育教学问题的物质基础，但教育技术不提倡“唯媒体”论。

媒体作为信息的载体，是任何教育教学活动都不可或缺的重要因素，应用于教育教学活动的媒体也随着时代和技术的发展而越来越丰富。文字出现以前，人类通过言传身教完成知识和经验的传承；文字出现后，教育教学有了专门的场所（学校）和人员（教师）；印刷术的发明扩大了受教育者的范围，促成了班级授课形式的产生；现代教学媒体的出现则使得教育教学方式变得灵活多样。“骏马能历险，耕田不如牛；坚车能载重，渡河不如舟。”黑板、粉笔等传统媒体和计算机、网络、通信卫星等现代媒体运用于教育教学各有优势和不足，在教学实践中应审时度势，根据教学实际需要选择恰当的媒体并有效运用。

4. 教育技术和现代教育技术

“现代教育技术”这一术语为我国所独有，出现于 20 世纪 90 年代。教育技术与现代教育技术之间的关系类似于“人”与“现代人”之间的关系：“人”与“现代人”的本质属性都是人，而教育技术与现代教育技术的本质属性都是教育技术，他们的研究目的和研究对象完全一致。所以，教育技术与现代教育技术之间并不存在本质的区别。“现代教育技术”这一名称是为了突出教育技术研究与应用中的“现代化”特征，是对当今教育技术研究与实践重心的形象化描述。现代教育技术直接反映了信息技术的发展、教育技术的现代化特征和教育信息化的需求。现代教育技术以素质教育、创新教育等现代教学理念为指导，以通信技术、多媒体技术、网络技术、虚拟现实技术等现代技术在教育中的应用为核心。但这并不意味着现代教育技术区别于教育技术，现代教育技术同样包括物化技术与智能技术两个方面，也同样以实现教育教学最优化为目标。鉴于现代化教育的特征，我们更习惯于用现代教育技术来指代教育技术，但并没有关于现代教育技术的专门定义。

1.1.2　教育技术发展简史

教育技术是在国外早期视听教育的基础上发展起来的。教育技术的产生在国外始于 20 世纪 70 年代，在我国则是 20 世纪 90 年代后。由于教育和信息技术发展水平的差异，不同国家的教育技术经历了不同的发展历程。

1. 美国教育技术的发展

美国教育技术产生最早，发展脉络清晰完整，在世界上影响最大，其他国家如日本、英国、加拿大等国均以美国的教育技术理论模式为借鉴。美国教育技术的发展历史可从三个方面追溯：一是视听教学运动推动了各类学习资源在教学中的运用；二是个别化教学促进了以学习者为中心的个性化教学的形成；三是教学系统方法的发展促进了教育技术理论核心——教学设计学科的诞生。这三个方面发展的起源不同，但都与教育技术“视觉教学—视听教学—视听传播—教育技术”这一发展轨迹相关联。

(1) 视觉教学阶段（20 世纪初—20 世纪 30 年代）。

17 世纪捷克教育学家夸美纽斯提出的直观教学的观点为教育技术的发展做出了卓越的贡献。直观教学是通过运用真实事物标本、模型、图片等为载体传递教学信息，进行具体的教学活动。夸美纽斯按照直观教学的原则编写出第一本带有 150 幅插图的教科书《世界图解》(1675)，被认为是教育技术发展史上最重要的成就之一。直观教学传到美洲大陆后，对美国的视觉教学产生了深刻的影响。

19 世纪末，一些新的科技成果，如照相技术、幻灯机、无声电影等被引入到教学领域，向学生提供了生动的视觉形象，取得了不同于以往的良好教学效果，对教育技术的发展产生了深刻影响。最早使用视觉教学概念的是美国宾夕法尼亚的一家出版公司（Keystone View Company）。该公司于1906年出版了一本叫作《视觉教育》的书，介绍如何拍摄、制作照片，如何制作和利用幻灯片。随之，越来越多的教育工作者开始对这些新技术的教学应用进行研究和开发，视觉教学空前繁荣。1923年，美国教育协会（NEA）成立了“视觉教学部”（Division of Visual Instruction，DVI），视觉教育工作者开始发展他们自己的学说，并把夸美纽斯的“直观教学论”作为视觉教育的理论基础，1928年出版了第一本关于视觉教育的教科书《学校中的视觉教育》。

1924年，S. L. 普莱西在美国心理学会的会议上宣布了他设计的一台可以教学、测验和记分的教学机器。它不仅能呈现视觉材料，还能针对学生的学习情况提供反馈信息，这是教学机器区别于音像媒体的重要特征。该教学机器多用于个别化教学活动。

（2）视听教学阶段（20世纪30年代—20世纪50年代）。

20世纪30年代后半叶，无线电广播、有声电影、录音机等先后出现并在教育中获得运用，视觉教学这一名称已经概括不了已扩展了的、利用视听设备进行的教育实践，研究文章中也开始使用视听教学的术语。1947年，美国教育协会将“视觉教学部”正式更名为“视听教学部”（Division of Audio - Visual Instruction）。

20世纪30年代，美国辛克斯公司以及哈佛大学关于电影教学的实验都证明电影教学使学生的知识量和成绩都大幅度提高。第二次世界大战期间，美国政府生产工业培训电影457部，为军队购买了5.5万部电影放映机，将教学电影用于作战人员和军工技术人员的培训并取得显著成效，也提高了人们对战后学校教学使用视听媒体的兴趣和热情。

20世纪50年代电视的出现为视听教育提供了更好的技术手段，与电影相比较，电视具有制作周期短，传播、复制容易等优点，因此被迅速应用到教育领域。从 30 年代到 50 年代，在美国兴起了一场视听教育运动，特别是 1955—1956 年间，语言实验室、电视、程序教学机、多媒体综合呈现技术等先后出现，并在教学中得到应用。与此同时，关于视听教育的理论研究进一步推动了视听教育的发展。1946 年，爱德加·戴尔发表了以著名的“经验之塔”为核心的《教学中的视听方法》，在诸多关于视听教学的研究中堪称代表。“经验之塔”理论成为当时以及后来的视听教学的主要理论依据。

20 世纪 50 年代中期，美国心理学家斯金纳根据行为主义学习理论设计了新一代的教学机器，被称为斯金纳程序教学机，并由实验阶段转入实用阶段，在大学和军队中得到应用。

(3) 视听传播阶段（20 世纪 50 年代—20 世纪 60 年代）。

20 世纪 60 年代以后，教育电视大量应用于教育教学实践，程序教学机也盛行一时。同时，拉斯维尔等人在 20 世纪 40 年代创立的传播学开始影响教育领域，有学者将教学过程作为信息传播过程加以研究。这些背景逐渐引起人们对教育传播的重视，提出了视听传播（Audiovisual Communications）的概念。

1961 年，美国教育协会的视听教学部成立了“定义与术语委员会”，探讨从学习理论、传播理论的角度重新认识视听教学的理论问题，讨论并定义这一领域和与这个领域有关的术语。1963 年，该委员会对视听传播的概念进行了描述：视听传播是教育理论和实践的分支，主要研究控制学习过程的信息的设计和使用，包括关于直观和抽象的信息各自独特的和相互联系的优缺点的研究，这些信息可用于任何目的的学习过程；将教学环境中的人和设施产生的教育信息结构化和系统化。这些研究涉及计划、制作、选择、管理和运用各个部分和整体结构系统，其目标是有效运用每一种传播方法和媒体以帮助发展学习者的全部潜能。

这一时期，比“视听媒体”概念更为广泛的“教学资源”概念开始出现，人们逐渐将关注的焦点从“视听教育”转向整体的教学传播过程和教学系统。另一方面，美国的 IBM 公司于 1958 年首次将电子计算机用于辅助教学，伊利诺斯大学于 1960 年研制出著名的 PLATO 教学系统。上述计算机辅助教学对个别化教学做出了重要贡献。

（4）教育技术阶段（20 世纪 70 年代至今）。

媒体技术的发展和教育理论观念的更新，引起人们对视听教育的重新审视，深感视听教育这一名称已经不能代表该领域的实践和研究范畴。1970 年 6 月，美国视听教育协会改名为美国教育传播与技术协会。1972 年，该协会将其实践和研究的领域正式定名为教育技术，首次提出了教育技术的概念并对其进行了定义。此后 AECT 又于 1972 年、1977 年两次对教育技术的定义进行了修改，并在原有传播理论、行为主义学习理论的基础上，把系统科学理论作为教育技术的理论基础。随着多媒体计算机、网络技术、远程通信技术、激光视盘等新技术的发展，教育技术的实践进一步深入，使教育技术的内涵不断丰富。技术的进步也推动了教育技术理论的研究，认知主义学习理论、建构主义学习理论也被纳入到教育技术的理论基础中。

1994 年，AECT 对教育技术概念进行了重新定义，使之更加符合当时信息技术和教育教学的实际，对世界各国教育技术的发展产生了较大的影响。AECT 于 2005 年对教育技术的定义进行了再次修改，又一次引起人们的高度关注。

2. 我国教育技术的发展

在我国，教育技术是受欧美视听教育的影响发展起来的，以电化教育的出现为标志，主要经历了以下几个阶段：

（1）电化教育的兴起。

20 世纪 20 年代，在美国视觉教育的影响下，伴随着电影、幻灯片等先进媒体的传入，在我国的一些大城市无声电影、幻灯片等开始进入教育教学活动，我国电化教育开始起步。从 20 世纪 30 年代开始，电影和广播教学在我国更为广泛地发展起来，1936 年教育界人士讨论确定了“电化教育”这一名称，同年，我国最早的电教刊物——《电化教育》周刊在上海出版，标志着我国教育技术的诞生。1945 年，我国最早的电化教育系在苏州国立社会教育学院成立。当时，我国的电化教育起步不错，并取得了不少实绩，但由于政治、经济、科技水平等多方面的原因，电化教育没能得到大面积推广和发展。

（2）电化教育的初步发展。

1949 年新中国成立后，我国政府一开始就注意到电化教育发展问题，于当年 11 月在文化部科学普及局成立了电化教育处，负责领导全国的电化教育工作。20 世纪 50 年代到 60 年代，我国电化教育步入初步发展时期。部分省市相继创办了广播函授大学和电视大学；高等学校中，有的院校开设了电化教育课程，有的院校成立了电化教育中心；普通教育中，北京、上海等城市率先成立了电化教育馆，负责开展基础教育中的电化教育工作。这是新中国成立后我国最早成立的电化教育馆。但是，20 世纪 60 年代中期到 70 年代中期的十年“文化大革命”，导致整个教育事业受到严重摧残，使原本方兴未艾的电化教育业止步不前。

（3）电化教育的重新起步。

1978 年党的十一届三中全会以后，我国的电化教育进入了迅速发展阶段。在全国范围内恢复并重建了各级电化教育机构，投入资金引入大量先进的电教设备，有计划地改善学校的电教设备状况，广播电视教育也得到迅速发展，一些重点高校开始设置教育技术专业，形成了专科、本科、研究生教育三个层次的电化教育人才培养体系。这一时期，我国电化教育的发展在规模与速度上都进入前所未有的阶段，为教育技术在我国的发展奠定了坚实的基础。但这一时期的发展主要在硬件建设和媒体技术的研究方面，对软件开发与利用，以及教学系统的设计的研究涉及很少。

（4）教育技术的迅速发展。

伴随着我国的改革开放，我国电化教育领域与国际的交流逐渐加强，国外教育技术发展的理论和实践不断被引入国内，同时，我国教育技术领域结合我国实际，从名称到研究领域和发展方向，开始重新审视我国的电化教育，并出现了一系列新的变化。经过深入的研究与全面的讨论，人们对电化教育和教育技术的认识逐渐趋于一致。1993 年，电化教育正式与教育技术接轨，以前的电化教育专业改名为教育技术专业。

我国教育技术的发展主要表现在以下几个方面：①研究重心从对电化教育与传统教学、现代媒体与传统媒体的优劣比较转变为对多媒体教学、教学设计、教育技术育课程整合等原理的研究与应用。②教育技术软件与硬件的建设成果显著。硬件设备由模拟转向数字，全国各地的教育机构和学校都努力搭建并拥有自己的校园网平台，组建不同层次的多媒体教室等，具备了教育教学的信息化环境。与之相匹配的各种音频、视频、多媒体课件、网络课程、数字教学资源库等软件资源也得到全方位的开发与完善。③远程教育发展到全新阶段。远程教育是一种教师和学生不在同一地点进行教学活动的教育模式。其发展经历了函授教学、广播电视教学和网络双向交互远程教学。远程教育顺应了人们日益增长的学习与继续教育需要，而现代网络技术、多媒体技术、移动技术、云技术等新技术的迅速发展，慕课（Massive Open Online Courses，MOOC）的出现等，推动远程教育进入了崭新的发展阶段。④教育技术学科建设飞速发展。我国已有百余所高校设立了教育技术本、专科专业，几十所高校被批准设立了教育技术学硕士点或博士点，形成了完整的教育技术学学科体系，奠定了教育技术人才培养基础。同时，各教育类专业均已开设现代教育技术公共课程。

总之，现代通信技术、多媒体技术、网络技术、云技术、大数据等新技术，以及建构主义学习理论、教学系统设计理论等，先后被引入我国教育技术领域，并对教育技术的理论和实际应用产生了重大影响，使我国的教育技术发展到了一个新的高度。我国“农远工程”“农远工程二期”“班班通”以及“三通两平台”建设，在促进教育技术高速发展的同时，更显示了教育技术在以教育信息化带动教育现代化、促进教育公平中的强大作用。

3. 教育技术的发展趋势

随着现代科学技术的飞速进步、新的教育教学理论的出现和教育信息化建设步伐的加快，教育技术也在不断地快速发展，其发展趋势主要体现在以下几个方面：

（1）教育资源的多媒体化、组织结构的非线性化。

多媒体技术具有综合处理文本、图像、视频、音频和动画等多种媒体信息的功能，具有感官的多重刺激性和操作的实时交互性等特点，用于教育教学中，不仅能够丰富教与学的资源，而且能够调动学生主动参与、开发学生的探索精神。因此，多媒体技术在教育技术中占有重要位置，也是教育技术发展的主流趋势。同时，现代教育资源的超文本组织结构具有联想式、非线性和动态性等特点，符合人类的认知规律，便于学生进行抽象思维，并可按自身目的和认知特点进行信息重组，按照不同的路径进行学习。所以现代教育资源的组织结构将进一步朝非线性化的方向发展，以最大限度地开发人类智慧和能力。

（2）教育平台和教学形式的网络化。

到目前为止，网络是传输和共享信息的最快捷技术手段，卫星电视网络、互联网、电话网三网合一将提供真正的信息高速公路。卫星电视网络和互联网是教育平台网络化的两个方向。教育平台网络化极大地促进了教育体制和教学模式的变革。网络环境的教育模式不受时空限制，这使教育实现多样化、全民化、终身化和国际化成为可能。网络教育平台使每一个人都能在任何时间任何地点进入世界知名学府学习，得到一流教师的指导，共享优质教育资源与服务。网络环境下的教学模式，不仅可以实现个别化教学、协作型教学，还可以是两者的结合。它为网络教学、远程学习以及虚拟试验等新的教育形式奠定了基础。

（3）应用模式的多样化。

目前，教育技术的应用模式多种多样，主要包括基于视听媒体和计算机技术的多媒体教学形式，基于卫星通信网络的远程教学模式，基于互联网和其他网络技术的网络教学模式，以及基于计算机仿真技术的“虚拟现实”教学模式等。前三种模式出现较早，应用范围广泛。虚拟现实技术具有自主性、实时性、交互性、多感知性等特征，是教育技术发展的主要趋势之一。

（4）应用范围的大众化。

现代社会是学习型社会，信息时代的教育对社会来说是全民教育，对个人来说是终身学习。现代教育技术进入信息化发展阶段后，“教育”相对于传统意义上教育，无论是在观念上、模式上，还是在对象上、主体上都发生了根本的变化。教育技术为社会化全民教育和个人终身学习不仅提供了方法论指导，更提供了环境和物质保障。教育技术不再是学校教育的“专利”，它已打破教育、学习的疆域界限，成为无处不在的学习的“助力器”。

1.2　教育技术的理论基础

教育技术学是一门综合性学科，它与许多学科的理论相互交叉、相互渗透，因而，教育技术的理论基础是多方面、多层次的。与教育技术理论体系的建立和实践关系最直接、最密切的是学习理论、教学理论、传播理论和系统科学理论，它们为教育技术提供了理论依据，是教育技术学的重要理论基础。其中，学习理论关注学习过程的内在规律性，具有指导作用；教学理论关注学习过程中各因素的功能；传播理论则关注教育信息传递活动的规律、教育传播的基本要素等；系统科学理论关注学习过程中各因素及其相互联系和作用。

1.2.1　学习理论

学习理论是研究人类学习的本质和规律，解释和说明学习过程的心理机制，指导人类学习的心理学理论。学习理论流派众多，其中对教育技术理论与实践影响较大的有行为主义学习理论、认知主义学习理论和建构主义学习理论。各种学习理论的主要差异在于对学习本质的不同理解。

1. 行为主义学习理论

行为主义学习理论于 20 世纪 20 年代诞生于美国，一直到 20 世纪 60 年代都是占统治和主导地位的心理学流派。其代表学说为“刺激—反应”说，用“刺激—反应”之间的联结与强化来概括说明人类的学习行为。其基本观点是：学习是刺激与反应的联结；学习过程是一种渐进的“尝试与错误修正”直至最后成功的过程；学习成功的关键是强化。行为主义学习理论认为：学习的起因在于对外部刺激的反应，学习过程就是被动接受外部刺激的过程，与内部心理过程无关。因而，教师的任务只是向学习者传授知识，学习者的任务则是接受和消化。

斯金纳是行为主义学习理论的代表人物之一，被称为“程序教学之父”。斯金纳认为，只有通过机械装置才能提供必要的大量的强化系列。这是斯金纳设计教学机器、提倡程序教学的主要出发点。程序教学是一种个别化的自动教学方式，其基本方法是：向学习者呈现一个小单元的信息作为刺激；学习者通过填空或回答的方式对其做出反应；反馈系统对反映做出评价；若回答错误就反馈错误的原因，若回答正确则反应得以强化；进入下一单元的学习。“刺激—反映—强化”过程不断重复，直至学习者完成程序的学习。

斯金纳提出的程序教学原则如下：

·小步子原则——将教学内容分解为小步子的逻辑序列，由易到难，一步一步以问题的形式（而不是全由教师授课的方式），通过教学机器或教材把知识呈现给学生。

·积极反应原则——学生在学习过程中对一个个问题做出积极的反应。

·及时强化原则——对学生做出的反应给予及时的反馈和强化。

·自定步调原则——学生在学习中可根据自己的情况自定步调和学习进度，这一原则以个别化教学方式为基本前提。

·低错误率原则——教学过程中应尽可能使学生做出正确的反应，使错误率降到最低限度。

20 世纪 70 年代，随着高性能计算机技术的发展，斯金纳的程序教学方法开始广泛应用于计算机辅助教学（CAI）。计算机辅助教学的产生与应用，不仅仅是教学手段和方法上的变革，更重要的是教学观念上的革命。同时，系统思想和程序教学融入教育技术，直接影响和推动了作为教育技术重要组成部分的教学设计理论与实践的发展。

由于行为主义学习理论强调学习行为来源于外部刺激，并可通过行为目标来检查、控制学习效果，因而在技能训练、作业操练、行为矫正等方面效果明显。但由于其将人视为消极被动的机械结构，只强调外部刺激而完全忽略学习者的内部心理过程，否定人的主观能动作用，所以对较复杂认知过程的解释显得无能为力。

2. 认知主义学习理论

认知是指人们获得知识或应用知识的过程，或信息加工的过程。随着行为主义学习理论在斯金纳时期达到鼎盛之后，认知主义学习理论逐步取代行为主义学习理论，并于20世纪60年代在心理学领域中成为主导学派。认知主义学习理论强调学习者内部的心理过程，这与行为主义者只关心外显行为、无视心理过程的观念有着明显的不同。

认知主义学习理论的代表学说为“刺激—中介因素—反应”模式，即人的认识不是由外界刺激直接给予的，而是外界刺激和认知主体内部心理过程相互作用的结果。根据这种观点，认知主义学习理论认为，学习过程是学习者根据自己的态度、需要、兴趣、爱好并利用过去的知识与经验（中介因素）对教学过程、学习内容（外界刺激）做出主动的、有选择的信息加工，最后获得知识、技能（反应）的过程。其基本观点包括：学习是主动地建构内部心理表征的过程；学习是有目的的行为，而不是盲目的；对环境条件的认知是达到目的的手段和途径；有意义的学习只能建立在学习者已有的知识水平、认知结构、经验基础之上。认知主义学习理论主要包括布鲁纳的认知发现学习理论、奥苏贝尔的认知同化理论、加涅的信息加工理论等。

美国心理学家布鲁纳认为学习是一个认知过程，是学生主动形成认知结构的过程，这就是布鲁纳的认知发现说。它强调三个方面：第一，学习是主动地形成认知结构的过程；第二，强调对学科基本结构的学习；第三，强调通过主动发现形成认知结构。布鲁纳强调学习学科基本思想或原理的重要性，同时提倡“发现学习”的学习方式，即学生独立地获得知识的学习方式。他主张教学应创造条件，让学生通过参与探究活动而发现基本原理或规则。加涅认为学习过程是一个信息加工的过程，即学习者对来自环境刺激的信息进行内在的认知加工的过程。在这一过程中，学习者的已有经验对当前学习过程的影响会起调节作用，而学习动机则起到定向作用，它们对整个学习过程（即信息加工过程）具有调节和监督作用。

认知主义学习理论注重知识的结构性和概括性，重视认知结构的作用，强调学习者作为学习活动主体对学习的重要性。学习者不再是外部刺激的被动接受器，而是主动地对外界刺激提供的信息进行选择性加工的主体。教师的任务不是简单地向学习者传输知识，而是首先要设法激发学习者的学习兴趣和学习动机，然后再将当前的学习内容与学习者原有的认知结构有机地联系起来。教学就是要通过安排适当的外部条件来影响和促进学习者的内部心理过程，使之收到更理想的学习效果。

3. 建构主义学习理论

建构主义学习理论是在批判地继承行为主义学习理论的基础上，进一步发展认知主义学习理论而形成的。行为主义注重外部刺激的设计，认知主义强调知识结构的建立，建构主义则关注学习环境的设计。建构主义认为，世界是客观存在的，但对客观世界的理解和赋予的意义却是由每个人自己决定的。由于各自的经验以及对经验的信念不同，人们对外部世界的理解也各有差异。因而，建构主义更关注如何在原有的经验、心理结构和信念等基础之上来建构知识，强调学习的主动性、社会性和情景性。瑞士著名儿童心理学家和发现认知论专家皮亚杰是建构主义学习理论的主要代表人物之一。

建构主义学习理论认为学习过程是学习者在与环境交互作用的过程中主动建构内部心理表征的过程，即知识不是通过教师讲授得到的，而是学习者在一定的情境及社会文化背景下，借助其他辅助手段，利用必要的学习材料和学习资源，通过意义建构的方式获得的。所谓意义建构是指对事物的性质、规律以及事物之间的内在联系的认识。该理论的主要观点包括：学习过程要以学习者为中心；学习是学习者主动建构内部心理表征的过程，强调学习过程中要充分发挥学习者的主动性；学习过程同时包括两方面的建构——对旧知识的改组与重建以及对新信息的意义建构；学习既是个别化行为，又是社会化行为，需要交流与合作；它还强调学习的情景性，重视教学过程中对情景的创设，也强调资源对意义建构的重要性。因此，“情景、协作、会话和资源”是建构主义学习环境中实现意义建构的四大基本要素。

基于建构主义学习理论，学生是知识意义的主动建构者，教师是学习过程的组织者、协调者和促进者，其主要任务是创设学习情景，帮助、引导学生在师—生、生—生之间进行协作与交流，帮助学生完成意义建构。教材提供的知识不再是教师讲授的内容，而是学生主动进行意义建构的对象。媒体也不再只是帮助教师教学的手段和方法，而成为创设学习情景、学生主动学习、协作探究、实现意义建构的认知工具。

建构主义学习理论是指导当今教育教学改革的主要理论基础，对革新传统的教学设计和教学的方式方法提供了思路与途径，对目前我国基础教育课程改革的实施具有积极的指导作用。

1.2.2　教学理论

教学理论是为解决教学问题而研究教学一般规律的理论。教学理论的研究内容包括：对教学过程性质和规律的认识以及如何基于对教学过程性质和规律的认识，基于对人类学习活动内在规律的认识，来优化学习环境和教学过程，开发新课程，以达到提高学习质量与效率的目的。对教育技术产生重要影响的教学理论有戴尔的视听教学理论、布鲁纳的认知结构教学理论、布卢姆的掌握教学理论、罗杰斯的人本主义教学理论和赞可夫的发展教学理论。

1. 戴尔的视听教学理论

美国教育技术专家爱德加·戴尔于 1946 年出版《教学中的

视听方法》一书，提出了以著名的“经验之塔”为核心的视听教学理论。戴尔认为，人类经验的获得有两种途径，一是通过自身参与获得直接具体的经验，二是通过观察、阅读获得间接与抽象的经验。他把人的经验按抽象程度大致分为由“做”得来的直接具体的经验、由“观察”得来的替代经验和由“阅读”而来的抽象经验 3 大类，共 12 个层次，并运用“塔形图”进行表述，这就是著名的“经验之塔”理论，如图 1—2 所示。

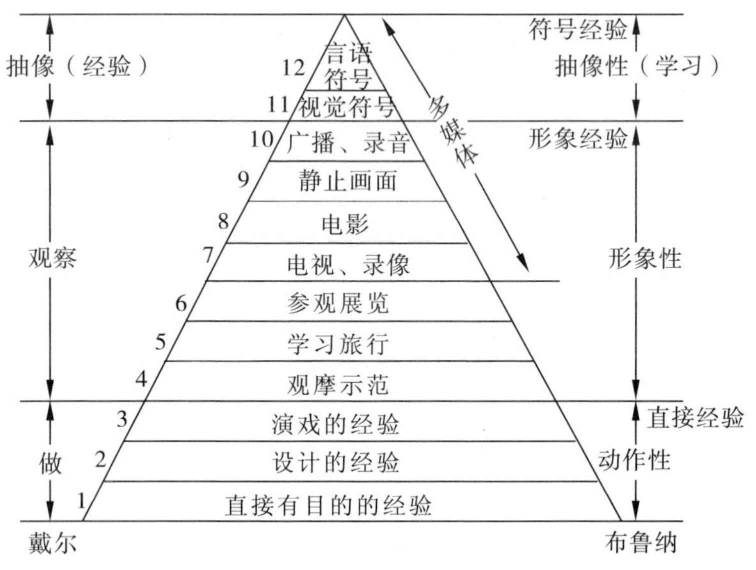

图 1—2　戴尔经验之塔

位于戴尔“经验之塔”塔基部分由“做”得来的经验，最具体、最直接，越往上抽象程度越高。塔基的经验通过“做”而获得，由于直接具体而易于理解和记忆，所以占据人类经验中的大部分。“做”的途径称为实物直观，是在现实世界中获得经验的方式。塔顶部分通过语言、视觉符号获得的抽象经验易于获得概念，便于应用，获得抽象经验的途径称为言语直观，是在书本、语言等抽象世界中获得经验的方式。位于塔的中间部位的替代经验（或间接经验）是通过大量的观察途径（包括视听媒体）获得的。这些观察途径比塔尖的语言、视觉符号形象具体，与塔基的“做”的途径相比，又能突破时间和空间的限制，并且概括化程度更高，有利于具体的事物与抽象的概念产生联系，有利于学生的学习经验由具体发展到抽象。“观察”的途径称为模像直观，是在动画、视频、图片、声音等构成的虚拟世界中获得学习经验的方式。

人类学习活动遵循由直接到间接，由具体到抽象的渐进原则。教学活动应从具体经验的获得入手，充分利用各种学习途径，综合运用各种媒体，既能使教学活动具体生动，又能为抽象概括创造条件，引导学生向抽象思维发展。

以“经验之塔”为核心的戴尔视听教学理论在教育技术的发展过程中发挥了重要作用。时至今日，它仍然是教育技术的重要的理论基础之一，对教学媒体的选取与运用起着指导性作用。

2. 布鲁纳的认知结构教学理论

布鲁纳的认知结构教学理论即布鲁纳的认知发现学习理论。美国心理学家布鲁纳在其 1960 年出版的《教育过程》一书中，详细阐述了认知结构教学理论。

这一理论强调对学科基本结构的学习。布鲁纳认为，无论什么学科的教学，务必使学生理解学科的基本结构，即概括化的基本原理和思想，也就是要求学生以有意识地联系起来的方式去理解事物的结构。他认为教师不可能给学生讲遍所有的事物，但教师必须使学生能在某种程度上获得一套概括了的基本思想或原理。这些基本思想或原理对学生来说，就构成了一种最佳的认知结构。知识的概括程度越高，就越容易被理解和接受。

在教学方法上，布鲁纳提倡“发现法”教学，认为学习不在于被动地形成刺激与反应的联结，而在于通过主动地发现形成认知结构，学习的任何一个步骤都是主动获取知识和不断发展智能的过程。他认为学习行为中包含三个几乎同时发生的过程：新知识的获得、知识的转换和知识的评价。这三个过程就是学习者主动建构新知识结构的过程。

布鲁纳主张，教学应着眼于对学习者认知结构的扩展以促进其认知能力的发展。学习者认知能力的发展应该是市教学活动的核心任务，课程的设计、方法的选择都要以此为中心，并为此服务。即学科的知识结构必须与学习者的认知结构特征相适应，应根据学习者各年龄阶段的认知结构特点开展教学活动，使教学过程本身成为促进学习者智力发展的过程。

3. 布卢姆的掌握教学理论

美国当代心理学家布卢姆的"掌握学习"理论对我国中小学以"班级"为单位的教学产生了较大影响。布卢姆的掌握教学理论的基本观点是：只要给予足够的学习时间和适当的教学条件，几乎所有的学习者对几乎所有的内容都可以达到掌握的程度（通常要求完成 80%～90%）。为了能提供适当的学习条件，布卢姆确定了影响学生学习的三个变量，即"三大教学变量"——先决认知行为、先决情感特点和教学质量。他认为，一项学习任务所需的必要学习通常代表了完成这项学习任务所需的知识和技能等内容，正是由于学习者在开始一项新的学习任务时在知识、技能等方面存在差异，造成了不同学习者在完成学习任务时成绩上的许多差异。如果学习者对学习任务缺乏必要的预先学习，那么，从理论上讲，他是不可能较好地按照学习要求进行学习的。这种某项学习任务所需的必要学习就是"先决认知行为"，它是学生学习中出现差异的一个主要变量。"先决情感特点"是指学生受到激励或能够受到激励去参与学习过程的程度，是兴趣、态度和自我观念的一种复杂的综合情感组合。学校的"教学质量"是在学校和教师直接控制下发生变化的，它对学生的学习过程有着明显而重要的影响。

布卢姆指出，在掌握学习中，教师应首先根据学习任务确定最基本、最关键的教学目标，并根据教学目标的不同类别（知识、情感和动作技能）采用清楚的行为界定来表述。然后，教师还应将教程分解成一系列小的学习单元，再编制一些简单的诊断性测验，这些测验提供了学生对单元中学习目标的掌握情况的详细信息。授课前对必要的预备知识给予充分的重视，教学采用集体授课形式。一个单元教学结束时，对全班进行单元形成性测验并及时反馈。

4. 罗杰斯的人本主义教学理论

罗杰斯是美国著名的人本主义心理学家。下面主要介绍其以学习者为中心的非指导性教学理论。这一理论的基本观点如下：

（1）教学目标是培养具有创造性和适应性的人。

罗杰斯认为，人的本性是积极向上的，积极向上的动力来自于自身的许多不同层次的需求，人在不断满足需求的过程中“实现自我”，因此教育目标应该与个体的需要相一致。罗杰斯主张学校教育目标是培养人格独立，具有创造能力，适应时代变化，最终能“充分发挥作用的人”。人本主义这一教学目标既包括了知识教育和认知能力发展，也包括了情意发展目标，是知识教学与情感发展两者的结合，因而培养具有创造性和适应性健全的人成了人本主义教学观的核心思想。

（2）教学过程强调非指导性。

“非指导”的含义是尽可能少地用直接告诉、简单命令、详细指示等形式，更多地用间接的、不命令的、启发性的形式，认为学生在较少压力的情境下主动自发学习才会取得良好的学习效果。罗杰斯强调以“学习者为中心”，即在教学过程中，教师起促进者的作用，应把学生的情感和问题所在放到教学过程的中心地位，教师通过与学生建立起融洽的关系，促进学生的成长。

(3) 教师的地位与作用。

以学习者为中心的非指导性教学，十分重视人际关系、情感、价值、态度等因素在学习中的作用。罗杰斯认为每一个健康的人都需要社会和他人的关心。假如一个人没有感受到别人的关心，缺乏对自身价值的正确认识，这个人就不可能有效地发挥作用。罗杰斯认为教师要以真挚、坦率的态度与学生平等相处，相互交流思想感情，建立良好的师生关系。因而，教学中教师的重点应放在创造一种真诚、接受、理解的教学气氛，提供学习资源（学习资源既包括各种物质资源，也包括人力资源），以及鼓励和诱导学生独立思考上。

人本主义教学理论主张“以人为本”，让学校成为学生实现生命价值的地方，这是教学改革与发展的一种必然趋势。人本主义教学理论强调尊重学生的个性，充分调动学生的积极性，发挥学生的潜能，使其在主动的参与中享受到自身价值实现的快乐。人本主义教学理论强调师生的情感与人际关系的重要性，主张努力形成一种具有真实、接受和理解特征的课堂气氛，使学生在这种气氛中能够“自由表达”“自由参与”。这对当前的教学改革具有积极的促进作用，人本主义教学理论必将对当前的教学改革产生深远的影响。

5. 赞可夫的发展教学理论

苏联著名教育学家、心理学家赞可夫的发展教学理论的基本观点是：以最好的教学效果，来促进学生的一般发展。为了达到这一目标，教学需要坚持高难度、高速度的原则，因为，只有当教学走在发展的前面才能取得好的教学效果，教学有一定的难度，把教学目标确定在学生的“最近发展区”之内，才能让学生“跳起来”摘到“桃子”。所谓“最近发展区”，是指学生现有发展水平与即将达到的发展水平之间的差异，亦即“在成人的帮助下所达到的解决问题的水平与独立活动所能达到的解决问题的水平之间的差异”。

按照赞可夫的发展教学理论，教学除应遵循前面提到的以高难度进行教学的原则和以高速度进行教学的原则外，还应遵循如下原则：教学目标的“最近发展区”原则；理论知识起主导作用的原则，让学生掌握规律性知识，以便于学生举一反三、触类旁通、灵活运用；使学生理解学习过程的原则，目的是让学生掌握知识之间的联系；使全班学生都得到发展的原则，即关注每一个学生，不让任何学生掉队，让每一个学生都能够全面发展。

以上各种教学理论从不同角度、不同层次为教育技术的研究、运用和发展提供了重要的理论指导，也对教育技术的发展提出了要求。

1.2.3　教育传播理论

传播是指传播者运用适当的媒体，采取一定的形式向接受者进行信息传递和交流的行为或过程。它是一种社会行为，具有传播信息、协调行为、教育、娱乐等功能。其基本特征是：

传播是传播者和受传者传递、接收与反馈信息的完整过程；传播是信息交流、信息共享和不断扩展的互动过程；传播是建立和改变人们的认知结构，影响与调节各自行为的过程。

教学过程是教学信息的传播过程。教育传播就是教育者按照一定的目的和要求，选择合适的信息内容，通过有效的媒体通道，把知识、技能、思想、观念等传送给特定的教育对象的活动，是教育者和受教育者之间的信息交流活动。教育传播具有一般传播的共性，但也有它自身的特性：教育传播是由教学目标确定的知识技能、思想意识等教育信息的传播；教育传播是有目的、有计划、有组织的信息传播；教育传播是一个师生互动的双向交流过程，且具有较强的可控性，其效果的评估较为科学、准确；教育传播是运用各种教育媒体，以取得最优效果的信息传播，其媒体的选用依据教学信息的性质、媒体的功能特征和具体的设备条件而定。根据现代教育传播的实践，教育传播系统由四大要素构成——教育者、学习者、教学信息和教学媒体，如图1—3所示。

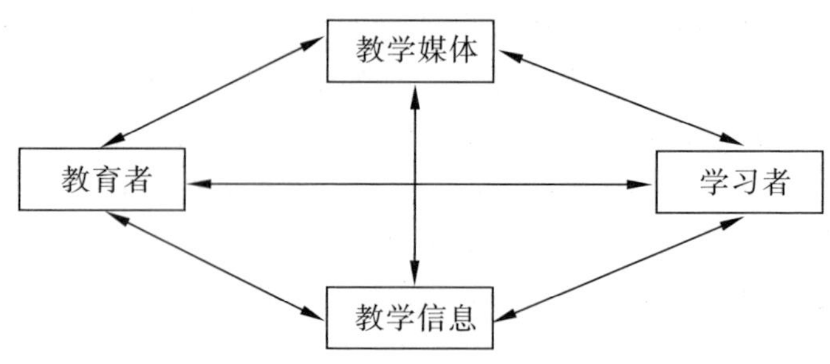

图1—3　教育传播系统的四元模型

传播是一个动态的过程，学者们运用模式化的方法分析传播过程，产生了许多传播模式。拉斯维尔的“5W”模式和香农—韦弗传播模式对教育技术产生了深远影响，贝罗传播模式被认为是比较适合于教育传播过程的模式。

1. 拉斯维尔的“5W”模式

美国政治学家哈罗德·拉斯维尔于1948年在《传播在社会中的作用与功能》一书中提出了传播过程的“5W”模式。他认为“描述传播行为的一个最方便的方法是回答5个问题，即谁(who)？说了什么（say what)？通过什么渠道（in which channel)？对谁（to whom)？产生什么效果（with what effect)？”后来的研究者把拉斯维尔用文字描述的“5W”模式用图解形式进行了更直观的表述，如图1—4所示。

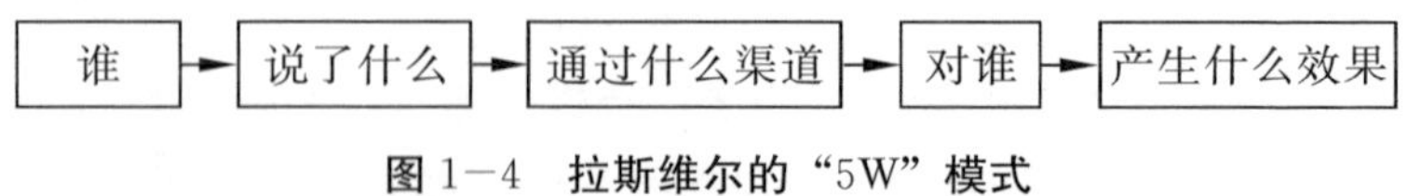

图1—4　拉斯维尔的“5W”模式

这一模式奠定了传播学研究的5个领域：谁——控制分析，

说了什么——内容分析，通过什么渠道——媒介分析，对谁——受众分析，产生什么效果——效果分析。把该模式迁移到教育传播中可以发现，教学效果是教师、学生、教学媒体和教学信息共同作用的结果，这 4 个因素的不同组合变换将会产生不同的教学效果，所以在教学实践中应该从整体角度关注它们而不是只关注一个或几个要素。

2. 香农—韦弗传播模式

美国电信工程师香农和数学家韦弗于 1949 年在《通信的数学理论》一文中提出了一个单向直线式的传播模式，后来又加入了双向的反馈系统，来解释人类的传播过程，即“香农—韦弗传播模式”，如图 1－5 所示。该模式将传播过程分为 7 个组成要素，揭示了教育传播的内部过程，即教育信息经过信源（教育者）编码，以一定形式的信号（声音、图像等）传递给信宿（学习者），学习者经过对信号的译码（理解），将信息存储在自己的认知结构中，为自己所利用。学习者在获得信息后，在生理、心理上产生的变化，通过各种渠道反馈给教育者，从而可以检查教学效果，调整教学活动。并且，在教育信息的传播过程中，存在着各种干扰信息，这些干扰信息可能对传播过程中的各要素产生影响，在模式中简要表示为对信道的干扰。

3. 贝罗传播模式

贝罗传播模式也叫 SMCR 模式（即 Source，Message，Channel，Receiver），它把传播过程分解为 4 个基本要素：信源（Source）、信息（Message）、通道（Channel）和接受者（Receiver），综合了哲学、心理学、语言学、人类学、大众传播学、行为科学等理论，来解释传播过程中的各个要素，如图 1－6 所示。贝罗模式明确而形象地说明了影响信源、接受者和信息实现其传播功能的条件，说明信息传播可以通过不同的方式和渠道进行，而最终效果不是由传播过程中的某一部分决定的。而是由组成传播过程的四大要素以及它们之间的关系共同决定的，四大要素又受其自身因素的制约。

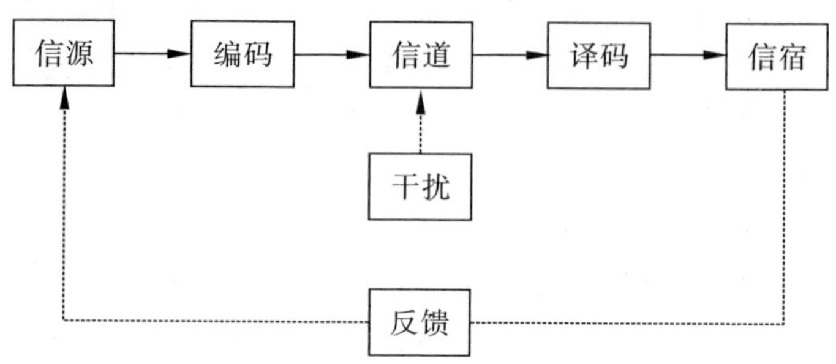

图 1—5　香农—韦弗传播模式

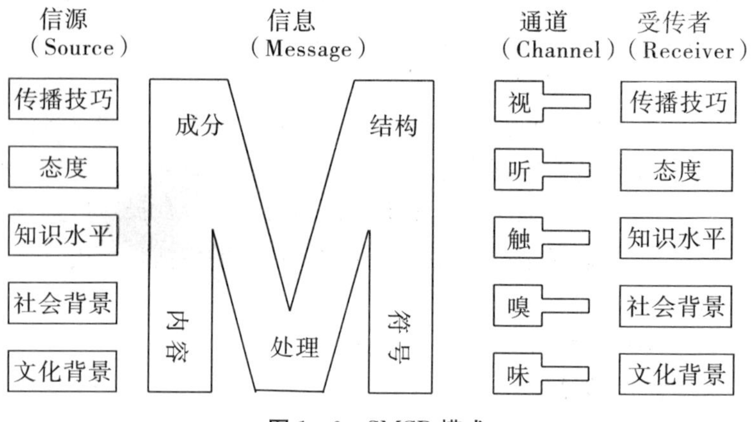

图 1—6　SMCR 模式

对于信源和受传者，需要考虑他们的传播技巧、态度、知识水平以及社会文化背景。对于信息，需要考虑信息的符号、内容及其结构和处理。通道是指传播信息的各种工具、渠道，如感官、报纸、杂志、图表、图画、播音、电影、电视、动画、视频等。在传播过程中，信息的内容、符号及处理方式都会影响通道的选择。不同媒体以及它们与传递信息的匹配，会引起不同的感官刺激，从而影响传播效果。

贝罗传播模式比较适合于研究和解释教学传播系统的要素和结构。教师应将教学传播过程作为一个整体来对待，注意其中的每一个要素及其制约因素以及各要素之间的关系，区分实际传播场合、条件及要素的具体情况，预测教育传播的效果，发现可能存在的问题。

教育传播学作为运用传播学理论来研究教育媒体与教育教学过程，并探索媒体在教学过程中的作用原理的学科，是现代教育技术的理论基础之一。它对教育技术的主要贡献是对教学传播过程所涉及的要素、基本阶段和基本规律进行归纳。它在认识教学传播现象和规律的基础上，为改善教学过程各要素的功能条件，追求教学过程的最优化提供了重要的理论支持。

1.2.4　系统科学理论

系统科学是从现代工程学、生物科学、物理科学、信息科学等学科中抽象出来的共同理论，是老三论（控制论、信息论和系统论）和“新三论”（耗散结构论、协同论和突变论）的总称，是研究一切系统的原理、模式和规律的方法论学科。

系统科学认为，系统是由若干相互作用、相互依赖的要素组成的，具有特定功能的有机整体；主张把事物对象看作一个系统，通过整体的研究来分析系统中的成分、结构和功能之间的相互联系，通过信息的传递和反馈来实现某种控制作用，以达到有目的地影响系统的发展并获得最优化的效果。

1. 系统科学的基本理论

（1）控制论。

控制论是关于各种系统中的控制与调节的一般规律的科学，是研究系统的控制规律以实现优化目标的理论。

任何系统都是按照一定的秩序运行的，但系统中总会存在偶然的、随机的偏离因素，使系统偏离正常的运行状态。为了保持系统正常运行，就必须对系统进行控制。控制的必要条件是反馈。所谓反馈就是用系统的输出控制系统再输入的过程，因为系统的输出反映了系统的运行状态。

控制论应用于教育领域，就是要研究在教育系统中如何运用信息反馈来控制和调节系统的行为，从而达到既定教学目标。传递教学信息的出发点和归宿在于教学效果的最优化，而“信息反馈”是实现教学效果最优化的关键。通过反馈，可对系统进行有效的调节，从而使教学设计有的放矢，不断完善，进一步与学生实际情况相一致。

（2）信息论。

信息论是研究系统中信息的计量、传递、变换、存储和使用规律的科学。信息是事物运动状态和规律的表征，能减少和消除对事物认识的不确定性，进而影响行为的选择。信息论应用于教育领域就是研究教学过程中教学信息如何传递、变换和反馈。现代教育技术采用信息论的基本观点和方法，结合各种工具对教学信息进行分析与处理，对教学系统中信息传播的特点与规律进行分析。

（3）系统论。

系统是由两个或两个以上相互作用和相互联系的要素结合而成的、具有特定的整体结构和适应环境的特定功能的有机整体。系统的功能不是组成系统的各要素功能的简单叠加，而是它们的有机组合。系统各要素之间、要素与系统之间以及系统与环境之间，都存在着一定的有机联系，从而系统的内部与外部形成一定的结构和秩序，并由此实现一定的功能。

系统论就是从系统的角度去研究事物的发展、运动规律的一门学科。系统论促使我们以整体的、综合的观点来考察教育教学过程与现象，运用系统的方法来解决教育教学问题。

20 世纪 60 年代继系统理论以后，又出现了所谓的“新三论”——耗散结构论、协同论和突变论，进一步探讨系统有序化的不同途径。其中，耗散结构论着重从非平衡态和开放系统两个方面，论证系统有序性增加的原因，它在“新三论”中具有首要地位。协同论主要研究远离平衡态的开放系统在与外界有物质或能量交换的情况下，如何通过自身内部协同作用，自发地产生时间、空间和功能上的有序结构。突变论则是专门研究自然界连续的量变怎样引起突变，并用数学模型描述突变现象。

2. 系统科学的基本原理

系统科学理论主要包括三个基本原理，即整体原理、反馈原理和有序原理，此处仅作简要介绍。

（1）整体原理。

整体原理是指系统中各要素只有通过相互联系形成整体结构才能发挥整体功能。任何系统的整体功能并不是各部分功能的简单叠加，不遵循“1＋1＝2”的原则。事实上，系统的整体功能是各部分功能总和与各部分相互联系形成的结构产生的功能之和。如果各部分相互联系形成的结构合理，系统的整体功能将大于甚至远远大于各部分功能的总和；如果各部分相互联系形成的结构不合理，系统的整体功能则可能会小于各部分功能的总和，甚至小于各部分的功能。

在设计教学系统时，应对教学系统进行整体分析，综合考虑教学过程中教师、学生、教学内容及教学媒体等要素，并注意各要素之间的配合与协调，以发挥系统的整体功能。

（2）反馈原理。

反馈原理是指系统只有通过反馈信息才能实现对系统的有效控制，进而达到预期的目的。反馈是控制论的一个极其重要的概念。反馈就是由控制系统把信息输送出去，又把其作用结果返送回来，并对信息的再输出发生影响，起到控制的作用，以达到预定的目的。原因产生结果，结果又构成新的原因、新的结果……

教学中应随时收集相关教学反馈信息来了解教学情况，对教学系统进行协调控制，以取得好的教学效果。

（3）有序原理。

有序原理是指系统只有开放，与外界保持信息交换才能处于有序状态。系统有序亦指系统中的要素及子系统必须按照一定的顺序和层次进行排列，它意味着系统组织程度的提高。

在教育教学中，有序原理强调处理好教学系统应该是一个开放的系统，其内部各要素之间，以及与外部环境（如社会需求）之间应保持信息交换，并能根据信息进行调整、优化甚至变革，从无序向有序发展，以满足社会发展对教育教学的要求。

3. 系统方法

系统方法主张按照事物本身的系统性把对象放在系统的形式中加以考察和研究，通过整体的研究来分析系统中的成分、结构和功能之间的相互联系，通过信息的传递和反馈来实现某种控制作用，以有目的地影响系统的发展并获得最优化的效果。它侧重于对系统的整体性分析，从组成系统的各要素之间的关系和相互作用中去发现系统的规律性，从而指明解决复杂系统问题的一般步骤、程序和方法。

现代教育技术把系统方法应用于教学系统，建立起一套设计教学活动的理论体系——教学设计理论，并促进了现代教育技术各个分支的融合。系统方法已成为教育技术的核心方法，指导着教育教学实践。

1.3 教育技术与教育信息化

1.3.1 教育现代化与教育信息化

随着先进教育理论的发展和技术日新月异的进步，教育现代化在最近几十年逐渐引起人们的重视，并不断被实践。《国家中长期教育改革和发展规划纲要（2010—2020 年）》中指出，我国中长期教育改革和发展战略目标是：到 2020 年，基本实现教育现代化，基本形成学习型社会，进入人力资源强国行列。教育现代化既是过程又是目标，在教育现代化的过程中，教育信息化扮演着特殊的角色——它既是教育现代化的主要内容和现阶段要实现的目标，又是实现教育现代化的重要途径。

教育现代化是在传统教育的基础上，以先进的教育思想、理论和方法为指导，运用当代先进的技术手段，变革教育教学的各个方面，最终达到教育适应时代发展，培养出时代所需人才的目标。

1. 教育现代化的特点

从宏观角度看，教育现代化的特点体现在以下几个方面：

（1）教育现代化既是过程又是目标。

时代在不断进步与发展，教育现代化不是一蹴而就的，20 世纪的教育现代化不可能完全无涉于 21 世纪教育现代化的范畴，因而，教育现代化是一个需要持续发展的过程。另一方面，教育现代化又可以是某一个阶段的目标，即在某一时间段，教育现代化又可以表现为一种结果（阶段性成果）。《国家中长期教育改革和发展规划纲要（2010—2020 年）》指出，教育现代化需要分阶段完成。这就说明从长远意义看教育现代化是一个过程，需要几年甚至几十年的努力，同时，教育现代化在某一时间段有结果性成就。

（2）教育现代化强调全面性。

教育作为一个复杂系统，是由诸多要素构成的，这些要素相互联系、相互制约，共同作用。教育现代化不仅仅是这一系统中某一单个要素或部分要素的现代化，而是其作为有机整体的现代化，包括教育理念、教育内容、教育方式方法、教育环境设施、教育管理等方面的现代化。教育现代化在注重理论先进性的同时，重视新技术对教育教学的促进与优化作用。理论与技术对教育的促进作用相辅相成，技术的进步为教育教学提供先进的环境、手段、途径等，正确理论的指导又促进技术的合理与有效使用。

（3）教育现代化的核心是人的素质现代化。

到2020年，基本实现教育现代化，基本形成学习型社会，进入人力资源强国行列，是我国教育改革和发展的中长期战略目标。教育是开发人力资源的主要途径，只有现代化的教育才能培养出具有创新精神和实践能力的21世纪所需的高素质创新型人才。

2. 教育现代化的目标

《国家中长期教育改革和发展规划纲要（2010—2020年）》明确规定了在2010—2020年期间我国教育现代化应该实现的具体目标，归纳如下：

（1）实现高水平普及教育，形成公平教育。

长期以来，教育平等性问题一直是我国教育界乃至整个社会倍受关注的问题。教育应惠及社会每一个人，坚持教育的公益性和普惠性，只使少部分人受益的教育有失公平，不是现代化教育。实现更高水平的普及教育，形成惠及全民的公平教育是教育现代化的首要目标。

（2）构建完备的终身教育体系，提倡非正式化学习。

任何时期，课堂以外的学习都普遍存在。进入21世纪，技术的高速发展与普及应用为人类的学习活动提供了前所未有的便宜条件，使人们利用手中的设备随时随地不受时空限制地获取信息、进行学习成为可能。技术大大加快了教育现代化的步伐，教育现代化应构建完备的终身教育体系，使学历教育和非学历教育协调发展，职业教育和普通教育相互沟通，职前教育和职后教育有效衔接。在充分利用技术支持学习的同时，引导人们学会学习，具备终身学习、非正式学习的意识和能力，使其成为人类的一种生活方式。

（3）健全体制，提供优质教育。

教育现代化意味着更新观念，深化改革，提高教育开放水平，全面形成与当代经济社会相适应的，充满活力、富有效率、更加开放的教育体制，并不断扩大优质教育资源建设，整体提升教育质量，提供更加丰富的优质教育，使教育具有中国特色、世界水平，满足社会大众接受高质量教育的需求，满足当代社会对人才质量的要求。

（4）突出教育的个性化和差异性。

21 世纪是一个创新的时代，所需人才是创新性人才。教育现代化应在先进的教育教学理论指导下，合理有效地运用当代先进技术手段，变革传统的教育教学内容和方式方法，突出学习者的学习主体地位，重视学习者作为个体的差异性，因材施教，激发他们的创新意识，培养他们的协作精神，培养出真正的创新型人才。

（5）普遍实现教育信息化。

"教育现代化是一个传统教育转化为现代教育的过程。"（顾明远）人类社会已进入信息时代，教育也依据信息社会的需求发生着变革，当其具备了信息社会教育应有的特征——教育信息化时，就完成了信息社会的教育现代化。因而，教育信息化程度是衡量教育现代化的一个重要标志。

3. 教育信息化及其对教育现代化的促进作用

"教育信息化是以现代信息技术为基础的新教育体系，包括教育观念、教育组织、教育内容、教育模式、教育技术、教育评价、教育环境等一系列的改革和变化。教育信息化并不等同于计算机化或网络化，而是一个关系到整个教育改革和教育现代化的

系统工程。”（黎加厚）

世界各国普遍关注教育信息化在提高国民素质和增强国家创新能力方面的重要作用。美国在1996年就提出了教育信息化发展计划，提出让所有学校连通互联网；2010年发布“变革美国教育：以技术增强学习”的《国家教育发展规划》，推动学习、评估和教学方式的变革，以巩固和保持美国在全球的教育优势；2011年在《美国创新战略》中提出“数字基础设施是知识经济竞争优势的主要来源”，实施“网络学习改造计划”，以实现“教育技术的飞跃”。日本于2010年发布《教育信息化指南》，从学习、使用、提高教师指导能力等九个方面推进信息化运用。韩国于2011年推出“智慧教育战略”，投资20亿美元开发电子教科书、开展教师再培训、建立教育云网络。

教育信息化在我国起步于20世纪80年代，在20世纪90年代得到飞速发展，至今已初具规模。“十五”期间，实施“农远工程”，推进实现“老少边”及欠发达地区的教育资源共享。2004年，教育部颁布了《中小学教师教育技术能力标准（试行）》（见附录1），该标准的第一部分概括了教师教育技术能力四大组成部分的基本要求。2005年，教育部发布了《关于启动实施全国中小学教师教育技术能力建设计划的通知》以及培训大纲。“十一五”期间，开展“农远工程二期”“班班通”等建设，进一步促进资源共享和教育应用；“十二五”期间，建设“三通两平台”，实现“宽带网络校校通，优质资源班班通，网络学习空间人人通”，建设教育资源公共服务平台和教育管理公共服务平台，力争到2020年实现信息技术与教育的全面融合创新。2013年10月，教育部印发《关于实施全国中小学教师信息技术应用能力提升工程的意见》，对提升工程的总体目标和任务，教师信息技术应用能力标准体系的建立，培训模式、资源，教师信息技术应用能力测评等提出了新的要求。

最近几年，我国加快了教育信息化步伐，并做出了具体部署。我国《教育信息化十年发展规划（2011—2020年）》指出：“以教育信息化带动教育现代化，是我国教育事业发展的战略选择。建设覆盖城乡各级各类学校的教育信息化体系，促进优质教育资源普及共享，推进信息技术与教育教学深度融合，实现教育思想、理念、方法和手段全方位创新，以提高教育质量、促进教育公平，为构建学习型社会和人力资源强国提供有力保障。”教育部颁布的《2014年教育信息化工作要点》也明确指出了2014年我国教育信息化工作重点和核心目标。工作重点为：推进信息化基本条件建设；扩大优质教育资源覆盖面；推动“网络学习空间人人通”取得新进展；深入推进教育管理信息化；加大教育信息化培训力度；以点带面、全面推动教育战线信息化工作；完善教育信息化管理体制和支撑保障机制。核心目标是：加快缩小区域、城乡、校际间信息化基础设施差距；形成资源开发应用新机制；探索扩大优质教育资源覆盖面有效机制；提升“网络学习空间”的应用规模；全面完成国家、省级教育数据中心建设；实施中小学教师信息技术应用能力提升工程；加强信息技术安全工作。

教育信息化是教育现代化的主要内容和目标之一，也是实现教育现代化的重要途径。教育信息化对教育现代化的促进作用体现在以下几个方面：

（1）促进教育公平。

形成惠及全民的公平教育是我国现阶段教育现代化目标之一，教育信息化则是实现这一目标的有效措施。以教育信息化促进教育公平已达成共识并正付诸实践。现代信息技术的应用，打破了时间和空间的限制，使优质教育资源得以共享，缩小了城乡之间、地域之间的教育差距，满足了特殊人群接受优质教育的需要，促进了教育公平。

（2）促进创新人才培养。

随着网络技术、智能技术等的发展，移动学习、碎片化学习等已然形成，但课堂教学依然是现阶段获取知识的主要途径，教育信息化的目的之一就是充分利用现代教育技术促进学习，提高学习效果、效率和效益。课堂教学中多媒体技术的使用使学习内容图、文、声、像并茂；在利用技术创设的建构主义学习环境时，学生可以充分发挥其学习主体性和协作精神；网络技术、云技术等为自主学习、交流沟通提供了环境和条件，有利于探究与创新精神和能力的养成。信息化环境下的教学内容、教学模式、教学手段方法等都发生了深刻变革，有利于创新人才的培养。

（3）促进非正式学习。

正式学习主要是指在学校的学历教育和参加工作后的继续教育；而非正式学习主要指在非正式学习时间和场所发生的，通过非教学性质的社会交往来传递和渗透知识，由学习者自我发起、自我调控、自我负责的学习。非正式学习无处不在，生活中随时随处都能发生。信息时代的来临，使人们对知识的获取模式也趋于多元化，以课堂教学为主的知识传授—获取模式已经不能满足人们的需求，改变知识的存在形式，把学习融入生活的各个过程中，从途径和方式等多种角度进行拓展，才能满足知识快速更新和终身学习的需要。非正式学习以其随时随地学习的形式成为当今社会获取知识的重要途径，教育信息化所涉及的先进技术、学习方法、理论等为非正式学习提供了条件，如学习媒体已从传统媒体向 3G 时代过渡，智能手机、PDA、MID 等移动媒体已成为非正式学习的主要依托。

（4）促进教师专业发展。

教育现代化对教师的专业素养和专业程度提出了新的要求：要具有先进的教育教学理念、现代教育技术基本素养、信息化教育教学能力、良好的人际关系和人际协调能力，确立终身学习理念等。教师的专业发展往往通过专门的教师培训、自身的教学实践与反思、自主学习与提高、交流沟通等途径实现。教育信息化改良了教师培训模式，提供了多种形式、功能模块齐全、资源丰富的教师专业发展平台，线上、线下相结合，使教师在学习的同时体验了技术对教与学的作用，为教育技术在自身教学中的应用打下了基础。

1.3.2　教育技术与新课程改革

我国 2001 年开始大力推进新一轮基础教育课程改革（简称新课程改革）。新课程改革的目的就是要在 21 世纪构建起符合素质教育要求的基础教育课程体系。新课程改革实施以来，这一新课程体系所具有的创新性和实践性，为我国基础教育改革注入了新的活力，改革成效有目共睹。现代教育技术在这场深刻的教育改革中的使命和作用更彰显了其主要的意义。

1. 新课程改革的主要内容

新课程改革的核心目标是改革传统的教学内容和教与学方式，全面推进以培养创新精神和实践能力为重点的素质教育，培养 21 世纪所需的创新人才。根据教育部基础教育课程改革纲要，新课程改革的主要内容包括以下六大“改变”：

（1）课程目标方面。

改变过于注重知识传授和技能训练的趋向，强调知识与技能、过程与方法、情感态度与价值观“三维”目标的达成。要求课程要促进每一个学生身心健康发展，培养良好的品行和终身学习的愿望与能力，正确处理知识、能力、情感、态度、价值观之间的关系。形成积极主动的学习态度，使获得基础知识与基本技能的过程同时成为学会学习和形成正确思维方式和价值观的过程。

（2）课程结构方面。

改变课程结构过于强调学科本位（即强调学科的独立性和重要性）、科目过多和缺乏整合的状况，整体设置九年一贯的课程门类和课时比例，并设置综合课程，同时强调不同功能和价值的课程要有一个比较均衡、合理的结构，以适应不同地区和学生发展的需求，符合未来社会对人才素质的要求和学生的身心发展规律，体现课程结构的均衡性、综合性和选择性。

（3）课程内容方面。

改变课程内容“繁、难、偏、旧”和过于注重书本知识的状况，加强课程内容与学生生活及当代社会和科技发展的联系，让学生更多地学习与生活、科技相联系的“活”知识，关注学生的学习兴趣和经验，精选终身学习必备的基础知识和技能。

（4）课程实施方面。

传统的课程实施以教师、课堂、书本为中心，重视“灌输”书本知识，忽视学生的交流、合作、主动参与与探索；重视教学过程的严格统一，忽视学生的个性差异；重视复习巩固，忽视学生的实践和经验，忽视创新精神和实践能力的培养；重视认知目标，忽视情感目标。新课程倡导建构性学习，改变传统的课程实施方式，变“要学生学”为“学生要学”，注重学生的个体性和自主性，激发学生的兴趣，引导学生主动参与、探究发现、交流合作、学会学习，促进每一个学生的发展。

（5）课程评价方面。

改变以前课程评价过于强调甄别与选拔功能的状况，建立促进学生、教师和课程不断发展的发展性课程评价体系，强调评价的激励功能，即评价促进学生发展、教师提高和改进教学实践的功能。

（6）课程管理方面。

改变过去课程管理过于集中（过去基本上是国家课程、教材一统天下）的状况，强调实行国家、地方、学校三级课程管理，增强课程对地方、学校及学生的适应性，同时把中央集中管理与地方分别管理、社会需要和学生发展、国家的教育目标和地方学校的办学特色辩证地结合起来。这是对课程管理理论和实践的一大发展。

2. 现代教育技术对新课程改革的促进作用

新课改在为基础教育注入新能量、带来新发展的同时，也为现代教育技术开辟了新的用武之地，带来了前所未有的发展机遇。信息社会的教与学活动需要教育技术，教育技术作为教育教学过程必不可少的组成要素之一，在新课程改革中发挥着重要作用。

（1）教育技术创设学习情境，提供学习资源。

基础教育新课程改革强调突出学生的学习主体地位，注重学习的自主性和协作性。在自主学习和合作学习的过程中，学习情境、学习资源是不可或缺的支持条件。教育技术则可以提供形式多样的优质学习资源和学习环境，创设丰富逼真的学习情境，使信息技术环境下的学习与现实情境更为融合，更为生动有效，也更为有利于学生潜能的发展，有助于进一步达到以每一个学生的发展为本的教育目的，并为学生的数字化学习、终身学习打下良好的基础。

（2）教育技术提供学习工具和途径。

基础教育新课程改革要求“充分发挥信息技术的优势，为学生的学习和发展提供丰富多彩的教育环境和有力的学习工具”。教育技术为学习者的学习提供了多形式、多用途的学习工具和途径。交互网络通信技术、数字音像技术、多媒体技术、人工智能技术以及虚拟现实技术等在教育教学中的广泛应用，使学习者可以利用各种媒体工具、通过各种渠道进行自主学习、探究发现、协作交流、获取知识。教育技术促进了教育教学的开放性，学生学习的自主性、探究性、协作性、创造性得到充分发挥，适应了当代信息社会的发展和对人才的要求。

（3）教育技术提供形象直观的学习经验。

多媒体技术的教学应用可以创设丰富逼真的学习情境、提供生动直观的学习经验、营造立体多维的教学内容呈现方式，充分调动学生多感官参与，吸引学生注意力，激发学生兴趣，引导学生积极主动观察、探究、思考、分析、理解，实现意义建构。在教学中应合理有效地利用教育技术创设有利于主动探究、和谐民主的课堂氛围，使学生形成良好的学习情绪，提高学生综合素养，促进学生全面发展。

（4）教育技术改变教与学方式。

基础教育新课程改革要求“逐步实现教学内容呈现方式、学生的学习方式、教师的教学方式和师生互动方式的变革”，强调教师角色的转换，强调教与学方式的变革。传统的教学方式是以“口授、板书、演示”为特征的传递灌输方式和以“耳听、手记、做题”为特征的被动接受方式。随着数字化学习的开展和新课程改革的实施，教师的教学方式由传递灌输逐步转向以“启发、诱导、点拨”为特征的启迪诱导方式。教师不再是教学过程的主宰、知识的灌输者，而是教学过程的组织者、指导者，支持学生自主学习、进行自主意义建构的帮助者、促进者；学生的学习方式则由被动接受逐步转向以“自主、协作、探究”为特征的主动建构方式，学生不再是外部刺激的接受器、知识的存储器，而是信息加工的主体、知识的主动建构者、学习过程的主人。

1.3.3 教育技术与教师 TPACK 发展

随着教育信息化在全球的蓬勃发展，许多国家（包括像我国这样的发展中国家）的教育信息化进程已经从强调软、硬件基础设施建设的初始阶段，逐渐进入到强调应用尤其是在教学过程中应用的深入发展阶段。“在教学过程中的应用”的关键是教师。《国务院关于基础教育改革与发展的决定》也强调“建设一支高素质的教师队伍是扎实推进素质教育的关键”。加快教师专业化进程是提高我国中小学教师质量的一个重要策略。教师作为一种专门职业，其专业化水平的提高以及教师的专业发展越来越受到人们的关注与重视。信息化的发展给教师教学提供了强有力的支持，同时也对教师提出了新的要求和挑战。整合技术的学科教学法知识（Technological Pedagogical Content Knowledge，TPCK），就是信息时代对教师专业知识框架与能力一个较为准确的描述与要求。

2006 年，美国密歇根州立大学的 Mishra 和 Koehler 在 Shulman 提出的学科教学法知识（Pedagogical Content Knowledg，PCK）的基础上，提出并阐述了 TPCK，即整合技术的学科教学法知识的概念。它包括三个独立元素和四个复合元素。三个独立元素为：CK（Content Knowledge），即学科教师所教授的学科知识；PK（Pedagogical Knowledge），即教学法知识；TK（Technological Knowledge），即关于技术的知识。四个复合元素是：PCK（Pedagogical Content Knowledge），即学科教学法知识；TCK（Technological Content Knowledge），即整合技术的学科知识；TPK（Technological Pedagogical Knowledge），即整合技术的教学法知识；TPCK（Technological Pedagogical Content Knowledge），即整合技术的学科教学法知识。

在 TPACK[①] 的框架中，各成分既具有各自独特而重要的作用，彼此之间又密切关联、相互作用，形成一个复杂的综合知识体系。内容知识（CK）即学科教师所教授的学科知识，主要包

① 为发音的方便，学者们加入了元音字母 A，将 TPCK 拼写成 TPACK。

括该学科有关的概念、理论、观念、组织框架、证据和证明，以及获得学科发展的实践和途径等。它是教师从事特定学科教学的重要前提。教学法知识（PK）通常是为所有学科所共享的一般教学法，是教师对教学实践、过程、程序、策略以及教与学方法的认识，也包括关于教学目标、教学评价以及对学习过程的知识。技术知识（TK）包括传统技术（如黑板、粉笔、教科书、投影器等低水平技术）和现代技术（如电视、广播、计算机、多媒体、网络等技术），它是教师知识框架中最具变化性的成分。学科教学法知识（PCK）是指适用于具体学科内容教学的教学法知识，由学科知识与教学法知识综合而成。PCK 涉及学科知识的重新组织与加工，并根据教学情景的需要进行传输与呈现，对学生学习中的困难或错误进行诊断、分析与纠正，以及对学习进行合理的评价等。整合技术的学科知识（TCK）是由技术与特定的学科知识（或教学内容）相互作用而产生的。技术与内容的相互作用包括两个方面：一是根据学科内容选择、设计恰当的技术，二是利用技术拓展学习内容、形式、途径等。整合技术的教学法知识（TPK）由技术和一般教学法相互作用而产生，是指合理有效地运用技术开展教与学活动的知识（包括相关技术工具的教学功能，以及对这些功能的适用性及局限性的了解等）。新技术不仅可以用于强化原有的教学方法，也可以产生新的教学方法，反之亦然，教师所采用的教学方法也会影响技术的选择与设计。整合技术的学科教学法知识（TPCK）由以上所有类型的知识综合而成，TPCK 代表着教师能够根据具体的教学情景的需要，综合考虑学科知识、教学方法和技术支持，设计恰当的教学方案。换句话说，就是把技术转化为解决教学问题的方案的知识。

TPACK 是教师专业化过程中出现的一个新概念，它不是“学科内容、教学法和技术”这三种知识要素的简单叠加，而是它们之间的复杂互动，是这三种知识有机融合而形成的一种新的知识形式，即整合技术的教师知识框架。TPACK 的核心是技术、学科知识和教学法三者的动态平衡，其中任一要素发生变化，都会引起其他要素的变化，从而打破三者之间原有的平衡，通过三者之间的相互制约、相互建构，最终达到新的平衡。TPACK 组成元素及其关系如图 1—7 所示。

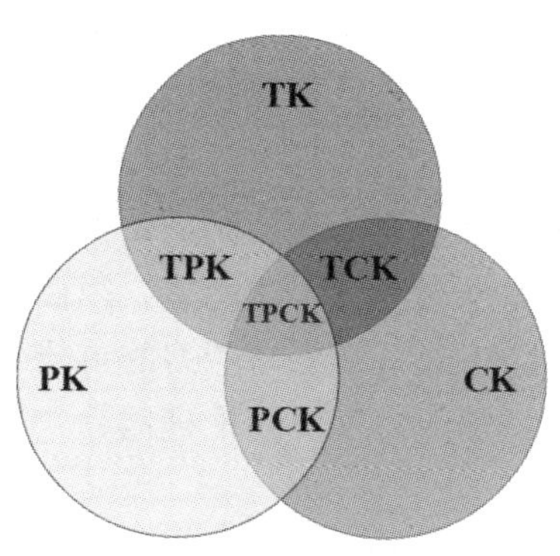

图 1—7　TPACK 组成元素及其关系

TPACK 是一种具有情境依赖性的利用技术进行有效教学的实践性知识。利用技术进行教学通常被看作一个问题求解的过程，即为教学问题寻求恰当的技术方案的过程。教师必须置身于真实的教学情境之中，在技术与内容、方法之间相互制约、相互影响的复杂关系中权衡利弊、合理取舍，并对解决问题的方案进行循环往复的尝试、修改与优化。这一过程也是教师学习如何合理有效地把技术融合到教学中的过程，所有的方案都是可供学习的资源。在这种解决问题的过程中，教师形成对技术、内容和方法相互制约、相互影响的复杂关系的深刻理解，从而获得 TPACK 发展。

TPACK 这一新的教师专业知识框架，是教育信息化发展对当代教师知识结构和能力的必然要求，是教师在信息化环境中进行优质教学所必需的知识和能力基础。TPACK 知识框架强调，教师在教学过程中不仅要同时关注学科内容、教学法和技术这三个知识要素，更要关注这三者之间的交互，即 TPACK 的四个复合元素，这样才能达到最优教学目标。现代教育技术理论与实践并重，能力与意识兼顾，既包括先进的教育教学的理论和理念、媒体技术与实践，又包括教学系统设计，它不仅能够促进教师在学科教学中自觉自如地应用先进教学法知识和当代新技术，树立科学的、整合技术的现代教育思想和新的教育观念，而且能够帮助教师掌握运用技术获取、交流、处理与应用教学信息，优化教育教学过程与效果的基本方法和技能，获得终身学习、不断自我提升、促进自身专业发展的意识和能力。因而，现代教育技术既是教师 TPACK 框架下必备知识与能力的重要组成部分，也是教师整合技术的学科教学能力发展的推进器。

【拓展学习】

学习材料 1－1　云课堂

云计算时代的到来，使云计算技术的应用逐步由商业领域渗透到了教育领域。云计算属于分布式计算，简单来说就是当用户要完成一个复杂的任务时，利用云计算技术就能把巨大繁复的计算分解为多个小的计算程序，再把这些小的计算程序分给分布在世界各处的多台服务器进行处理（包括搜索、归类、计算、服务等工作），之后再把处理所得的结果回传给用户。而这一切的过程都是在互联网上完成的。最简单的云计算技术在网络服务中已经随处可见，如搜索引擎、电子邮箱等，使用者只要输入简单指令就能获取大量信息。

云课堂则是基于云计算技术的一种高效、便捷、实时互动的远程教学课堂形式，是云计算技术在教育教学领域中的一种应用。使用者无须配置任何硬件和软件，只需要通过网络浏览器界面，进行简单操作，便可快速高效地与全球各地学生、教师、家长等不同用户同步和异步分享语音、视频及数据文件，而课堂中数据的传输、处理等复杂技术由云课堂服务商帮助使用者进行操作。

云课堂的优势在于其经济性（成本低，经济性强）、规模化（大规模应用，覆盖面广）、灵活性（课程随需开设，学生自主选择）、有效性（每天 24 小时播放，不受时空限制，长期有效）、可管理性（通过教学管理平台获取学员详细信息，提高教学效率）和可扩展性（模块化集成设计，API 接口无缝结合，可以多元立体地向学员传递教学内容）。这些优势对我国的教育信息化发展具有重要的启示意义：可以利用信息化教育的“云”实现全球化教育资源的建设与共享，促进学生的学习与创新，促进教师角色的转变，提高学校管理水平和效益。

云课堂是一种真正意义上的突破时间和空间限制的全方位互动性学习模式，在教育教学中的应用必然更加广泛、灵活、智能化，对现今教育教学改革和人才培养将起到更大的推动作用。而如何确定一套完善的虚拟课堂应用解决方案（技术、服务、安全、管理维护机制等）将是一个需要在实践中不断总结和完善的课题。

学习材料 1—2　慕课

慕课（MOOC）是 Massive Open Online Course 的中文译名，即大规模开放在线课程。它是为了增强知识传播而由具有分享和协作精神的个人组织发布的、散布于互联网上的开放课程。这一大规模开放在线课程掀起的风暴始于 2011 年秋天，被誉为“印刷术发明以来教育最大的革新”，呈现出“未来教育”的曙光。2012 年被《纽约时报》称为“慕课元年”。与传统课程相比较，MOOC 具有三大特点：①大规模。同时参与一门 MOOC 课程学习的人数动辄上万人，甚至十几万人；课程不是个人发布的一两门课程，而是指那些由参与者发布的课程，只有这些课程是大型的或者叫大规模的，它才是典型的 MOOC。②开放性。

MOOC 尊崇创用共享（CC）协议，课程的学习与发布同时向参与者开放。任何人都可以参与已有 MOOC 课程学习，任何人都可以发布新的 MOOC 课程，即课程学习者同时也可以是课程的发布者。只有开放的课程，才可以成为 MOOC。③网络化。MOOC 不是面对面的课程，这些课程材料散布于互联网上，课程学习不受地域、国籍等局限，无须旅行，不受时空限制，只需要一台电脑和网络连接即可注册参与。

目前，MOOC 课程的范围主要在高等教育领域，它不仅覆盖了广泛的科技学科，比如数学、统计、计算机科学、自然科学和工程学，也包括了社会科学和人文学科。慕课课程并不提供学分，也不算在本科或研究生学位里。通常，参与慕课的学习是免费的。然而，如果学习者试图获得某种认证的话，则一些大规模网络开放课程可能收取一定学费。在授课形式上，MOOC 课程不是搜集，而是一种将分布于世界各地的授课者和学习者通过某一个共同的话题或主题联系起来的平台。尽管这些课程通常对学习者并没有特别的要求，但是所有的慕课会以每周研讨话题这样的形式，提供一种大体的时间表，其余的课程结构也是最小的，通常会包括每周一次的讲授、研讨问题及阅读建议等。同时，每门课都有频繁的小测验，有时还有期中和期末考试。考试通常由同学评分，比如一门课的每份试卷由同班的五位同学评分，最后分数为平均数。一些学生成立了网上学习小组，或跟附近的同学组成面对面的学习小组。

Coursera、edX 和 Udacity 并称为慕课“三驾马车”。前两个已进入中国。Coursera 是由两位斯坦福大学教授创建的在线免费课程，于 2012 年 4 月上线。它是目前发展最大的 MOOC 平台，拥有相近 500 门门类丰富、来自世界各地大学的课程，国内的复旦大学、上海交通大学已加入其中。edX 是哈佛与 MIT 共同出资组建的非营利性组织，与全球顶级高校结盟，系统源代码开放，课程形式设计更自由灵活，除多所美国高校外，欧洲、澳洲、加拿大等地的高校也纷纷加入。2013 年 5 月，清华大学、北京大学也加入了 edX。Udacity 成立时间最早，以计算机类课程为主，课程数量不多，却极为精致，许多细节专为在线授课而设计。

2013 年 10 月 10 日，由清华大学打造的全球首个中文版慕课平台——“学堂在线”（www. xuetangx. com）正式开放。“慕课”已经成为当前教育界炙手可热的字眼。清华大学副校长袁驷表示，“慕课”的出现，真正实现了“翻转课堂”。教师可以将在线视频作为教学的线上环节，要求学生在课堂外先“听课”，课堂内则侧重深入地分享、探讨和解决问题。

【实训任务】

1. 利用数码相机、手机、好看簿等工具及软件，设计制作一个本小组的 logo，注意集思广益，共同完成。

2. 体验基于技术的交流；访问相关学习网站。

3. 建立个人学习档案袋。

4. 形成学习小组；基于个人信息，建立全班通讯录。

5. 自主确定一节“信息技术与课程整合课”的选题，制定选题计划。

【头脑风暴】

1. 说说你对教育技术概念的理解，并与伙伴讨论：教育技术的研究对象是什么？研究内容包括哪几个方面？

2. 拓展学习《中小学教师教育技术能力标准（试行）》，与伙伴讨论它在哪几个方面体现了对教师教育技术能力的要求？

3. 行为主义学习理论、认知主义学习理论和建构主义学习理论的基本观点各是什么？与伙伴讨论三种学习理论对教学的指导意义。

4. 你怎么认识教育现代化和教育信息化，以及二者之间的关系？教育技术对新课程改革以及教师专业发展有什么意义？

5. 谈谈你对 TPACK 框架下，教师专业素养与能力发展的认识，并与组内同学交流。

第 2 章　信息化教学设计

【学习目标】

· 了解教学设计的概念和作用

· 掌握教学设计的一般过程和基本环节

· 具备信息化教学设计的能力

· 能够运用教学设计方法设计一节基于信息化环境的课

【案例呈现】

案例 2－1《**共点力作用下物体的平衡**》**教学设计方案**（改编自《教育技术培训教程（教学人员·初级）》，何克抗主编，高等教育出版社）

一、课题概述

《共点力作用下物体的平衡》是人教版新课标教材高中物理必修Ⅰ第四章《牛顿运动定律》中的第七小节《用牛顿定律解决问题（二）》下的内容，是学完了牛顿第二定律和牛顿第三定律后对牛顿运动定律的应用。本节课为 1 课时，45 分钟。

物体的平衡问题是整个静力学部分的重点，同时也是难点，共点力作用下物体的平衡自然也就是质点力学的重点。该部分将为动力学解题方法的学习，以及普通物理学中静力学的学习奠定扎实的基础。

二、教学重难点分析

本内容的教学重点是共点力的平衡条件：$F_{合}=0$。学生动手试验，总结得出结论。教学难点是物体的受力分析，通过课堂实例分析来形成分析方法。学生比较容易产生疑惑的地方是物体受力在什么情况下可以认为是共点力，通过实例分析来归纳条件。

三、教学目标分析

1. 知识与技能

（1）能够理解共点力的概念，分别举例说明共点力和非共点力的情形。

（2）能够解释平衡状态的含义，并能够判断一个物体所处的状态是否平衡。

（3）知道共点力作用下物体的平衡条件，能够写出平衡条件的公式。

（4）可以根据共点力作用下物体的平衡条件来解决具体的生活实践问题。

（5）培养学生对物体进行力的分析的能力和用平衡条件原理解决实际问题的能力。

（6）运用现代技术设备收集资料、解决实际问题的能力。

2. 过程与方法

（1）能够设计实验来探究并验证共点力下物体的平衡条件。

（2）能够通过实验和练习归纳出应用力的平衡条件，并得出解决实际问题的基本步骤和基本方法。

（3）能够从物理现象和实验中归纳出简单的科学规律。

（4）体验科学理论得出的过程与方法。

（5）掌握由特殊到一般、一般到特殊的逻辑推理思维方式。

（6）在小组合作探究中能够清楚地表述自己的观点，初步具有评估和听取反馈意见的意识，有初步的信息交流能力。

3. 情感态度与价值观

（1）认识到一些不平衡状态会给人类生活带来的巨大灾难。

（2）意识到物理规律在现实生活中的重要作用，增强对物理学习的兴趣。

（3）在探究合作过程中，增强探究意识与合作意识，增强与人交流的意识。

（4）在通过实验得出结论的过程中，逐步树立严谨科学的实验态度和正确的认识观。

（5）通过平衡条件的实践应用，体验战胜困难、解决物理问题时的喜悦。

四、学习者特征分析

本节课的学习者特征分析主要是根据教师平时对学生的了解而做出的。

· 学生是××市××中学高中一年级学生；

· 学生好奇心强，具有较强的探究欲望；

· 学生有过较多的小组合作经验；

· 学生已经学过牛顿第二定律和牛顿第三定律；

· 学生能够进行牛顿运动定律的简单应用；

· 学生在平常的学习和生活中已经接触过一些零碎的关于共点力作用下物体平衡的例子。

五、教学策略的选择与设计

· 探究引导策略：探讨式学习、教师启发引导；

· 自主合作探究式学习策略：建立小组讨论、交流、合作的课堂氛围；

· 情景创设策略：运用生活中与教学内容相关的情景，设计问题，设计物理实验，组织教学内容，提出有启发性的引申问题，激发学生的学习兴趣，使其积极地参与到实验验证、实验猜想、探究规律的学习当中。

六、资源与工具设计

· 人教版新课标教材高中物理必修Ⅰ；

· 相关实验器材，如弹簧秤若干、细线若干；

· 专门为本课设计的多媒体课件；

· 多媒体教室。

七、板书设计

<table>
<tr><th colspan="2">共点力作用下物体的平衡</th></tr>
<tr><td>1. 共点力
如果几个力都作用在物体的同一点，或者作用线相交于一点，这几个力叫作共点力。
2. 平衡状态
物体保持静止不动或匀速运动的状态。</td><td>3. 共点力作用下物体的平衡条件
条件：$F_{合}=0$
推论：物体平衡时，其所受的某一个力与其余力的合力等值反向。
4. 共点力平衡条件的应用
三力问题：力的合成的边角关系
多力问题：正交分解法</td></tr>
</table>

八、教学过程

1. 课题引入

(1) 播放视频，引起兴趣。

通过展示塔吊、走钢丝等在生活中遇到的平衡问题及其应用，引起学生对平衡问题的兴趣。

(2) 教师演示实验，引起思考。

平衡状态是一种常见的物体运动状态。实验演示一些特殊的平衡态，如偏心轮在斜面静止、铅笔竖立在指尖等现象。

(3) 认识本节课的重要性。

播放一些不平衡状态给人们带来损害的视频资料，如重庆綦江虹桥坍塌、柳州四桥人行道坍塌等事故。由此指出学习好本节内容的重要性。

2. 新课教学（要点）

(1) 共点力概念的形成。

a. （投影播放，引发思考）分析道路上匀速行驶的汽车、墙上挂着的物体、天花板上吊的广告牌等都受到哪些力作用，有什

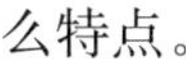

么特点。

b.（学生讨论，教师引导，形成概念）如果几个力都作用在物体的同一点，或者作用线相交于一点，那么这几个力就叫作共点力。实际问题中如果可以不考虑物体形状和大小而把物体当成一个质点时，作用在该物体上的几个力就可以被看作是共点力。

c.（概念强化，正反例变式）非共点力的几种情况（投影）：称物的杆秤、悬挂的日光灯。

（2）平衡状态的理解。

a. 引导学生复习平衡状态的概念：物体保持静止不动或匀速运动的状态。

b. 请学生举例。

（3）共点力作用下物体的平衡条件探究（学生动手实验、总结）。

a. 物体仅受到两个力的情况：学生两人一组实验；学生总结二力平衡的特点（实验，教师提问）。

b. 物体受到三个力的情况：学生三人一组实验，分别验证不同夹角的情况；学生总结三力平衡的特点（实物投影学生在刻度盘上做的三力图，任意两个力的合力与第三力等值反向）。

c. 物体受到四个力的情况：学生四人一组实验，分别验证不同夹角的情况；学生总结四力平衡的特点（实物投影学生在刻度盘上做的四力图，任意两力的合力与其他两力的合力等值反向）。

d. 理论分析：

引导学生探讨原因、总结规律。由牛顿第二定律 $a=F_{合}/m$ 可知，当 $F_{合}=0$ 时，$a=0$，物体保持静止或者匀速直线运动状态，因此共点力作用下物体的平衡条件是其所受合力为零，即 $F_{合}=0$。

（4）共点力平衡条件的应用（投影演示）。

例题 1：见课本例题 1（学生先进行思考，然后演示课件，讨论）。

这是一个典型的三力平衡问题，通过对象选取、受力分析以及利用直角三角形的边角关系求解，使学生掌握力的平衡问题的基本研究方法。用课件，动态演示拉力与支持力随角度的变化关系，并从三角函数关系推证。

例题 2：见课本例题 2（学生先进行思考，然后演示课件，讨论，教师总结）。

本题的物体 A 受到四个力的作用，如果利用平行四边形定则求解，显然麻烦，而采用正交分解方法，使不在一条直线上的力变成同一直线上的力，再利用平衡条件求解，就显得方便。因此力的平衡条件可以写出 $F_{合}=0$ 或 $Fx_{合}=0$，$Fy_{合}=0$。

3. 课堂小结（投影）

教师提问：刚刚我们进行了共点力平衡条件的应用实践，谁能归纳一下应用力平衡条件解题的基本步骤和基本方法？

学生回答，教师引导。

最后教师做归纳是：①究对象；②体受力；③力的合成或分解图；④根据平衡条件列方程求解。

解题的基本方法是：三力问题可以通过力的合成的边角关系求解，多力问题可以采用正交分解法求解。

九、教学评价设计

在课堂中教师对学生的学习、探究、讨论等给予及时的评价、引导和总结。本课结束时，教师引导学生进行本次课综合性总结。课后，通过测试题和作业来评价反馈。

附：

(1) 应用训练题。

学以致用：解决儿童乐园里滑滑梯角度的设计问题（在教室解决）。

素质检测：分析江苏江阴公路大桥钢缆受力问题，用计算机完成相关计算。

在网络上搜索有关悬索桥的图片，为柳州市大桥的建设提出自己的意见。

(2) 课后作业：做课本 p. 73 练习 (1) ～ (4) 题。

十、教学反思

本课在内容组织上基于教材又超越教材，有机地将学科知识融会贯通到日常生活现象和事件中；教学过程较好地体现了“教师主导—学生主体”的教学思想；教师运用生活中的相关情景设计问题，设计实验，组织教学内容，组织小组合作学习，提出启发性引申问题等，激发了学生兴趣，调动学生积极自然地参与到实验验证、实验猜想、探究规律的学习当中；教学实施效果较好。但本节课在调动学生的自主性方面还做得不够好。若能在网络环境下，学生一人一机，让学生在自己操作的过程中步步验证与探究，在自主探究的过程中完成意义建构，教学效果会更好。

【知识导航】

教学是教与学的双边活动。在这种双边活动中，教师有目的、有计划、有组织地引导学生积极自觉地参与学习过程，建构知识意义，掌握基本技能和方法，促进学生学习和素质的全面提高。教学也是一个由诸多教学要素组成的有机的、复杂的动态系统。为使这一系统中的多种要素有机配合，达到最优的教学效果，教师在实施课堂教学之前，就必须依据一定的教育思想或教育理念，对整个教学系统以及教与学的双边活动进行周密的计划与安排，分别针对教学内容、教学目标和教学对象的特点、教学环境条件等，考虑教什么、为什么教、怎么教、如何评价教学效果等问题，得出一个科学的教学工作方案。在信息化环境下，还应考虑怎样有效利用技术优化学习过程和学习效果等问题。

2.1 教学设计概述

一切教学活动所追求的目标都是教学的最优化。教学设计就是为实现教学的优化，在 20 世纪 60 年代逐渐形成并发展起来的一门实践性非常强的应用性学科，是教育技术学领域的一个重要分支。教学设计一方面把教学理论和学习理论在设计实践中高度融合；另一方面又把教与学的理论与教学实践紧密结合，为提高教学效率、实现教学最优化提供强有力的保证。

2.1.1 教学设计的概念与作用

教学活动是一项有明确目的的涉及教与学两个方面的人类认知活动，其根本目的在于促进学生的学习和发展。任何一项教学活动都应该是有目的、有计划、有针对的，因而，开展任何一项教学活动都应该进行科学的设计，以克服其盲目性和随意性。

1. 教学设计的概念

所谓设计，即根据一定的目的、要求，预先制定方法、程序、图样等的过程。教学设计（Instructional Design，ID）通常也称为教学系统设计（Instructional System Design，ISD），是开展教学活动的前提和基础，它为整个教学活动的实施提供依据。

教学设计就是以教学需要为立足点，从确立目标出发寻找达到目标的最优途径和措施，建立起解决教学问题的一般步骤、程序和方法。它关注的是如何分析教学问题、如何制定教学策略、如何评价教学过程和结果。其目的是通过对学习过程和学习资源所做的系统安排，创设各种有效的教学系统，以促进学习，优化教育学习过程和效果。所采用的方法是系统科学的方法。

《中小学教师教育技术能力标准（试行）》指出："教学设计是指主要依据教学理论、学习理论和传播理论，运用系统科学的方法，对教学目标、教学内容、教学媒体、教学策略、教学评价等教学要素和环节进行分析、计划并作出具体安排的过程。"

以下几个方面可以帮助我们更好地理解教学设计：

（1）教学设计面向不同层次的教学系统。

所谓教学系统是指由学生、教师、教学内容、教学媒体、教学环境等要素组成的具有某种教学功能的有机整体。教学实践活动中存在多种不同层次的教学系统，如某学校的课程设置计划、某专业的教学计划、培训方案、一门课程、一个教学单元、一堂课，甚至一个教学用媒体材料等都是不同层次的教学系统。前三者可看成是宏观层次的教学系统，而学科教师所面对的更多的是一门课程、一个教学单元、一堂课，或一个教学媒体材料等微观层次的教学系统。

教学设计就是针对不同层次的教学系统而进行的设计。它主要为不同层次的教学系统所存在的问题提供解决的方法、方案。不同层次的教学系统所要求的教学设计活动的范围、难度、参与度等也有所不同。学科教师所面对的教学系统包括了教师、学生，以及促进学生学习的内容、条件、资源、方法、活动等要素，教学设计就是要对这些影响教学效果的各个要素、环节进行具体计划，以达到优化教学过程和教学效果的目的。

（2）教学设计的目的是优化教学效果。

教学设计在教与学理论和教学实践之间架起了一座桥梁，其最终目的是将学习理论和教学理论等基础理论的原理和方法，转换成实施教学、解决教学实际问题的可行的有效方案，以优化教学过程和教学效果。它不是为了发现客观存在的尚不为人知的教学规律，而是运用已知的教学规律去创造性地解决教学中的问题，其成果或产物是经过验证的、能实现预期功能的教学实施方案，包括教学目标以及为实现特定教学目标所需的教学活动和实施计划以及相关的支撑材料。

（3）教学设计强调系统方法的运用。

所谓系统方法，就是运用系统科学的思想理论研究和处理各种复杂的系统问题而形成的方法。系统方法认为，系统是由若干相互作用、相互依赖的要素组成的具有特定功能的有机整体；主张把事物对象看作一个系统，通过整体的研究来分析系统中的成分、结构和功能之间的相互联系，通过信息的传递和反馈来实现某种控制作用，以达到有目的地影响系统的发展并获得最优化的效果。

教学设计的研究对象是教学系统，因而教学设计必须运用系统方法。将系统科学的思想和方法运用于教学设计，从学习需求出发，系统全面地观察分析教学过程的每一个环节，探索、研究教学系统中各要素之间以及各要素与整个教学系统之间的本质联系，并在设计中综合考虑和协调它们的关系，形成系统、有效的方案，使各要素有机融合，以实现教学系统的功能。

（4）教学设计要依托教学理论、学习理论和传播理论。

教学过程是教与学双边的互动过程，也是教育教学信息的传播过程，因而教学设计要以教学理论、学习理论和传播理论为基础。植根于教学理论、学习理论和传播理论的土壤，采用系统科学的方法，教学设计才会枝繁叶茂，丰富多彩。

（5）教学设计要对各个教学环节进行具体规划。

教学设计是面向教学系统、教学过程的设计，因而要对教学内容、教学目标、学习者特征、教学策略、学习情景、教学媒体与资源，以及教学评价等环节进行具体规划，形成有效的实施方案，确保学习效果最优化。

2. 教学设计的作用

教学设计日益体现出它的重要性，因而越来越受到教育工作者的关注。其作用体现在以下几个方面：

（1）有利于教学理论与教学实践的结合。

为了使教学效果最优化，教学设计不仅关心如何教，更关心学生如何学。因此，在采用系统方法分析解决教学问题的过程中，应注意把教与学的理论、传播理论等综合应用于教学实践，在教学理论和教学实践之间架起一座桥梁，把教与学的理论和教学实践紧密地连接起来。通过教学设计，一方面把已有的教学理论和研究成果运用于教学实践，指导教与学活动的开展；另一方面也将教师的教学经验升华为教学科学，充实和完善教学理论。

（2）有利于教学工作的科学化。

教学设计运用系统方法，以教与学理论为指导，对教学过程中的学习目标、学习内容、学习者、教学策略、教学媒体和资源、教学评价等要素进行具体规划，将设计过程模式化，可以有效减少教学活动中的盲目性和随意性，有利于教学工作的科学化和规范化。

（3）有利于教师的专业化发展。

教师的课堂教学是一个计划性很强的教与学的双边活动过程。为使学习者在课堂教学过程中实现预期的学习目标，教师就需要掌握一定的教学设计理论，并将其运用于教学实践，使自己具备教学设计的能力。通过教学设计，教师可以使教学过程及其各环节的安排和处理更具针对性和计划性，因而教师驾驭课堂教学过程的能力可以大大提高，同时教师的科学思维习惯和能力得到锻炼和培养，发现问题、解决问题的能力得到提高，有利于教师的专业素质的提高，并促进青年教师快速成长。

教学设计将教学理论与教学实践相结合，有利于教学工作的科学化、规范化，促进了教师的专业发展，最终有利于教学质量和学生素质的全面提高。

2.1.2 信息化教学设计

现代信息技术的发展引起了教学环境的变化，从而引起了教与学活动的变化，导致教与学方式的变革。信息技术在教育中的应用、新课程的实施、素质教育理念的贯彻等，最终要通过教师与学生的日常教学活动来实现。因而，教师科学合理地设计、实施和评价信息环境下的教学活动的能力，即教师的信息化教学设计与实施能力，成为教育信息化的重要组成部分。

所谓信息化教学就是在信息化环境中，教育者与学习者借助现代教育媒体、教育信息资源和教育技术方法等进行的双边活动。其特点是：以现代教育教学理论为指导，以信息技术为支撑，强调新型教学模式的构建，教学内容具有更强的时代性和丰富性，教学更适合学生的学习需要和特点。需要特别提出的是，信息技术环境为建构主义学习提供了优良的环境和资源支持。

信息化教学不仅仅是在传统教学的基础上对教学媒体和手段的改变，而且是对以现代信息技术为基础的整体教学体系的一系列改革和变化。表 2—1 对信息化教学与传统教学的特征进行了比较。

表 2—1　信息化教学与传统教学的特征比较

关键要素	传统教学	信息化教学
教学策略/学习策略	教师导向	学生探索
讲授方式	说教性的讲授	交互性指导
学习内容	单学科的独立模块	任务驱动的多学科交叉
作业方式	个体作业	个体作业+协同作业
教师角色	知识传授者	学习的促进者

续表2－1

分组方式	同质分组（按能力）	更多地进行异质分组
评估方式	针对事实性知识 和离散技能的评估	基于绩效的评估

通过与传统教学的比较，可以归纳出如下信息化教学的几项基本原则：

（1）更多地采用以学为中心的形式，注重学习者学习能力的培养。教师作为学习的促进者，引导、监控和评价学生的学习进程。

（2）充分利用各种信息资源来支持学习。

（3）以“任务驱动”和“问题解决”作为学习和研究活动的主线，在相关的有具体意义的情境中确定和教授学习策略与技能。

（4）强调“协作学习”。这种协作学习不仅指学生之间、师生之间的协作，也包括教师之间的协作，如实施跨年级和跨学科的基于资源的学习等。

（5）强调针对学习过程和学习资源的评价。

信息化教学设计是一个实用性概念。这一概念的核心是对“信息化教学”的设计，而不是“信息化”的教学设计。信息化教学设计提倡教师在通晓现代信息技术的同时，具备以信息技术为支撑的教学过程的设计能力，在教学中把技术资源和学科课程有机结合起来，促进教学过程和教学效果的最优化。

黎加厚教授指出，信息化教学设计就是运用系统方法，以学为中心，充分利用现代信息技术和信息资源，科学地安排教学过程的各个环节和要素，以实现教学过程的最优化。应用信息技术构建信息化环境，获取、利用信息资源，支持学生的自主探究学习，培养学生的信息素养，提高学生的学习兴趣与动机，从而优化教学效果。

由此可以看出，信息化教学设计同样离不开对学习需要、学习内容与学习者等诸多要素的分析，同样需要对教学目标进行正确、完整的表述，设计或选择恰当的学习策略，提供丰富的学习资源，并对学习活动进行形成性和总结性评价等。在信息化教学设计中，需要专门考虑如何创设丰富的技术环境，对教和学的过程提供支持，优化学习效果。

信息化教学设计过程可以分为单元（或课堂）教学目标分析、教学任务与问题设计、信息资源查找与设计、教学过程设计、学生作品范例设计、评价量规设计、单元（或课堂）教学实施方案设计及评价修改等步骤。

2.2 教学设计的流程

2.2.1 教学设计的基本环节与流程

教学设计是一个运用系统方法，综合考虑教学过程中教学目标、教学内容、教学对象、教学策略、教学媒体与资源以及教学评价等要素，解决教学问题的过程，同时它将运用系统方法使设计过程模式化。

1. 教学设计的基本环节

目前，教学设计过程的理论、模式有许多种，它们在一些问题上虽然存在差异，但以下观点基本一致：在教学设计过程的模式中，学生、目标、策略和评价构成教学设计的四大基本要素；分析教学对象、制定学习目标、选择教学策略、开展教学评价等构成教学设计过程的四个基本环节。即教学设计主要是在分析教学对象、学习目标、教学策略、教学评价四个基本要素及其相互联系、相互制约的关系的基础上完成的。

（1）分析教学对象。

教学是促进学习者学习的一系列活动。学习的主体是学习者（亦即教学对象），要进行有效的教学设计就必须深入地了解学习者，充分考虑学习者的能力、潜能、背景和需求等情况，对学习者的各类特征进行认真分析和预估。分析得越充分，越有利于教学设计，因为学习者的上述特征对教师制定和选用适当的目标、教学策略、教学媒体等都具有十分重要的作用。

（2）制定学习目标。

学习目标指学习者通过学习需要达到的学习成果或最终行为，它是课堂教学组织和实施的依据，具有引领和指导作用。学习目标的制定就是把学习者需要达到的学习成果或最终行为进行阐述，是课堂教学设计的关键环节。通过教与学活动，学习者需要掌握哪些知识与技能，经历哪些过程与方法，情感态度价值观发生什么样的变化？这就要求在教学设计的过程中使用具有可观察性、可测量性的术语，进行精确阐述，这样才能使教与学双方在教与学的活动中目标明确，减少盲目性，更好地相互作用，有效提高教学活动的效率。因而，教学设计需要非常重视学习目标的确定和准确阐述。

（3）选择教学策略。

明确了教学目标，分析了学习者的特征后，就需要对实施教学活动的组织形式、教学媒体的类型以及教学方式方法等具体问题进行选择与设计，即需要考虑采用什么样的教学策略，选择什么样的教学媒体资源等问题。这是教学设计过程中最核心的环节。教学系统最终能否有效发挥功效，主要取决于教学设计者在这一环节所作出的一系列判断和决定。

（4）实施教学评价。

教学评价是贯穿教学设计过程的环节，是教师在教学开始之前、教学进行过程中以及教学结束之后都要做的重要工作。通过教学评价来取得各方面的反馈意见，以不断修正、完善教学设计。教学评价既是了解教学是否实现预期目标的根本措施，也是修正、调整教学设计的依据。

2. 教学设计的一般流程

教学设计过程是一个系统化过程，同时也是一个创造性过程。只有首先掌握了教学设计的一般流程，才有可能在此基础上突破基本规范并进行创新性设计。完整、有效的教学设计应围绕以上四个基本环节，具体做到：理解《课程标准》、分析学习需要、分析学习内容、确定教学重难点、分析学习者特征、确定教学目标、选择教学策略（包括教学过程与教学活动的设计、情景创设等）、选择教学媒体和资源，以及设计教学评价方案等工作。教学设计的一般流程如图 2－1 所示。

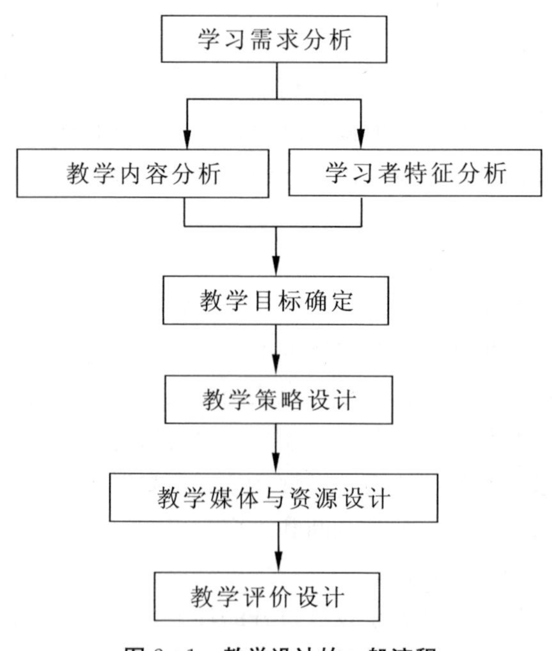

图 2－1　教学设计的一般流程

2.2.2　教学设计的前期分析

从教学设计的一般流程可以看出，教学设计是从三种不同的“分析”开始的。由于这三种分析都是在教学设计的开始阶段进行的，所以可以把它们称为教学设计的前期分析。前期分析中的学习需要分析、学习内容分析和学习者特征分析，可以使我们了解教学中存在的问题和教学设计的背景情况，厘清影响教学的各因素之间的关系，从而使教学设计后续工作有的放矢，是教学设计后续各环节的依据。

1. 学习需要分析

根据国家课程标准、社会对学习者的要求，系统分析学习者的现有水平与期望达到的目标水平之间的差距，即学习需要分析。国家课程标准是教材编写、教学实施、教学评估和考试命题的依据，是国家管理和评价课程的基础。课程标准体现了国家对不同阶段的学生在知识与技能、过程与方法、情感态度与价值观等方面的基本要求，规定了各门课程的性质、目标、内容框架，提出了教学和评价建议。学习需要分析的核心是了解与解决问题的必要性和可行性，并据此提出解决方案，为确定学习目标提供依据。

学习需要分析是教学设计的首要前提，是课堂教学设计的重要环节。它主要解决教师“为何教”、学生“为何学”的问题。

2. 学习内容分析

学习内容即要求学习者系统学习的知识、技能、方法和行为、情感、经验等的总和。在学校教育中，学习内容一般可以按照课程、单元及知识点等层次来划分。因此，在进行学习内容分析时，不仅要深入分析课程教材，了解每一课的内容和具体的知识点，还应深入分析每一课的内容结构、每个知识点之间的相互关系，以及它们与单元主题、与整个课程之间的关系，特别是知识点在学科知识体系中的位置或地位等。通常可以根据学习内容中各知识点的关系，分别采用归类分析、层级分析、图示分析等方法，也可以从学习者的认知过程出发，采用信息加工的方法，将学生在完成教学目标时对信息进行加工的所有的心理认知过程揭示出来。在对内容充分把握的基础上，对教学的重难点也要有清楚的认识，并应确定和突出相应的重点，指出化解难点的方法。教学重点是学生应该掌握的学科基础知识，也即重点知识，在每课中均处于核心地位，具有统领性、代表性、典型性等特点。教学难点需从学生学习的角度确定，而非教师的教学角度。它是学生在学习本课内容时，可能存在认知障碍、理解困难或实践难度的知识内容。教学难点的确定，应是学习知识与培养学习技能、方法相结合的最佳契合点。

学习内容分析所要解决的是教师“教什么”、学生“学什么”的问题。而这两个方面都与学习者紧密相关，因而学习内容分析与学习者特征分析有着密切联系，两者常常同时进行。

3. 学习者特征分析

学习者特征主要涉及智力因素和非智力因素两个方面。与智力因素有关的特征主要包括知识基础、认知能力和认知结构变量(知识结构中是否存在有利于新知识学习和吸收的旧知识)；与非智力因素有关的特征则包括兴趣、动机、情感、意志和性格。了解学习者的原有知识基础和认知能力是为了确定当前所学新概念、新知识的教学起点。学习者的认知能力可以按照布卢姆的“教育目标分类”理论分为六个等级：识记、理解、应用、分析、综合、评价。分析学习者的认知结构变量则是为了据此判定对当前学习者是否适合采用“传递—接受”教学方式。认知结构是指个体观念的全部内容与组织，它是影响新的意义学习与保持的关键因素，也是决定学习者意义建构能否成功的关键。认知结构变量有三个：认知结构的“可利用性”“可分辨性”和“稳定性”，分别指旧知识中对新知识起吸收固定作用的观念，新旧观念的异同点，起吸收、固定作用的原有观点的稳定性。

学习者是学习活动的主体，教学设计的最终目的是有效促进学习者的学习，学习者在认知、情感、社会等方面的特征都会对学习的信息加工过程产生影响。因而，设计的教学系统是否与学习者的特征相适应以及在多大程度上相适应，是衡量一个教学设计是否成功的重要指标，也为教学设计的其他一切活动提供了依据。对学习者特征进行认真分析是因材施教、实现个别化教学的重要前提，也是取得理想教学效果的关键所在。

分析学习者特征时，需要注意以下几个方面：①考虑的特征要和教学目标关联。②既要考虑学习者之间的稳定的、相似的特征，又要分析学习者之间的变化的、差异性的特征。相似性特征的研究可以为集体化教学提供理论指导，差异性研究能够为个别化教学提供理论指导。③考虑“有设计意义的特征”。教学设计中不可能考虑所有学习者的特征，也不是所有的学习者特征都具有设计意义，即使是具有设计意义的学习者特征，在设计层面上也有一定的不同，有些特征是可干预的，有些特征是不可干预但又可适应的。对于教学设计实践而言，应主要考虑那些对学习者的学习能够产生最为重要的影响，并且是可干预、可适应的特征要素。此外，在分析学习者的特征时，还应重视学习不同学科所表现出来的独特性，以及在信息技术环境下学习者的信息素养与技能水平、认知心理特点、学习习惯和注意特征等因素。

2.2.3　教学目标分析

教学目标是指通过教与学活动，使学习者在知识与技能、过程与方法、情感态度和价值观等方面发生的预期变化。使教学目标明确化、具体化的过程就是教学目标的分析与阐述过程。教学目标不仅决定着教学的方向，同时也是学习内容选择、教与学活动设计、教学策略制定、学习情景创设以及教学评价的依据。在教学设计中，教学目标的分析与阐述是一个非常重要的环节，也是教学设计面临的首要任务。

根据教学目标的含义和表述方式，教学目标可分为总教学目标和子教学目标两类。总教学目标是针对某个课程（或某个教学单元）内容提出的整体要求，通常在教学大纲中有明确的表述。这类目标是比较概括和原则性的，而不是刻意地规定具体的内容和目标达到的程度，以及应通过哪种途径去达到目标。因此不能直接根据总教学目标来选择教学内容，安排教学进度，甚至选择教学活动。为了更好地落实教学的要求，必须对总教学目标进行认真的分析，找到实现教学总目标所规定的具体教学要求和教学步骤，这些具体的教学要求和教学步骤被称为子教学目标。这些子教学目标通常还需要继续进行分析，看看是否还能找出更具体的教学要求和步骤，看看是否还能找出更低一级的子教学目标。如此进行下去，直至找到不能再细分的子教学目标为止。这里所说的各级子教学目标即对应着教材中的“知识点”。各级子教学目标之间的层级关系正是确定教学内容与顺序、选择教学活动与策略、选择教学媒体与资源等的必要前提，也是进行教学目标分析的意义所在。

为了体现目标的衔接性和整合性，我国基础教育课程标准从知识与技能、过程与方法、情感态度与价值观三个方面给出了每一门课程的总体目标和学段目标。知识是人们对客观事物认识和经验的总和，主要包括人类生存所不可或缺的核心知识和学科基本知识；技能是掌握某种专门技术的能力，它是由知识经过实践和训练转化而形成的，主要包括获取、收集、处理、运用信息的能力，创新精神和实践能力，终身学习的愿望和能力等。知识和技能共同的特点是外显，易于测量。过程指应答性学习环境和交往、体验。方法包括基本的学习方式（自主学习、合作学习、探究学习）和具体的学习方式（发现式学习、小组式学习、交往式学习等）。过程与方法主要包括人类生存所不可或缺的过程与方法，强调学生经历学习过程，在自主、合作探究的学习过程中发现、总结和掌握知识规律和学科方法。情感是人对外界刺激肯定或否定的内部心理体验和心理反应；态度指人们对客观事物或事物发展过程所表现出来的情感指向，它包括对事情的基本观点和采取的相应行动；价值观是对客观事物的意义、重要性的评价和取舍的观念。教学目标中的情感态度不仅指学习兴趣、学习责任，还指乐观的生活态度、求实的科学态度、宽容的人生态度；价值观不仅强调个人的价值，还强调个人价值和社会价值的统一；不仅强调科学的价值，还强调科学价值和人文价值的统一；不仅强调人类价值，还强调人类价值和自然价值的统一，从而使学生内心确立起对真善美的价值追求以及人与自然和谐和可持续发展的理念。

分析教学目标是为了确定学生学习的内容或主题，即与基本概念、基本原理、基本方法或基本过程相关的知识内容，对教学活动展开后需要达到的目标做出一个整体的描述，包括学生通过本节课的学习将具备哪些知识和能力、经历哪些过程、掌握哪些方法、完成哪些创造性成果以及取得哪些潜在的学习结果、增强哪些方面的情感态度与价值观。新课程标准强调，无论哪一门学科，都要在课程的总体目标上落实知识与技能、过程与方法、情感态度与价值观这三个维度的目标。

教学目标一旦确定下来，就要用可评价的方式将教学目标描述出来，以指导教学策略的选择与活动设计、教学评价的设计等环节的实施。在分析和表述教学目标时，要特别注意对教学目标的四大组成要素：对象（audience）、行为（behavior）、条件（condition）和标准（degree）的阐述。也就是要注意：①用新课程的三维目标来表述，即从知识与技能、过程与方法、情感态度与价值观三个方面对学生通过学习要达到的目标进行分析与描述。②正确定位目标对象。教学目标分析与设计的对象是学习者，因此教学目标阐述的是学习者学习的结果，是指他们在教师与同伴的帮助下，利用资源和工具学会了什么，而不是指教师应该做什么，或者通过该课教给学生什么。③目标描述要明确、具体、有层次、可测评。描述目标时要尽可能具体、明确，以及可以观察、测量和评价，便于教师和学生在教学过程中了解是否已达到目标，以便及时调整教学/学习的策略。④要用行为动词和动宾短语表述教学目标。表 2－2、表 2－3 和表 2－4 中分别针对不同学科领域和根据课程标准提供了可供参考的动词，供教师在教学过程中使用。⑤要说明达到目标的条件。条件也是后续判断是否达到目标的依据之一。⑥要说明与目标相关的行为状况的判别标准。

表 2－2　知识领域可供选用的行为动词

学习水平	可供选用的行为动词
了解	说出、背诵、辨认、回忆、选出、举例、复述、描述、识别、再认等。
理解	解释、说明、阐明、比较、分析、归纳、概括、概述、判断、区别、提供、把……转换、猜测、预测、估计、推断、检索、收集、整理等。
应用	应用、使用、质疑、辩护、设计、解决、撰写、拟定、检验、计划、总结、推广、证明、评价等。

表 2－3　技能领域可供选用的行为动词

学习水平	可供选用的行为动词
模仿	模拟、重复、再现、模仿、例证、临摹、扩展、缩写等。
独立操作	完成、表现、制定、解决、拟定、安装、绘制、测量、尝试、试验等。

续表2－3

学习水平	可供选用的行为动词
迁移	联系、转换、灵活应用、举一反三、触类旁通等。

表 2－4　过程、方法、情感领域可供选用的行为动词

学习水平	可供选用的行为动词
经历	经历、感受、参加、参与、尝试、寻找、讨论、交流、合作、分享、参观、访问、考察、接触、体验等。
反应	遵守、拒绝、认可、认同、承认、接受、同意、反对、愿意、欣赏、称赞、喜欢、讨厌、感兴趣、关心、关注、重视、采用、采纳、支持、尊重、爱护、珍惜、蔑视、怀疑、抵制、克服、拥护、帮助等。
领悟	形成、养成、具有、热爱、树立、建立、坚持、保持、确立、追求等。

2.2.4　教学策略设计

在确定了教学目标和学习内容，分析了学习者特征之后，就需要确定采用哪种类型的教学方式，是教师授导为主（以“教”为主），还是学习者自主建构为主（以“学”为主），或是采用“双主”型教学。同时，需要精心设计并巧妙运用教与学的策略，以帮助学习者快速有效地掌握学习内容，达到预期的学习目标。

通常意义上，教学策略是指在不同的教学条件下，为达到不同的教学结果所采用的方式、方法、媒体的总和，它具体体现在教与学相互作用的活动中。教学过程就是展开一系列教与学活动的过程，教学策略的选择和活动设计是教学设计的核心环节，也是最能体现教育教学理念的一个环节。要正确选择、制定教学策略，必须掌握教学过程的确定（即教学活动顺序安排）、教学组织形式和教学方法的选择三个方面的内容。

教学活动通常指的是以班级为单位的课堂教学活动，它是学校教学工作的基本形式。教学过程则由一个一个相互联系、前后衔接、功能各异的教与学活动构成，即是教师组织教学的程序和环节，也是学生学习和认知的程序和环节。教学过程和活动设计是课堂教学设计的主体和核心。所以，教学设计必须根据教学目标、教学内容以及教学对象对教学活动进行认真周密的安排——教学过程包括哪些、什么形式的教学活动，哪些活动先进行，哪些活动后进行；同时还应把教学内容、教学进程、教师活动、学生活动、所需要的教学资源及教学指导策略等表达清楚，可使用教学流程图直观地进行描述。合理地组织与安排教学活动，是选择、制定教学策略的主要内容。

教学组织形式是根据教学的主观和客观条件，从时间、空间、人员组合等方面分析安排教学活动的方式。常见的教学组织形式大致分为三类：集中授课、自主学习和协作学习[①]。这三种教学组织形式各自有着不同的功能和优缺点，在教学过程中要有机地把它们结合起来，以保证良好的教学效果。目前常用的三种不同类型的教学中，“以教为主”的教学主要采用班级集中授课的形式，“以学为主”的教学主要采用自主学习和协作学习相结合的形式，而“双主”型教学则将三种教学组织形式有机融合，既突出学生的学习主体地位，又强调教师的主导作用。

传统意义上的教学方法主要指诸如讲授法、讨论法之类的“呈现方式”，现代意义上的教学方法除此之外还包括与教学媒体与资源运用有关的方法。教学方法运用的目的是帮助学习者达到学习目标或内化学习内容和教学信息，而教学媒体是承载、传播这些内容和信息的载体。

---

① 关于集中授课、自主学习和协作学习的详细内容请参阅本教材第 6 章相关内容。

教学方法、策略形式多样，与获得认知学习结果有关的方法策略有讲授法、启发式方法、先行组织者策略、演示法、谈话法、讨论法、操练法、实验法等；与获得动作技能有关的方法策略有示范—模仿法、操练—反馈法等；与情感态度有关的方法策略有直接强化法、间接强化法等；与建构主义学习有关的方法策略则包括支架式、抛锚式、随机通达式、问题解决式、研究式、协作式（协作式又可进一步细分为讨论式、辩论式、竞争式、角色扮演式等多种不同的策略）、情景创设法等。教学有法，但无定法，贵在得法。教学方法、策略多种多样，每一种方法策略都有各自的特点与适用场合，应当根据具体的教学目标、教学内容、教学对象和教学条件加以分析和选择。情景创设、先行组织者策略等在教学中具有非常重要的作用。

先行组织者教学策略是奥苏贝尔意义接受学习理论的一个重要组成部分。奥苏贝尔认为，能促进有意义的学习发生和保持的最有效策略，即是通过利用适当的引导性材料对当前所学新内容加以引导。这类在学习新内容之前呈示给学习者的引导性材料就叫作先行组织者。采用先行组织者策略的目的在于用先前学过的内容去解释、整合和联系当前新的学习内容，并帮助学习者区分新内容和以前学习的内容，建立新、旧知识之间的联系，从而对新的学习内容起到强化、吸收的作用。先行组织者可以是比较性的，也可以是讲解性的，但是在呈现作为先行组织者的概念时，必须仔细解释这些概念或者命题的基本特征。

学习情景泛指一切作用于学习主体，并能引起学习者产生一定情感反映的客观环境。通过创设与当前学习主题尽可能吻合的真实情景，可以使学生产生身临其境的感觉，从而激发学生的学习动机，并将学生的注意力集中到当前的学习主题上来。依据情景呈现的内容，学习情景可分为故事情景、问题情境、资源情景、虚拟实验情景等；依据情景的真实性，可分为真实情景、模拟真实情景、虚拟现实情景等；依据情景所支持的学习类型，可分为自主探究情景、合作学习情景等。创设学习情景的方法多种多样：播放一段视频录像、朗诵一首诗歌、放送一段乐曲、讲一个生动的小故事、举一个典型的案例、演示专门制作的课件、设计一场活泼有趣的角色扮演、制作并播放一段惟妙惟肖的动画短片……但应特别注意的是，所设计的情景必须与当前的学习主题密切相关，否则不仅达不到目的，有时甚至适得其反。

一般来说，某种教学目标的要求，不是靠单一的方法策略所能达到的，而是要通过多种方法策略的组合运用才能实现预期的目标。通常人们把“多种方法策略的组合运用”称为教学模式。可见，教学模式属于方法策略的范畴但又不等同于一般的方法策略。一般的方法策略是指单一的方法、单一的策略，教学模式则是指两种以上方法策略的组合运用。

需要注意的是，教学策略的设计既要符合教学内容、教学目标的要求，适合学习者特征，还要考虑实际教学条件。因此，教学策略的设计需要系统考虑诸多因素，必须创造性地开展教学设计工作，巧妙地设计各个环节，灵活地安排教学活动，使整个教学过程与效果最优化。

2.2.5　媒体和资源设计

教学媒体是指承载、加工和传递教学信息的介质或工具；教学资源则指能够支持教学活动的各种人力和物质条件。当代技术的发展突飞猛进，功能各异的教学媒体和教学资源越来越丰富，也越来越深入地应用到教育教学的各个环节。怎样充分依据学习目标、学习内容、学习者特征和环境条件等因素，选择或设计教学媒体和资源并有效运用于教学，优化学习过程和效果，成为教

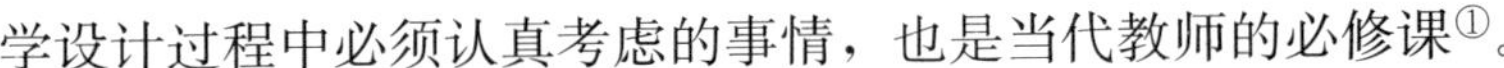

学设计过程中必须认真考虑的事情，也是当代教师的必修课①。

2.2.6　教学评价设计

教学评价是根据一定的教育目标，运用可行的科学手段，对教育现象及其效果进行价值判断，从而为教育决策提供依据，以改进教育服务的过程。教学评价是教与学的一个重要组成部分，贯穿于教学活动的每一个环节，对教学实施起着重要的导向和质量监控作用。随着我国基础教育新课程改革的实施，教学评价的理念、方法、工具和手段等也在不断发展变化。教学评价怎样体现新课程评价理念，真正促进学生发展，需要细致考量②。

2.2.7　三种主要教学设计的基本环节

教学设计综合了多种学科理论和技术研究成果，并起着将理论转化为教学实践的中介、桥梁作用。每一种理论都从不同视野对教学设计的形成与发展产生着重要影响，教学设计又是在理论指导下的设计，不同理论指导下的教学设计在理论、方法上必然会有所不同，因而教学设计过程模式种类繁多。但从其理论基础（尤其是学习理论）角度进行分析，教学设计主要包括传统教学设计、建构主义环境下的教学设计和“学教并重”的教学设计三大类。

1. 传统教学设计及其基本环节

传统教学设计也叫作以教为主的教学设计，其教育思想体现“以教师为中心”，主要面向教师的“教”，重点解决教师“怎么教”的问题，以教师的“教”为出发点，以系统传递知识与技能

---

① 关于教学媒体的选择，教学资源设计与开发利用，教材第 3、4、5 章将作专门介绍。

② 关于教学评价设计、教材第 7 章将作专门介绍。

为基本目的。按照这样的理论和方法设计出来的教学有利于教师主导作用的发挥，有利于教师对整个教学活动进程的把握和监控，有利于系统科学知识的传授，有利于教学目标的完成，有利于学生全面打好各学科知识基础。其不足之处在于“重教轻学”，忽视了学生的学习主体地位，忽视了学生的自主学习和自主探究，容易造成学生对教师、书本、权威的迷信，不利于学生发散思维、批判思维的养成，容易限制学生的想象力和创新能力。

传统教学设计主要面向老师的“教”，考虑的是教师“怎么教”的问题，通常包括以下几个环节：

（1）教学目标分析——确定教学内容及知识点顺序。

（2）学习者特征分析——确定教学起点，以便因材施教。

（3）在上述分析的基础上，确定教学方法、策略。

（4）在上述分析的基础上，选择教学媒体。

（5）实施教学，并在教学过程中作形成性评价。

（6）根据形成性评价得到的反馈对教学内容与教学方法、策略加以调整。

2. 建构主义环境下的教学设计及其基本环节

建构主义环境下的教学设计也叫作以学为主的教学设计，其教育思想体现“以学生为中心”，主要面向学生的“学”，考虑的是学生“怎么学”的问题，以学生的“学”为出发点，其目的是促进学生的学习。这种教学设计认为学习者是学习过程的主体，知识与技能的获得不是靠老师的传授，而是在一定的学习环境中，依靠他人的帮助，学习者自己通过主动的意义建构获得的。因而以学为主的教学设计突出学生的学习主体地位，强调学生的自主探究、自主发现、自主建构，有利于学生创新精神和创新能力的培养。其不足之处是忽视了教师在教学过程中的主导作用的发挥，不利于科学知识的系统传授和掌握。

建构主义环境下的教学设计的主要环节如下：

（1）情境创设——创设有利于学生自主建构知识意义的情境。

（2）信息资源提供——提供与当前学习主题相关的信息资源（教学资源），以促进学生的自主建构。

（3）自主学习策略设计——自主学习策略是诱导学生自主学习、自主建构的内在因素，其作用是调动学生学习的主动性、积极性以达到自主建构的目标。

（4）组织协作学习——通过协作交流、思想碰撞、取长补短深化学生的意义建构。

（5）组织与指导自主发现、自主探究——在建构知识意义的基础上，通过解决实际问题的发现式学习与研究性学习进一步培养学生的创新精神与实践能力。

3.“学教并重”的教学设计及其基本环节

“学教并重”的教学设计也称为“主体—主导”教学设计或“双主”型教学设计，其教育思想体现“学教并重”，既突出学生的学习主体地位，又强调教师在教学过程中主导作用的发挥。教师的主导作用是指教师在教学过程中所起的导向和组织作用。这种导向和组织作用主要表现为三个方面：教学内容、教学方法手段、教学过程由教师设计、组织和实施；教学过程中教师要根据教学目标的要求，向学生传授知识与技能，调动学生的主动性和积极性；教师要通过直接或间接的方式为学生的学习提供帮助和指导。以学生为主体，即学生是教学过程与活动的主体，要树立学生的自我主体意识，强化学生的参与意识。这种教学设计在理论、方法与过程上都兼取前两种教学设计的优势，且避免了它们的不足之处，将两者有机结合，优势互补，使教师和学生在教学过程中的作用都得到充分发挥。它不仅有利于学生知识技能与创新能力的训练，同时也有利于学生健康情感和价值观的形成。

“学教并重”的教学设计的主要环节如下：

（1）教学目标分析——确定教学内容及知识点顺序。

（2）学习者特征分析——确定教学起点，以便因材施教。

（3）教学策略的选择与设计。

（4）学习情境设计。

（5）教学媒体选择与教学资源设计。

（6）在教学过程中作形成性评价，并根据评价反馈对内容与策略进行调整。

注意：环节（3）包括建构主义的自主学习、协作学习与自主探究等策略的设计，环节（4）和环节（5）中则包括情境创设和资源提供的要求。

2.3 教学设计方案的编写

教学设计过程中对各要素的分析与设计结果，需要一个载体，以看得见的形式呈现出来，这个载体就是教学设计方案。教学设计方案既是教学实施的依据，也是教学设计工作的总结。教学设计过程中对每一要素的分析与设计都应该及时反映在教学设计方案中，因此，教学设计的过程也就是教学设计方案的编写过程，即教学设计方案的编写与教学设计总是同期进行的。

2.3.1 电子教案的特点与结构

在信息化环境下，教学设计方案往往表现为电子形式，即电子教案。电子教案作为信息技术环境下教学设计的主要载体，不仅具有一般电子文件的易于保存与携带、便于编辑与修订、利于共享与交换等优点，还具有超媒体组织信息的特点，可以将文本、图片、声音、动画、视频等多媒体素材集成在一个教案里，融图、文、声、像为一体，从而克服传统教案与图片、声音、影像等素材相分离的缺陷，以便于教师管理教学资料，整合教学媒体。

电子教案的设计与编制过程与教学设计的过程同步，它的基本结构（即组成部分）也就是教学设计的基本要素，如教学目标、学习内容、教学策略、教学活动、教学资源与工具、教学评价等。教学设计中需要考虑的要素，都应该在电子教案中体现出来。

教学设计方案的形式多种多样，如文本形式、表格形式、文本和表格相结合的形式、文本和流程图相结合的形式，以及表格与流程图相结合的形式等。文本形式可以比较充分地体现教学的具体内容和思想，信息量大，但不宜直观地反映教学结构中各要素之间的关系。而表格形式能够比较简洁、综合地体现教学环节和教学诸因素的整合。一般来说，文本和表格相结合，再辅以流程图则是比较理想的呈现方式，可以采用文本形式书写前期分析，教学过程则以表格或流程图形式呈现。不同的内容可以采用不同的表现形式灵活展现，不拘一格，写出个性，写出创意。

2.3.2　利用文字处理软件制作电子教案

文字处理软件是最常见的电子教案制作工具，如 Microsoft Word、金山 WPS 等。它们具有生成电子文档并进行内容丰富的编辑修改、格式编排等功能。在使用模板进行电子教案编辑时，需要把握电子教案的结构特点，充分利用其结构特点恰当地将教学设计各环节在电子教案中呈现出来。利用 Word 制作电子教案可能会用到 Word 的如下功能：

（1）新建与保存电子教案。

（2）设置字体、字形、字号及字符颜色等文本格式。

（3）设置行距、段间距、对齐方式、缩进方式等段落格式。

（4）设置页边距等页面格式。

（5）插入文本框、图片、艺术字、表格、图表、符号等。

(6) 插入页码、分隔符、批注、超链接等。

(7) 公式编辑器的使用。

(8) 查找与替换操作。

(9) 设置图片、艺术字等的环绕方式。

(10) 修订功能的使用。

(11) 样式的运用。

(12) 目符号和编号的使用。

编辑电子教案时，在熟悉文字处理软件常用功能操作的同时，更要熟悉学科教学内容，注意本学科内容在电子教案中的呈现格式特点（如数学公式、拼音、音乐中的音符等），在文本输入、格式设置以及学科内容上都应做到准确无误。Word 基本功能的具体操作请参阅配套光盘“技术指导”相关部分。

【拓展学习】

学习材料 1-1　微课及其设计制作

1. 什么是微课

“微课”是指按照新课程标准及教学实践要求，以视频为主要载体，反映教师在课堂教学过程中针对某个知识点（如重点、难点、疑点等）或教学环节而开展的简短而完整的教与学活动全过程，以及与之相关的各种教学资源的有机整合。

2. “微课”的组成

“微课”的核心组成内容是课堂教学视频（课例片段），同时还包含与该教学主题相关的教学设计、素材课件、教学反思、练习测试及学生反馈、教师点评等辅助性教学资源。它们以一定的组织关系和呈现方式共同“营造”了一个半结构化、主题式的资源单元应用“小环境”。因此，“微课”既有别于传统单一资源类型的教学课例、教学课件、教学设计、教学反思等教学资源，又是在其基础上继承和发展起来的一种新型教学资源。

3. “微课”的主要特点

(1) 教学时间较短。

根据中小学生的认知特点和学习规律，微课的时长一般为5～8分钟，最长不宜超过 10 分钟。

(2) 内容少而具体，主题突出。

微课主要是针对某个知识点（如教学中的重点、难点、疑点内容）的教学，或是反映某个教学环节、教学主题，或解决某个教学问题的教与学活动。相对于传统一节课要完成的复杂众多的教学内容，微课的内容简短、单一。一个微课就一个主题，或者说一个微课一个知识点，主要针对来源于教育教学实践中的某一具体问题，主题明确。

(3) 资源容量小，便于使用。

从大小上来说，微课视频及配套辅助资源（教学设计“微教案”、教学课件“微课件”、教学反思及专家点评等）的总容量一般在几十兆左右，视频格式须是支持网络在线播放的流媒体格式（如 rm，wmv，flv 等）。师生可流畅地在线观摩课例，查看教案、课件等辅助资源；也可灵活方便地将其下载保存到终端设备（如笔记本电脑、手机、MP4 等）上实现移动学习“泛在学习”“碎片化”学习，也非常适合于教师的观摩、评课、反思和研究。

(4) 资源组成半结构化，易于扩展。

微课既不是多种类型资源的简单堆砌，也不同于以往的“教学资源包”概念。它是以网页的方式将某个知识点或教学主题相关教学资源做结构化的整合，并在教学资源与教学任务、教学活动、教学环境之间建立有意义的关联，形成一个主题突出、资源有序、内容完整的结构化资源应用环境。同时，微课资源还具有半结构化框架的开放性优点，资源具有很强的再生性和动态更新性。

4. 微课的类型

根据胡铁生老师对微课的分类，依据教学方法，微课可分为讲授类、问答类、启发类、讨论类、演示类、练习类、实验类、表演类、自主学习类、合作学习类、探究学习类；按照课堂教学主要环节（进程），微课可分为课前复习类、新课导入类、知识理解类、练习巩固类、小结拓展类。其他与教育教学相关的微课类型有说课类、班会课类、实践课类、活动类等。值得注意的是，一节“微课”作品一般只对应于某一种“微课”类型，但也可以同时属于两种或两种以上的微课类型的组合（如提问讲授类、合作探究类等），其分类不是唯一的，应该保留一定的开放性。同时，由于现代教育教学理论的不断发展，教学方法和手段的不断创新，微课类型也不是一成不变的，需要教师在教学实践中不断发展和完善。

5. 微课的设计与制作

黎加厚教授认为，微课设计与制作可依从下面 4 个步骤：选题、设计、制作与加工。选题即选取教学内容。选题需要注意的是，内容简洁明晰，应依据学生的学习需求进行精选；能在 10 分钟以内讲完；选取学生必须要老师讲的内容；选取学生需要微课自主学习的内容；整理出内容清单。设计即进行微课的教学设计，应该精心策划，让学生充满兴趣地学习。制作为课程可采用 PPT、手写板、微视频、微音频等方式，要注意文科、理科、艺体等学科特点，清楚明了地进行教学。使用 PPT 制作为微课程时，应恰当使用其手写、录音、录像、放大及自动播放等功能。也可通过手机等日常设备录制微课。微课的聚焦性、简要性、清晰度、技术性和创新性既是微课制作过程中需要重点考虑的因素，也是评判微课质量水平的重要评价指标。

【实训任务】

1. 对照教学设计的各个环节，针对自己选题的那节课进行教学设计：参照附录 2 的“教学设计方案模板”，在 Word 中设计、编写教学设计方案，完成其中的“课题概述”“学习目标分析”“重难点分析”“学生特征分析”和“教学策略设计”（含学习情景设计）等部分。

2. 小组内分享、交流教学设计的实践心得。

3. 根据小组内分享的心得，修改自己的教学设计方案。

【头脑风暴】

1. 什么是教学设计？你认为教学设计有什么作用？

2. 教学设计的基本环节有哪些？建构主义环境下的教学设计有何特点？

3. 应从哪几个方面进行教学目标分析？在阐述教学目标时应该注意哪些问题？

4. 学习者特征分析应该包括哪些内容？需要注意哪些方面的问题？

5. 什么是教学策略？什么是教学模式？两者之间有什么关系？常用的教学策略有哪些？什么是先行组织者策略？

6. 情景创设的目的是什么？有哪些方法可以创设情境？

第 3 章　教学媒体

【学习目标】

· 了解教学媒体的概念、特性、作用和分类

· 理解各类教学媒体在教学中运用的特点和运用形式

· 具备为本学科教学选择适用的教学媒体的能力

【案例呈现】

案例 3-1“几何画板”进教室

刘老师是一名初中数学教师，下一周他就要上七年级数学（下）第五章第一节《三角形》这一课了。备课时，刘老师回忆起原来在讨论三角形三边的关系时，采用语言讲授，辅以黑板板书的方式，学生总是似懂非懂，不能完全理解。教研会上，刘老师说出了他的困惑，同事们毫无保留地向他传授了很多经验。最终刘老师采纳了李老师的建议——引入“几何画板”软件进行教学，期望能够增加学生动手操作这一环节。

通过学习，刘老师很快掌握了“几何画板”的基本功能和操作技巧。他为《三角形》这节课设计了利用“几何画板”软件制作舞动的木棒，让学生在许多木棒中选三条线段首尾相接的实践活动，并通过投影仪和大屏幕展示给学生。学生在操作和观察中发现并不是任意三条线段都可以构成三角形，从而归纳出三角形三边关系：三角形的两边之和大于第三边，两边之差小于第三边。在这个活动中，刘老师充分利用了《几何画板》提供的旋

转、平移、缩放、反射等变换功能，通过拖拽、移动、动画等让三角形的边“动”起来，并同时保持必要的位置关系，使学生一目了然，很快就理解了三角形三边的关系。与此同时，刘老师还给这些线段赋予了很好听的名字“魔法线段”，使这些线段蒙上了神秘的面纱，激发了学生动手探索的兴趣，随后用“请大家当一次魔术师，将杂乱无章的魔法线段组成三角形”。这一风趣、幽默、激励性的语言，更加使学生跃跃欲试，都想来充当一次魔法师，探索这些魔法线段中的奥秘。

刘老师引入“几何画板”演示的这节课，很好地利用了多媒体的教学辅助作用，化抽象为直观，充分调动了学生的情感参与，激发了学生的学习探究兴趣，突出了本节知识重点，分散突破了难点，收到了理想的教学效果。同时，媒体的恰当运用使课堂气氛分外活跃，整节课涌动着求知的欲望，飞扬着灵性的翅膀，迸发着闪亮的智慧。刘老师深深体会到，教学中对教学媒体的正确选择和运用，可以大大改善教与学的效果，促进教学质量的提高。

【知识导航】

随着社会的进步和发展，信息的交流和传播与人们的日常工作、学习和生活日益密切相关，并加速渗透到人类社会活动领域的方方面面。在学校教育教学信息传播过程当中，教学媒体有着不可或缺的重要作用。

3.1　教学媒体概述

当代社会已进入信息时代，信息对人们的影响以及人们对信息的依赖程度越来越明显。一切信息的传播都需要中介物，教育教学信息的传播也不例外。信息传播过程中的中介物就是媒体。

3.1.1　教学媒体的概念

1. 媒体

媒体一词源自拉丁语“medium”，音译为媒介，意为两者之间。它是指信息在传递过程中，从信息源到受信者之间承载、加工和传递信息的载体和工具。也可以把媒体看作实现信息从信息源传递到受信者的一切技术手段。媒体有两层含义，一是指信息的载体，如语言、文字、符号、声音、图像、视频、动画等；二是指储存、加工和传递信息的实体，如黑板、粉笔、各种印刷材料、模型、幻灯机、投影仪、视频展示台、广播、电视、计算机等。

加拿大学者麦克卢汉（Marshall McLuhan）认为“媒体是人体的延伸”。例如，笔是手的延伸、书是眼的延伸、广播是耳的延伸、电视是眼和耳的延伸。媒体的变化会引起人的感官的变化和感觉重心的转移。例如，书本的感觉重心是视觉，但改用录音，感觉的重心就从视觉转移到听觉了。

2. 教学媒体

在教与学的活动过程中所采用的媒体，即被用于教学目的的媒体称为教学媒体，它是指储存、加工和传递教育教学信息的载体和工具。如电影、录音、录像专门用于教学时，就称为教学电影、教学录音和教学录像。这些都是教学媒体。

从本质上看，教与学的活动过程是一种获取、加工、处理和利用事物信息的过程，因此储存与传递信息的任何媒体都能作为教学媒体。但事实上，绝大多数新开发的媒体，首先都不是用在教学上，而是在军事、通信、娱乐、工业等部门使用相当长一段时间之后，才逐步被引进教学领域。媒体经过改进演变成为教学媒体，往往要经过复杂甚至是漫长的历程。一般媒体发展成为教学媒体必须具备两个基本条件：

首先，媒体用于储存与传递以教学为目的的信息时，才可称为教学媒体。以教学为目的的信息，也就是教学信息，它是由教学目标决定的。因此，教学媒体、区别于一般的媒体，它储存、传递的教学信息是为达到特定教学目标服务的，为特定对象——教师或学生所使用的。

其次，当媒体能够用于教与学活动的过程时，才能发展为教学媒体。任何媒体都能用来储存与传送教学信息，如电影、电视，以及计算机等媒体，它们都具有储存或传送教学信息的功能。但这些媒体诞生的初期，只在通信与娱乐领域中获得应用，因此，它们只是一般的传播媒体，而不是教学媒体。只在当它们经过改进，符合教学要求，用于教学活动时，才成为真正的教学媒体。

3. 现代教学媒体

所谓现代教学媒体是相对于传统教学媒体而言的。现代教学媒体都与电有密切的关联，都使用电作为动力，如幻灯机、投影仪、视频展示台、广播、电视、计算机等，所以又称为电化教学媒体。

现代教学媒体具有以下优越性：

（1）现代教学媒体能使教学信息即时传播到偏远地区且传播范围广阔，为实施远程教育、扩大教学规模和实现学习资源共享，提供了先进的手段。

（2）现代教学媒体不仅能传送语言、文字和静止的图像，还能传送活动图像，准确、直观地传送事物运动状态与规律的信息，有助于提高教学的质量与效率。

（3）现代教学媒体能记录、储存、再现各种教学信息，计算机还具有信息加工处理并与学习者相互作用的能力，从而为个别化学习、继续教育、创建新型教学模式、促进教育改革与发展提供了物质条件。

3.1.2 教学媒体的特性

教学媒体是教学信息的载体，无好坏之分，各类教学媒体都各有自身的特点、功能和局限性。教学离不开媒体，但媒体教学作用的发挥有赖于教师对各类媒体特性的了解和运用。

1. 媒体的共同特性

（1）固定性。

媒体可以记录和储存信息，以供需要时再现。媒体的这一特性使前辈们能够把丰富的实践经验逐渐积累，把宝贵的知识、技能传授给后代。

（2）扩散性。

媒体可以将各种符号形态的信息传送到一定的距离，使信息在扩大的范围内再现。

（3）重复性。

媒体可以重复使用。如果保存得好，这些媒体可以根据需要，一次次地被使用，而其呈示的信息的质和量稳定不变。另外，它还可以生成许多复制品，在不同的地点同时使用。

（4）组合性。

若干种媒体能够组合使用。这种组合可以是在某一活动中，把几种媒体适当编排、轮流使用或同时呈示各自的信息；也可以把各种媒体的功能结合起来，组成多媒体系统。组合性还指一种媒体包含的信息可以借助另一种媒体来传递。多媒体计算机集中地反映了这一特点。

（5）工具性。

媒体与人相比处于从属地位，即使是功能先进的现代化媒体，也是由人所创造，受人所操纵的。媒体只扩展或代替人的部分作用，而且适用的教学媒体还需要教师和设计人员的精心编制或置备。

（6）能动性。

媒体在特定的时空条件下，可以离开人的活动独立起作用。精心编制的教学媒体一般都比较符合教学设计原理，采用的是最佳教学方案，尤其是由经验丰富的老教师参与设计、编制的教学媒体，较之缺乏教学经验的年轻教师来说，教学效果会更好。

2. 教学媒体的特性

教学媒体除了具备一般媒体的共同特性之外，还有自己独有的个别特性。

（1）表现性。

表现性也称为表现力，指教学媒体表现事物的空间、时间和运动特征的能力。空间特征指事物的形状、大小、距离、方位等；时间特征指事物出现的先后顺序、持续时间、出现频率、节奏快慢等；运动特征指事物的运动形式、空间位移、形状变换等。

（2）重现性。

重现性也称为重现力，指教学媒体不受时间、空间限制，把储存的信息内容重新再现的能力。

（3）接触性。

接触性又称为接触面，指教学媒体把信息同时传递到学生的范围。

（4）参与性。

参与性指教学媒体在发挥作用时学生参与活动的机会。模型、录音、录像、计算机等媒体提供学生自己动手操作的可能，使学生可能随时中断使用而进行提问、思考、讨论等其他学习活动，行为参与的机会较多；电影、电视、无线电广播、多媒体计算机等媒体有较强的感染力，刺激学生的情绪反应较为强烈，容易诱发学生在感情上的参与。

（5）受控性。

受控性指教学媒体接受使用者操纵的难易程度。

信息是抽象的，它必须要借助一定媒体才能被传播并为受众所感受。媒体是指在信息传播过程中，从信息源到接受者之间携带和传递信息的任何载体和工具。媒体应用于教学过程或教学活动中，作为承载、传递教学信息的工具时称为教学媒体。

3.1.3 教学媒体的分类与作用

1. 教学媒体的类型

随着科学技术的发展，教学媒体越来越多。依据不同的标准，教学媒体可分为多种类型。

根据作用于人的感官，教学媒体分为非投影视觉媒体、投影视觉媒体、听觉媒体、视听觉媒体和综合媒体五类。非投影视觉媒体又称为传统教学媒体，包括印刷材料、图画、图示材料、模型和实物等。投影视觉媒体包括幻灯机、投影仪等，以及相应的教学软件。听觉媒体包括录音机、收音机、电唱机、激光唱机（CD机）等，以及相应的教学软件。视听觉媒体包括电影放映机、电视机、录像机、激光视盘机（影碟机）等，以及相应的教学软件。综合媒体包括多媒体计算机和计算机网络等，以及相应的教学软件。

依据作用于人的感官对教学媒体进行分类是一种比较常见的教学媒体分类法。除此之外，还有很多从不同角度、不同层面进行的教学媒体分类。按照媒体使用时用“电”与否，可分为传统教学媒体和现代教学媒体两大类；按照媒体的制作方式，可分为印刷和非印刷两大类；按照媒体的物理性能，可分为光学投影媒体、电声媒体、电视媒体和计算机媒体四类；从传递信息的范围来看，可分为有限接触和无限接触两类；从能否及时反馈信息来看，可分为单向和双向两类；从传递信息与现实事物的关系来看，可分为实物型、模拟型和符号型三类；从使用者对媒体的可控性来看，可分为可控型、基本可控型和不可控型三类；根据使用方式，又可分为教学辅助媒体和学生自学媒体。自学媒体是指教师不在场的情况下，学生可进行自学的媒体。按媒体呈现的形态，罗纳德·安德森（Ronald. H. Anderson）将媒体分为十大类：听觉媒体、印刷媒体、听觉—印刷媒体、静止图像投影媒体、听觉—静止图像投影媒体、活动视觉媒体、有声活动视觉媒体、实物媒体、人类与环境的资源、计算机。

上述仅简介了部分教学媒体的分类法，可见分类视角各异、名目繁多，我们可以按照教学中的具体情况和需要，选用那些最有用的分类法去应用。

2. 教学媒体的作用

教学过程是复杂、动态的，随着教学内容、教学对象、教学方法的不同，教学媒体所起的作用也会有所不同。对于同一种媒体而言，由于使用方式的不同，对所要实现的教学目标产生的作用也可能会不同。更何况每一种教学媒体的特性都不尽相同，各种媒体都有自己的优缺点，适应任何教学目标、教学内容、教学对象或教学策略的最优“教学策略”是不存在的。当然，对于某些具体的教学目标来说，还是存在某种媒体能使教学效果明显优于其他媒体的。李龙教授将媒体在教学中的作用概括如下：

（1）提供事实，建立经验。

（2）创设情境，引发动机。

（3）举例验证，建立概念。

（4）提供示范，正确操作。

（5）呈现过程，形成表象。

（6）演绎原理，启发思维。

（7）设难置疑，引起思辨。

（8）展示事例，开阔视野。

（9）欣赏审美，陶冶情操。

（10）归纳总结，复习巩固。

(11) 其他，包括突出、强化教学重点，突破、化解教学难点。

上述对教学媒体作用的表述均采用了并列的句型：前半句表示媒体的使用目标，后半句表示媒体在教学中能够起到的作用。

3.2 教学媒体的选择

媒体有什么作用？教学中为什么要使用媒体？教学中又该怎样选取和使用媒体？作为学科教师，对这些问题的正确解答，有助于使媒体的选用更适合所教学科的内容、特征，更适合教学对象、教学条件，能更有效地提高教学效果。

3.2.1 选择教学媒体的理论基础

早在 1946 年，美国教育学家戴尔（Edgar Dale）已经给出了对上述问题很好的解释。本教材第 1 章介绍的戴尔的“经验之塔”理论，是指导教学媒体选择的理论基础。该理论把各种视听教学手段和方法用“塔形图”进行了系统概括，指出人类主要通过两个途径来获得知识、建立经验：一是通过自身参与获得直接具体的经验，二是通过观察、阅读获得间接、抽象的经验。这一理论把人类获得的经验依据抽象程度的不同划分成 3 大类 12 个阶层，如第 1 章图 1—2 所示。

显然，在经验之塔中列举的 12 种学习途径，对经验的获得效果是不同的。通过语言符号获取的信息最抽象，而做的方式最直接，体会也最丰富。例如，到现场去看一场足球赛可以热血沸腾、不知疲倦地呐喊，赛后可以滔滔不绝地讲体会、谈感受；如果是听别人说一场比赛，其效果则可想而知了。不过还有一种折中方案，就是看电视直播。虽然观感无法达到现场的效果，但总比听别人说强。

在戴尔“经验之塔”理论的 3 种经验获得方式中，实物直观直接具体，但有时可能不能直述本质，并常受时间和空间的限制；语言直观虽能直述本质，阐释原理，但其反映事物的鲜明性和可靠性却不如实物直观；而位于经验之塔中层的视听媒体，既能比塔顶层的语言、视觉符号为学生提供更加具体、更易于理解的经验，又能冲破底层做的经验中遇到的时空局限，很好地弥补学生直接经验的不足。例如，给小学生讲原子弹爆炸过程，由于条件限制，不能够让学生亲自放一颗原子弹来理解。用语言又很难讲清楚，为了讲清楚，老师经常使用“原子弹爆炸过程形成了巨大的蘑菇云”这个比喻向同学们描述。尽管已经很形象了，但学生可能并不能真正理解。因此，可以让学生通过观看记录原子弹爆炸的电视、录像、视频等，来了解原子弹爆炸过程，一目了然，形象直观，其效果远远好于用语言讲授。

戴尔的“经验之塔理”论对人类经验及其获得途径的阐述，具有高度的概括性和广泛的应用性，作为教学媒体选择的理论基础当之无愧。至今，它对教学媒体的选择仍起着非常有效的指导作用。

3.2.2　选择教学媒体的依据与原则

没有媒体参与的教学是不存在的，任何一节课的教学都不能脱离媒体而独立进行。而教学媒体多种多样，各类教学媒体又具有各自不同的特性。因而，没有适合任何学科、任何内容的教学的媒体。面对具体的教学内容、教学对象、教学条件，以及复杂、动态的教学过程，学科教师应该熟悉教学媒体选择的依据、原则和方法，具备正确选择、运用教学媒体的能力。

1. 选择教学媒体的依据

（1）依据教学目标。

每个知识点都有具体的教学目标，为达到不同的教学目标常需要使用不同的媒体去传递教学信息。

（2）依据教学内容。

各门学科的性质不同，适用的教学媒体会有所区别；同一学科内各章节内容不同，对教学媒体的使用也有不同要求。

（3）依据教学对象。

不同年龄阶段的学生对事物的接受能力不一样，选用教学媒体时必须顾及他们的年龄特征。

（4）依据教学条件。

教学中能否选用某种媒体，还要看当时当地的具体，其中包括资源状况、经济能力、师生技能、使用环境、管理水平等因素。

2. 选择教学媒体的原则

（1）最优决策原则。

美国传播学家施拉姆（Wilber Schramm）提出的决定媒体选择概率的公式，是选择媒体的最优决策的依据，如下：

$$\text{媒体选择的几率}（P）=\frac{\text{媒体的功效}（V）}{\text{需付出的代价}（C）}$$

（2）有效信息原则。

从戴尔的“经验之塔”可以看出，各种教学媒体所提供的学习经验层次是不同的。有的属于具体的经验，有的属于替代的经验、间接的经验，有的则属于抽象的经验。因而，不同的教学内容应选择不同的教学媒体来体现。或者说，不同的教学媒体适合表现不同的教学内容。

学生的认知结构是逐步形成的，它不但与年龄有关，更与他们的知识、经验、思维的发展程度有关。因此，只有当所选择的教学媒体所反映的信息与学生的认知结构以及教学内容有一定的重叠时，教学媒体才能有效发挥作用，如图 3−1 所示。

（3）优化组合原则。

各种教学媒体都有各自的特点，也有各自的局限性，没有一种可以适合所有教学情况的“超级媒体”。

各种教学媒体的有机组合将会扬长避短、优势互补，取得整体优化的教学效果。但是，媒体的组合要以取得最佳的教学效果为出发点，而不只是形式上的简单相加。

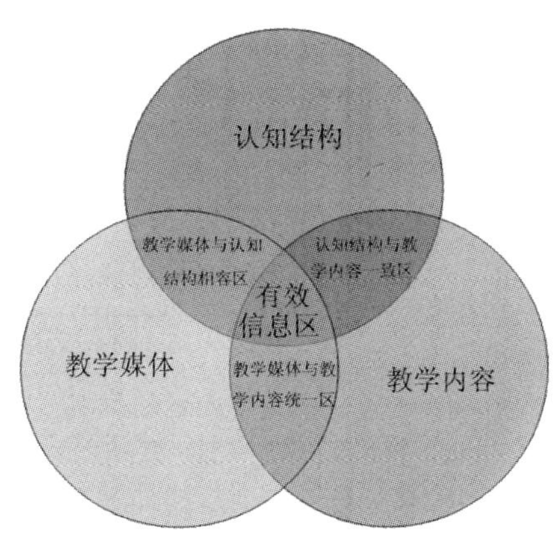

图 3－1　有效信息图

3.2.3　选择教学媒体的程序和方法

前面介绍了有关媒体选择所应遵循的基本原则。那么，如何运用前面的知识去一步步地选出适宜可行的媒体呢？这涉及媒体选择的程序和方法。

1. 选择教学媒体的程序

由于人们在选择媒体时考虑的因素不同，思考问题的角度不同，设计的选择方案也就不一样，因而形成了各种各样的媒体选择程序。下面是比较常见的一种，其选择程序如图 3－2 所示。这一教学媒体选择程序主要分为三个步骤：

（1）在确定教学目标和知识点的基础上，首先确定媒体的使用目标。

（2）选择媒体类型。

(3) 选择媒体内容。

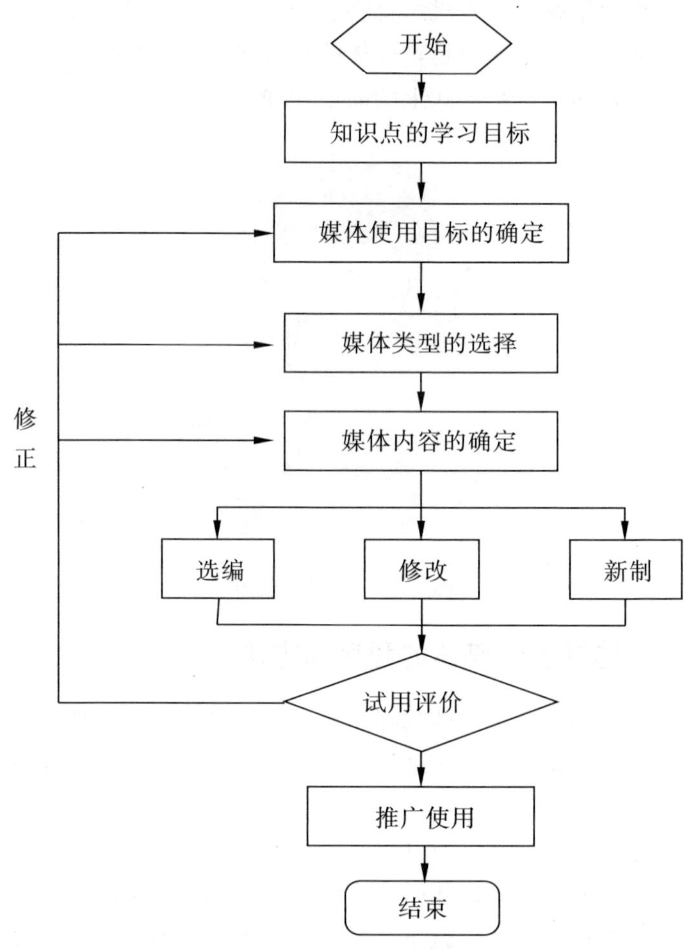

图 3—2 **媒体选择程序**

媒体内容是指把教学信息转化为对学习者的感官产生有效刺激的符号。媒体内容的选择根据实际情况，可通过选编、修改、新制三种途径进行：已有内容与教学完全相符的教学媒体就直接选编使用；如果已有的教学媒体与教学部分吻合，则需要在其基础上进行适当的修改后再使用；如果已有的媒体对当前的教学没有使用价值，就需要重新编制。

2. 选择教学媒体的方法

（1）教学媒体类型的选择。

按照戴尔的“经验之塔”理论，在选择教学媒体时，可以从学习目标出发，分析某目标可以通过戴尔“经验之塔”中直接具体的经验、间接替代的经验和抽象的经验中的哪一类经验的获得而实现，从而根据戴尔“经验之塔”确定获得这类经验的途径（参与实做的途径、观察感知的途径或阅读讨论的途径），最终确定媒体类型和具体媒体，具体选择方法见图 3—3。

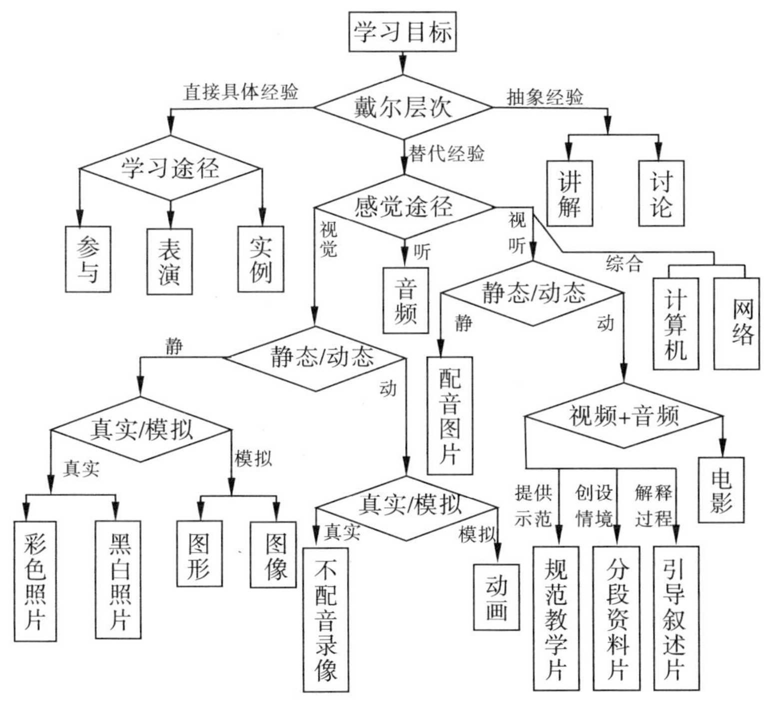

图 3—3　教学媒体类型的选择流程

（2）教学媒体内容的选择。

教学媒体内容的选择大致遵循图 3—4 所示的流程。

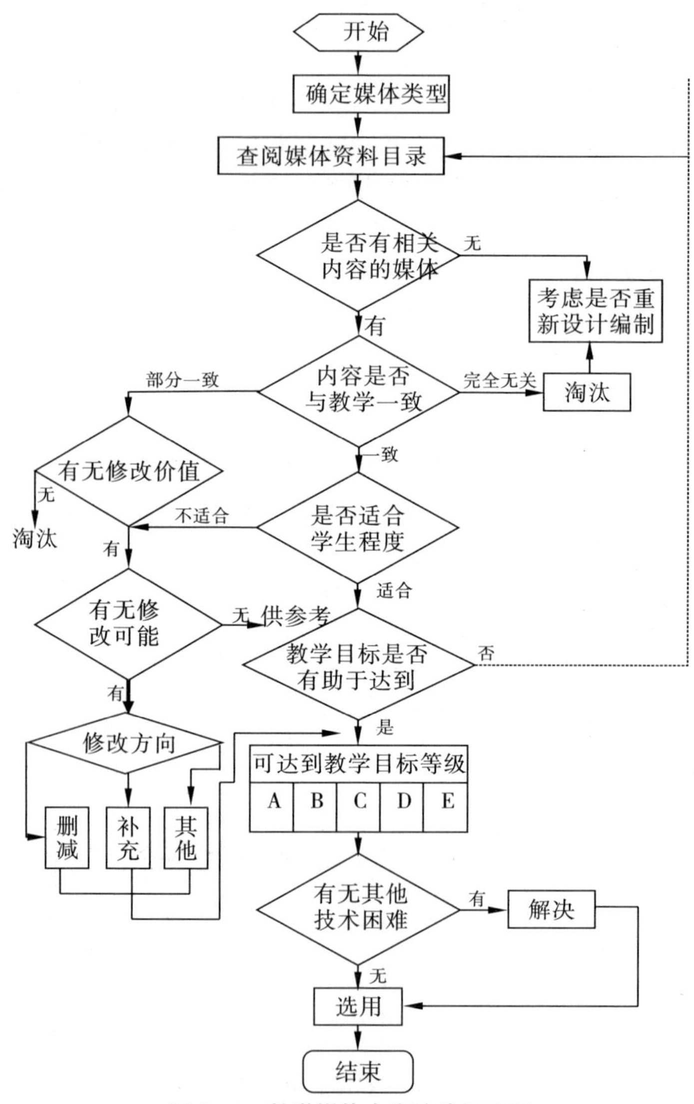

图 3—4　**教学媒体内容的选择流程**

3.2.4　选择教学媒体

在针对具体学科、具体教学内容和特定教学对象等进行媒体选择时，应遵循媒体选择的基本原则、工作程序和方法，做出具体的媒体选择。

1. 描述对媒体的要求

在教学目标、教学内容、学习者特征、教学模式与策略、教学条件已经确定的情况下，设计者基本上已逐步形成了对教学媒体的期望。这里的工作是使我们对媒体的期望具体化，即描述出对教学媒体的要求。如果教学内容是太阳、地球和月亮三颗星球的运行规律，我们就可能要求媒体展示它们的运行轨迹；如果教学对象是初中学生，我们可能要求媒体包含公式和推理；如果教学程序是从引导到发现，我们可能要求媒体让学生自己摆弄使用；如果教学方法是以讲解为主、演示为辅，我们可能要求媒体操作方便、灵巧精炼；如果教学组织形式是集体授课，我们可能要求媒体展示的可见范围较大。

2. 聚焦选择的媒体

根据列出的对媒体的要求，按照某种媒体选择程序，把媒体选择取向集中到一种或几种教学媒体上去。在前面的例子中，除了可以选择挂图、模型（三球仪）等媒体，也可以选择投影、幻灯、影视、计算机等媒体。

3. 做出最佳选择

从理论上讲，这些媒体都是适用的，但实际上它们中间还存在着最佳选择。因为在教学设计实践中，纯粹按照教学目标、教学内容、学习者特征、教学模式与策略诸因素的要求来选择媒体的现象是很少的，人们不得不考虑一些其他的实际因素，如获得的可能性、成本的值得性、使用的便利性、师生的偏爱性等。我们可以根据对表 3－1 所列因素的比较分析来进一步挑出总体上最适宜的教学媒体。

表 3—1　选择媒体需要考虑的实际因素

备选媒体 / 实际因素	实物	模型	投影	声音	视频	……
能否得到						
制作成本						
复制费用						
准备时间						
技能要求						
设施要求						
维护要求						
学生心态						
教师心态						

拿表 3—2 中的四种（或以上）媒体分别与任一实际因素进行衡量，可以知道某种媒体应“优先选择”“其次选择”“再次选择”“最后选择”。拿它们与所有实际因素逐一衡量，我们就可以产生综合性的评判。

4. 阐明媒体运用的设想

从媒体选择的依据出发，按照媒体选择的程序，我们最终可以选择一种或一组教学媒体。但选择的媒体在教学中究竟起什么作用，在选择媒体时虽然也有所考虑，但并不十分清晰、全面，因此，最后有必要把各知识点、目标水平与所选媒体在教学中的运用及其之间的相互关系清楚地加以描述，如表 3－2 所示，为教学实施提供参考。

表 3－2　教学媒体运用说明一览表

课题名称	知识点	目标水平	拟选媒体	媒体内容要点	使用时间	资料来源	媒体在教学中的作用	媒体使用方式
	1							
	2							
	……							

其中，“媒体在教学中的作用”如本章 3.1.3 所述。“媒体使用方式”可参考阅读本章 3.3.1 的内容。

在设想如何运用教学媒体的时候，要考虑各种媒体的优化组合。因为正像人体各部分器官虽然分工明确，各司其职，但它们的功能是通过优化组合才得以充分发挥一样，教学媒体系统功能的充分发挥也是通过多种媒体的组合后形成的优化结构来实现的。一个好的多种教学媒体组合的整体结构应具备以下几个特点：传递的信息量较大；调动多种感官共同参与、相辅相成；各种教学媒体的主要优势都得到充分发挥；各种媒体都信手可得，且使用方便。

3.3 教学媒体在学科教学中的运用

3.3.1 教学媒体的使用方式

教学媒体不但要选择合适，而且要使用得当，才能发挥教学媒体应有的作用。根据教学目标、教学对象、教学内容、教学条件等的不同，教学媒体在教学中的使用方式也有所差异，归纳如下：

（1）设疑—演示—讲解。

（2）设疑—演示—讨论。

（3）讲解—演示—概括。

（4）讲解—演示—举例（或学生讨论）。

（5）演示—提问—讲解。

（6）演示—讨论—总结。

（7）边演示、边讲解。

（8）边演示、边议论。

（9）学习者自己操作媒体进行学习。

（10）自定。

对同一教学媒体来说，其使用方式的不同，也会导致不同的教学效果。

例如：一位教师在讲《第比利斯地下印刷所》一课时，在朗读课文的基础上，让学生各自想象印刷所的结构，然后互相讨论、互相补充，并请几位同学到黑板上画出他们的设想。学生们的想象力都被调动起来，思维活跃，学习气氛非常热烈。待时机成熟，教师打出投影片。画面上的精巧构思不但促进了学生对课文的理解，也使他们的想象力得到了印证。这时教师顺势利导，从革命前辈对革命事业忠贞不渝的情操和勇敢、机智的高贵品质，讲到革命胜利来之不易，我们应该珍惜今天的生活，希望大家努力学习，长大后建设更加美好的明天。这使学生们的思想得到了升华。

另一位教师在讲同一课时，开始即在屏幕上打出投影片，并告诉学生："这就是第比利斯地下印刷所的剖面图。大家对照课文，找出各部分是怎样描写的。"学生看了以后索然无味，反应冷淡，觉得："这有什么了不起！如果需要，我也会画出这样的图。"

同是一张投影片，由于教学过程的设计不同，媒体使用方式和出示时机的不同，教学效果迥然相异。

3.3.2　教学媒体出示的最佳时机

教学媒体在使用时，不仅要注意它在教学中的作用和使用方式，还要注意出示的时机，也就是我们常讲的现代教学媒体的最佳作用时机。

现代教学媒体的最佳作用时机，是指在课堂教学活动中，能够较好地发挥现代教学媒体的优势，以帮助学生保持良好的学习状态，或帮助学生将不良的学习状态转化为良好的学习状态，以保证教学目标实现的时间与机会。李龙教授指出，现代教学媒体的最佳作用时机主要有：

（1）有意注意与无意注意的相互转换。

心理学研究表明，在课堂上，学生注意力的集中时间是有限的，过分地、强制性地要求他们长时间地集中注意力，只能引起他们的思维疲劳和厌烦心理。

心理学研究还表明，虽然在学生学习过程中主要是有意注意在起作用，但是，无意注意在一定条件下也可以在很轻松愉快的气氛中，在不增加学生负担的情况下，起到有意注意所不能起到的调动学生学习积极性的作用，从而增强学习效果。

因此，有经验的教师在教学过程中抓住这一特点，灵活地运用转换原理，既使学生紧张的大脑得到调剂，又能获得较好的教学效果。

例如，在进行小学汉语拼音教学时，教师可以通过演示与拼音字母形状相似的事物和与拼音发音相似的事物，帮助学生掌握对于小学生来讲是很抽象的汉语拼音的认读。

在语文《荷花》的教学中，可以利用调整焦距的方法，使画面虚化。学生通过对虚化了的画面的观察，无意识地进入了想象。

在进行英语的一些基本动词的教学时，可以播映教学录像片《公鸡与狐狸》等，使学生在观看生动有趣的电视片的时候，不知不觉地巩固所学知识。

（2）抑制状态向兴奋状态的转化。

心理学研究表明，处于抑制状态的学生是不可能很好地进行学习的。教师应想方设法将这种抑制状态转化为兴奋状态。

例如，在进行高中语文《母亲》的写作方法教学时，学生对心理刻画描写产生了厌烦心理，而心理刻画又是刻画人物性格的重要写作方法，是教学的重点，必须学习和掌握。针对此种情况，教师在课一开始就一反常规，利用投影映出了一张心理曲线图。然后，要求学生根据这张图，分析母亲的心理变化。教学方法的改变，使学生对心理描写厌烦的抑制心理发生了重要变化，由抑制状态转化为兴奋状态。

（3）平静状态向活跃状态的转化。

在教学过程中，有时会出现学生对教师的教法、教学内容产生既能接受又不厌烦的情况。但是，由于对教师的教法摸得很透，所以当得知将要由某一位教师讲课时，就会产生“他一定会用老一套方法来教，等着瞧吧”的想法，然后就是平静地在那里等待。这时，教师应当采取学生意想不到的方法，打破这种平静状态，使学生的学习心理活跃起来。

例如，在进行明清史教学的时候，当学生都静静地坐在教室里，等着听教师按部就班地讲课时，教师却先播放电视剧《红楼梦》选段。学生的心理定式一下子被打破了，开始变得活跃起来。然后，教师要求学生根据所看的电视片，分析明朝末期的政治、经济、文化特点。这样，整个教学过程就活起来了。

（4）兴奋状态向理性的升华。

学生兴奋起来了，并不是教学目的。学生已经处于兴奋状态，只是为学习的进一步发展创造了良好的心理条件。但是，如果教师不能适时加以引导，不能使学生的认识升华到新的境界，这种兴奋状态就不可能持久，教学目标就不可能很好地实现。

这时，教师应当因势利导，采取有效方法，自然而然、水到渠成地将学生的兴奋状态引向理性的升华。

例如，在高中语文《宋词赏析》的教学中，北京市五中校长、特级教师吴昌顺在充分调动学生的学习积极性，使学生的智力因素和非智力因素都得到很好的发挥时，他并没有满足于此，而是进一步通过自己的配乐朗读、昆曲表演艺术家李元华的演唱录音以及文字投影片，将学生对宋词在我国文学史上重要地位的理解，引向了从政治、经济、文化上的视野来加以分析的新高度。

（5）克服畏难心理，增强自信心。

从心理学的角度讲，在教学过程中，教师应从心理方面给学生一种具有新意的刺激，让他们在对新鲜事物的尝试中增强自信心。从教学方面讲，这种新鲜刺激能够高度集中学生的注意力，使他们处于一种积极向上的亢奋状态，愿意调动自己的全部力量去实践。这样做，不但能够克服学生学习时的畏难心理，而且可以调动他们的学习积极性，有利于培养和提高学生的学习能力和学习信心。

例如，在普通教室，有些学生由于怕别人听到自己不够标准的英语朗读而产生了学习英语的畏难心理。到了语言实验室之后，由于教师可以针对学生的问题进行个别指导，学生个人的朗读别人也听不到，所以读起来毫无负担。并且，学生通过录音机将自己的朗读录下来一听，才发觉自己朗读得并不比别人差。由此，增强了学好英语的自信心。

（6）满足表现能够胜任的欲望。

任何人都希望别人把自己看作有能力并能胜任某项工作的人。如果教师能够把握学生的这种要求和愿望，及时地创造机会与条件，以满足学生的这种愿望与要求，那么，学生的学习积极性将会由此而进一步提高，学习的效果和质量也会更好。

例如，教师在讲完一课后，并不要求学生课后一定要读多少遍。但是，要求学生第二天每人必须交一盘自己朗读的录音带。结果，学生在家里都很自觉地读了许多遍。最后，到自己认为最满意的时候，才录下来。由于教师掌握了学生的学习心理，运用了这种激励方法，学生读起课文就格外有兴趣，并没有感觉到这是一种负担。

如果说现代教学媒体在教学中的作用是从教学目标的角度，研究如何发挥现代教学媒体的优势；那么，现代教学媒体的最佳时机则是从学生学习心理的角度，研究如何发挥现代教学媒体的优势。但是，在课堂教学过程中，现代教学媒体的作用和作用时机是密不可分的。确定教学媒体在教学中的作用，要考虑到时机；确定教学媒体的最佳时机，也必须考虑到教学媒体在教学中的作用。

随着教育技术普遍受到重视及其在教学中被广泛应用，教学媒体越来越受到广大教师的重视，广大教师在实践中不断尝试新技术、新媒体。但如果运用不当，只是流于形式，不仅不能真正发挥作用，也会给广大教师增加很多负担。要科学合理地运用教学媒体，应该在教学实践中注意以下问题：

（1）明确教学媒体使用的目的。

运用教学媒体的目的是促进学生的学习，因此教师要深入分析教学中存在的问题，并围绕教学问题的解决而选择和运用适当的媒体，不能为了用而用。

（2）立足于正确的媒体观。

在选择、运用媒体时，要以实现教学目标为第一需要。

（3）注重教学媒体运用的规范性，体现教学媒体运用的创新性。

3.4　学校教学媒体环境

教学媒体环境即为教与学活动提供必要环境支持的硬件设施，主要指系统化的信息技术设施与条件，即实现教学信息化与教学资源共享、有利于学生主动参与探究、有利于信息反馈和教师调控的现代化教学环境。它由教学资源环境和教学传递环境组成。

教育资源环境主要包括图书馆、学习资源中心、电子阅览室、校园网以及 Internet 等。它们的特点是拥有丰富的信息资源，可以为学习者提供自由访问的机会。

教学传递环境是为了有利于教与学信息传播而设计和利用的教学环境，主要有多媒体教室、多媒体网络教室、移动网络教室、语言实验室、微型（微格）教学系统、卫星电视、有线电视系统等。它们的主要功能是作为教育信息传播的通道，为学习者提供对媒体进行有效控制的界面，以及呈现各种媒体所包含的教学信息。

下面主要介绍校园网、多媒体教室、多媒体网络教室、移动网络教室、微型（微格）教学系统和语言实验室。

3.4.1 校园网

校园网（Campus Network）是校园范围内的计算机网络系统的总称，指利用计算机网络设备、通信介质和相应的协议（如TCP/IP协议），以及各类系统管理软件，将校园内计算机和各种终端设备有机地集成在一起，同时又与外部的计算机网络（如Internet）相连，以用于教学、科研、学校管理、信息资源共享和远程教育等方面的局域网。

校园网由于校园面积较大，往往要建立多个局域网，同时考虑到网络扩展性，一般采用“主干加分支”的结构。在这种方式中，利用高速网络技术构筑整个校园的主干网。主干网中包含一个或一个以上的出口连接到外部网络，学校里各个部门的局域网或其他计算机系统则作为校园网的分支，通过交换设备或集中设备连接到校园网主干部分，进而形成一个统一的校园网。

校园网一般有一个网络中心，以能高速传导的光纤为主干网络，连接校园的主要建筑物，在建筑物内部以铜网线连入各个办公室和教室。校园网在高层运用上一般采用流行的内联网（Intranet）技术，以TCP/IP协议为基础，以Web为核心，构成统一和便利的信息交换平台。它使用环球网www工具，采用防止外界侵入的安全措施，为学校内部服务，并有连接国际互联网的接口。校园网还提供了与Internet类似的通信手段，让学生和教师能够在网络上进行方便的交流。

1. 校园网的组成

校园网的建设一般包括两个部分——硬件系统和软件系统。校园网的硬件系统通常由服务器、网络互联设备、传输媒介和工作站（终端设备）等组成；其软件系统主要分为网络操作系统软件和网络应用系统软件两类。操作系统是网络的底层基础设施和系统运作的核心，运行在网络硬件之上，为用户提供共享资源管理服务、基本通讯服务、网络系统安全服务及其他网络服务，是校园网软件系统的核心，其他应用软件需要操作系统的支撑才能运行。网络应用系统软件是校园网的重要组成部分，校园网成功与否，主要取决于应用系统软件的建设。常用的应用系统软件有 www 服务器软件、数据库软件、电子邮件服务器软件，以及客户端网络浏览器软件等。

2. 校园网的基本功能

（1）教学功能。

教学功能是校园网的首要功能——首先要能为教学提供先进的信息化教学环境。能够准确、及时、可靠地收集、处理、存储、传输多媒体教育信息资源；能够实现包括图书文献、多媒体资源等在内的教育教学资源的管理与共享；能为教学提供多媒体演示、视频点播、视频广播等服务；能为教师提供基于网络的备课系统，包括图片采集、音频视频采集、课件制作等模块；能为学生提供自主学习、协作学习、交互学习的良好环境；能为教学提供考试与评价服务等。

（2）管理功能。

校园网要能够提供信息化、自动化的办公环境，具有行政、教务、后勤管理以及信息查询与交换等功能。

（3）通讯功能。

校园网要能够实现与 Internet 的连接，实现基于 Internet 的通信与资源共享；可以利用 E－mail、电子公告牌、电子白板等网络信息服务工具维系师生间不受时空限制的联系；能够提供与教育行政部门、学校家庭之间进行交流、沟通的通道。

（4）扩展图书馆功能。

校园网应该能够提供图书馆网上在线书目检索服务。师生可以在校园网上实现检索图书、浏览全文、查阅借阅情况、办理预约及续借手续等。还能为管理人员提供业务数据，及时分析研究，实现图书管理的数字化和资料查询的网络化。

与传统教学环境相比，校园网具有信息资源丰富、不受时空限制、人机优势互补等特点。因此，在网络环境下，可以充分发挥学习者的主体作用，采用新的教学模式来进行学习，培养创新人才。

3.4.2 多媒体教室

多媒体教室是按照基于“教”的教学模式的特点进行设计的。首先，各种媒体主要供教师使用，媒体起辅助教学的作用；其次，多种媒体集中于讲台上或讲台附近的立柜中，以方便教师操作与控制。我国各级学校目前建设的多媒体教室大多数属于这一类型。

1. 多媒体教室的类型

多媒体教室依据配备的设备和教学功能，可分为以下几种类型：

(1) 简易型。

简易型多媒体教室主要由多媒体计算机、视频展示台、录像机、影碟机、液晶投影仪和屏幕等设备组成，如图 3−5 所示。

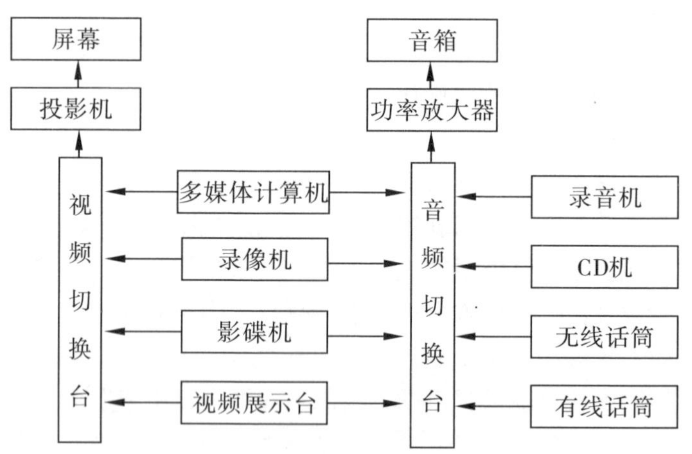

图 3−5 简易型多媒体教室组成图

该系统使用了液晶投影机，具有很好的清晰度。同时使用了视频展示台，可将文稿、图片、投影片以及实物直接转换为视频信号进行处理。整个系统的教学功能较强。但是，在该系统中，各种设备都是相对独立的。因此，在使用时操作比较麻烦，稍有不慎，就可能影响教学的顺利进行。

（2）标准型。

标准型多媒体教室增加或改用了一批较高档次的设备与技术，克服了简易型的缺陷，其主要设备通过多媒体集成控制系统连成一体，多媒体计算机、录像机、视频展示台、影碟机等音频、视频信号可直接输入、输出，由控制面板统一操控，其组成结构如图 3-6 所示。

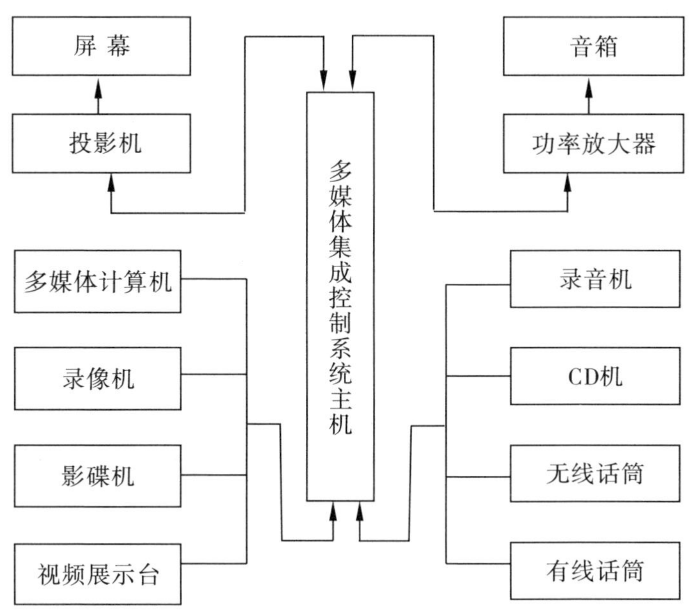

图 3-6　标准型多媒体教室组成图

该系统中所有设备的各种功能，包括银幕升降、窗帘启闭、灯光强弱变化等在内，全部由多媒体集中控制系统统一管理控制。它将被控设备的各种操作功能按照用户实际操作要求进行组合处理，然后将其具体对每一媒体或设备的操作过程集成一体，使教师能够集中精力进行教学。常用集成控制系统的主要控制方式有按键开关式、软件控制方式和触摸屏方式等。

（3）多功能型。

多功能型多媒体教室由在标准型的基础上增加摄录像装置和学习信息反应分析装置而构成。

摄录像装置：在教室内装配有 2 或 3 台带云台的摄像机，用于摄录师生的教学活动过程。摄像信号传送到中心控制室供记录存储，或同时传送至其他教学场所供观摩或扩大教学规模。

学习信息反应分析装置，利用该装置，全班同学在座位旁边的按键上对教师提出的问题作选择性回答。通过计算机收集与分析学生的学习信息，使教师能及时全面地了解学生的情况，以便更有针对性地进行教学活动。

（4）学科专业型。

学科专业型多媒体教室是在标准型配置的基础上，增加一些某种学科教学特殊需要的设备，如生物课教学需用的彩色显微摄像装置、音乐教学需要的 MIDI 设备等，构成为某一学科专用的多媒体教室。

2. 多媒体教室的功能

多媒体教室可以播放多种媒体材料，便于教师利用多种媒体辅助教学活动，充分发挥各种媒体的优势，优化教学过程和效果，提高教学质量与效率。多媒体教室的教学功能主要体现在以下几个方面：利用录像机、DVD、连接多媒体投影仪的计算机等播放视频材料；利用录音卡座、CD、连接多媒体投影仪的计算机等播放音频材料；利用视频展示台将实物、投影片、图片、文稿等转换成视频信号投影到屏幕；利用有线或无线话筒讲课，声音信号经功率放大器放大，再由音箱播出，提高声音效果；运

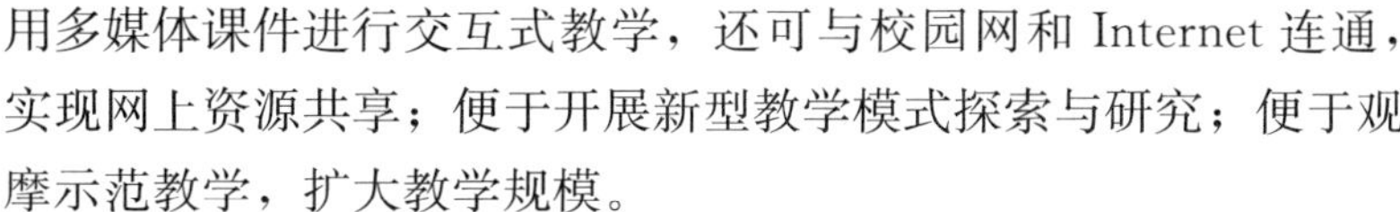

用多媒体课件进行交互式教学，还可与校园网和 Internet 连通，实现网上资源共享；便于开展新型教学模式探索与研究；便于观摩示范教学，扩大教学规模。

3.4.3　多媒体网络教室

1. 多媒体网络教室的结构

多媒体网络教室是开展课堂网络教学的理想环境，它具有较强的多媒体信息处理能力，教学过程交互性较强。多媒体网络教室的结构如图 3—7 所示。

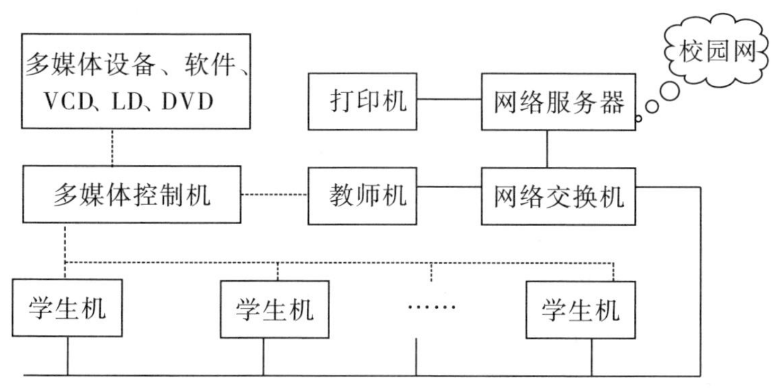

图 3—7　多媒体网络教室结构图

2. 多媒体网络教室的功能

(1) 多媒体演示教学。

教师可以将来自网络服务器和教师机上的多媒体信息（包括文字、图形、图像、动画、视频、声音）传送给学生，进行演示教学；也可以将教师机或任一学生机的屏幕内容传送给某个、某组或全体学生；教师和学生可以共同操作同一终端并可将操作示范发送给某个、某组或全体学生；可实现全动态图形、图像和声音的实时同步发送。

（2）分组教学。

教师可以选择某个、某组、全体学生进行教学。

（3）监听监视。

教师可以循环方式或自动轮流监视每个学生的学习、操作情况，可以调回任一学生的屏幕内容进行监视。

（4）交互式教学。

学生可以通过电子举手方式与教师联系，进行实时交互式的教学。

（5）学生自主学习。

学生可以选择脱机状态进行单独学习，也可以自己调用文件服务器内的信息资源进行学习。

（6）语言辅导教学。

教师和学生之间可以通过耳机/话筒通话。教师可以发布信息，也可以接受学生的意见或问题，再进行语言指导。

（7）网上学习。

网络教室和校园网相连，并连接到国际互联网（Internet）上。学生可充分利用网上资源进行学习。

（8）资源共享。

可提供文件服务器、打印、传真等多种设备和各类信息资源的共享。

（9）进行教学测试和信息反馈分析。

学生可以自己调用网络服务器上的试题库进行自学、自测，还可以及时了解自己的学习水平，以便调整学习的进度。

教师可以通过调用试题库或新建试卷对学生进行考核。考核结果可以通过分析系统了解每一名学生、每个班甚至整个学校在一段时期内学生的学习水平，从而为教师调整教学方法提供参考。

3.4.4 移动网络教室

移动网络教室是以教育生态理论为依据，利用人机交互技术、无线通信技术、多媒体技术、智能终端技术创建的以提高学习成效为目标的课堂学习系统。它通过为师生创设每人一端的数字化环境，达到教学网络化、学习个性化、评价常态化，从而实现学生自主、协作、探究学习的高效课堂模式，增强他们运用信息技术分析问题、解决问题的能力，培养其创新精神。

移动网络教室包括移动学习终端、无线网络设备、教学应用服务器、无线网络教室教学管理软件、教学软件群、数字化学习平台等，如图 3-8 所示。

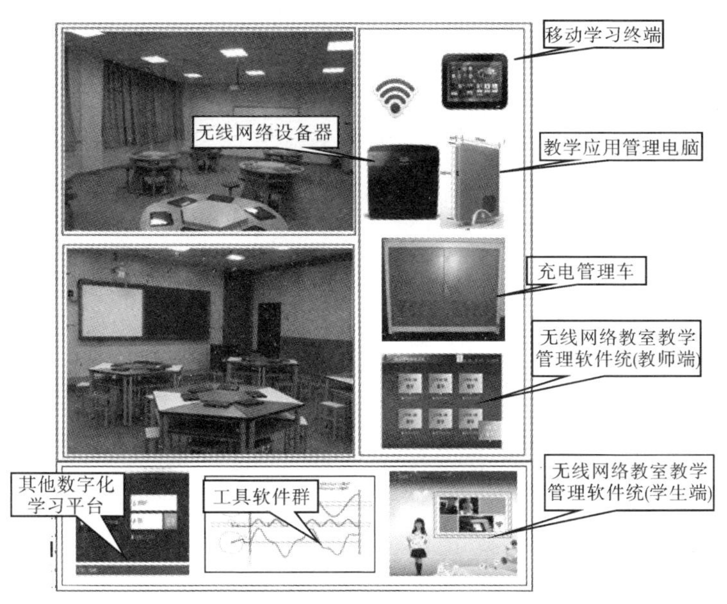

图 3-8　移动网络教室示意图

移动网络教室具有如下一些优良特性：

（1）教师移动化。

移动工作站的产生，通过学习在“握”，帮助教师实现立体化空间教学，更加有效地引导课堂学习，节省时间，引人入胜。

（2）学习个性化。

交互式电子白板模式和一个学生一台笔记本电脑/Pad 的模式相融合，灵活实现在常规班教学中的互动教学和个性化教学。通过结果反馈，有针对性地对学生进行能力提升和知识传授，提高教学成效。

（3）评价常态化。

学生的课堂问答、测验、考试等培养过程全部纳入评价体系，全面评价学生的价值观、能力和知识运用水平。

（4）学生中心化。

面向学生发展，以学生的成长为中心，通过信息技术创造个性化、分层次和智能化的教学环境，鼓励学生利用信息化手段自主探究学习，从而帮助学生掌握终身学习的技能。

3.4.5 微型教学系统

微型教学（microteaching）又称为微格教学，是一种借助现代教学媒体，专门训练学生掌握某种技能、技巧的小规模教学活动。它特别适合师范院校学生教学技能的训练，也适合美术、音乐、表演、体育以及各学科实验操作技能的训练。

1. 微型教学的方法及模式

微型教学法是在装备有电视摄、录像设备系统的微型教学室内，以很少的（不超过 10 个）模拟学生为教学对象，用很短的（不超过 10 分钟）时间，每次只训练一种技能（如导入、提问、启发、结课等）的讲练结合的教学方法。训练时，实习教师与模拟学生的活动行为被录像机记录下来，指导教师与实习教师、模拟学生一起观看重放录像，共同分析、评价其教学技能的优缺点，然后再训练直到掌握正确的教学技能为止。由于这一教学训练活动是对很少的学生、用很短的时间，而且只训练掌握一种技能，所以称它为微型教学。

微型教学过程的模式可用图 3－9 表示。这一模式把整个复杂的教学过程分解为 4 个步骤。

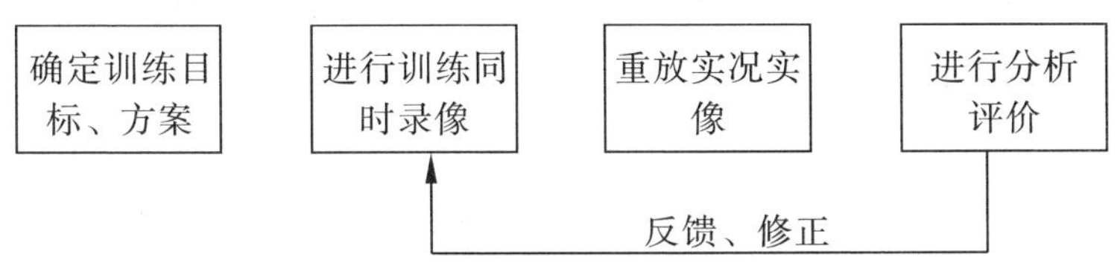

图 3－9　微型教学过程的模式

第一步，在微型教学开始前，指导教师一定要向学生讲清楚本次技能训练的目标、要求以及要领等内容，使学生有明确的心理定向；第二步，由学生扮演角色，进行实际训练，同时进行录像（如果是语言课的训练，只是录音即可）；第三步，重放录像，由训练者本人、同学、指导教师一齐观看；第四步，根据录像，对照训练目标，由训练者本人、同组学生及指导教师共同进行分析，给予评价，然后针对不足之处重新训练。以上步骤反复进行，直至达到训练目标为止。

2. 微型教学系统的组成

微型教学系统可由一间或多间微型教室、控制室、观摩室、示范室等组成，如图 3－10 所示。

微型教室 n－1	……	微型教室 1	观摩室
微型教室 n		控制室	示范室

图 3－10　微型教学系统示意图

微型教室：装有话筒和摄像机，用来拾取实习教师的声音和教学活动图像。如有条件，应另设一台摄像机用来拾取模拟学生的学习反映情况。室内还设置一台电视机，用来显示重放的教学过程录像，供同步分析评价，也可接入多媒体计算机，并投影。

控制室：装有电视特技台（视频切换器）、调音台（混音器）、录放像机、监视器等设备。从微型教室送来的实习教师、模拟学生教学活动的视、音频信号经电视特技台、调音台处理后，送到录像机进行录像。同时把教学实况信号直接传送到观摩室总控制台，供指导教师监控和指导。

观摩、示范室：装有单向隔音玻璃窗，并与微型教室相通，可以看到微型教室内的教学活动现场，而不会影响其教学活动。在室内安装有总控制台，供指导教师对微型教室的活动进行监控和指导。必要时可进行录像，供集中评议用。室内的大屏幕监视器可供多人进行观摩。

另外，室内还装有 3 或 4 台摄像机，其中两台安装在三脚架移动车上，可以在室内任何地方拍摄示范活动。通过总控制台，把信号转播到各微型教室，也可传送入学校闭路电视系统中。示范室还可以作为学校闭路电视台的演播室，摄制各种节目、制作电视教材。

最新一代的微型教学系统已全部采用计算机进行信息处理，使得微型教学过程更加方便和有效。

3. 微型教学系统的应用

微型教学系统为教师教育类学生的教育教学实践提供了一个相当完美的训练场所，其应用性体现在以下几个方面。

（1）分组训练。

指导教师布置好课程后，可将学生分组，到各自的微型教室扮演各自的角色，如实习教师或模拟学生。每个实习教师按照指导教师规定的内容进行训练，一般为几分钟。通过微型教室中的摄录像设备做实时记录，记录后的录像带可马上重放或课后播放。对各小组模拟师生的训练过程，指导教师在总控制台实施全

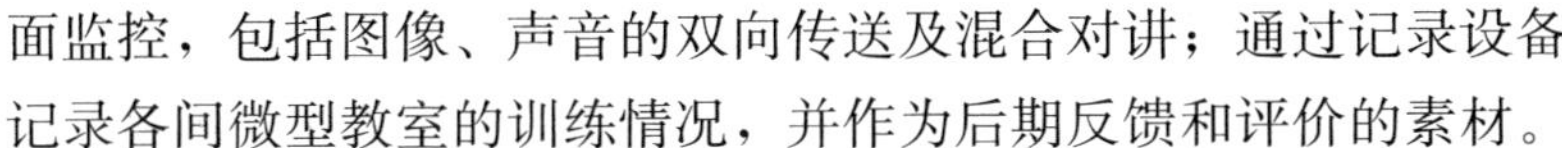

面监控，包括图像、声音的双向传送及混合对讲；通过记录设备记录各间微型教室的训练情况，并作为后期反馈和评价的素材。

（2）交互学习。

通过控制室的有关设备，可进行小组与小组之间的实况联播。指导教师可以通过总控制台，将任意一间微型教室的训练活动切换到另一间或多间微型教室的电视机上，并可向模拟师生作同步的评析，让各间微型教室的模拟教师相互学习、讨论。

（3）示范教学。

在开展微型教学前，指导教师在示范室播放、分析教学技能训练、模拟教学、优秀教师课堂教学录像，为受训学生提供典型示范。在教学技能训练中，指导教师可随时利用电视教材展示标准示范，给受训学生对照仿效。

（4）讲评教学。

教学训练操作完成后，指导教师与受训学生（模拟教师）一起观看教学训练录像，并对受训学生的教学技能进行分析、评价。指导教师除了同时对各间微型教室的训练活动作单独实时录像外，还可以在总控制台上按需要编录各室训练活动的片断。在播放教学训练录像的同时，指导教师除自己作评析外，还要指导受训学生（分组或全班）进行评议；也可将有代表性的教学训练录像（完整的或片断的）在全班或小组重放，以供大家学习。

各间微型教室经过简单改造，还可以布置成小组协作学习室，由教师通过总控制台进行指导。学习过程可以完整地被记录下来，作为学生学习评价的组成部分。

3.4.6　语言实验室

语言实验室又称语言学习系统，是由多种现代教学设备装备起来，主要用于语言教学、训练与研究的系统。按教学功能，语言实验室分为听音型、听说型、听说对比型、视听对比型和多媒体学习型等类型。

目前常用的语言实验室多为视听对比型或多媒体学习型。视听对比型语言实验室的系统结构如图 3—11 所示。

早期的视听对比型语言实验室中设置了幻灯机、投影器及电影放映机等，把静止的或活动的图像投射到银幕上。现在的视听型语言实验室除了教师控制台实现了计算机控制以外，还增设了录像机、影碟机（VCD、DVD 机）及视频展示台等。学生可以通过投影机或大屏幕监视器看到图像。它兼有放音、录音、对讲、视觉图像播放等功能，教学过程中，在播放语言材料的同时，还可提供视觉形象，从而取得较为理想的教学效果。

多媒体学习型语言实验室也越来越普遍。它可以把文字、语言、图形、图像、动画、特技等各种视听觉形象展示得淋漓尽致，使得语言教学生动活泼，效率倍增。

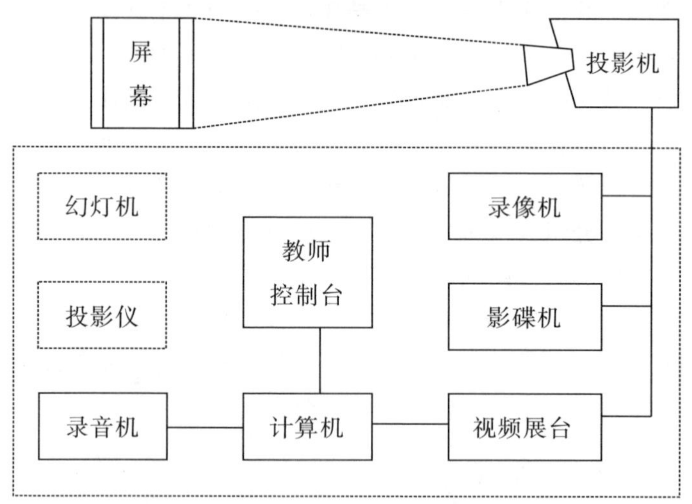

图 3—11　视听对比型语言实验室控制台示意图

多媒体学习型语言实验室是在视听型基础上发展起来的更为完善的语言教学系统，由教师主控台和学生用多媒体计算机组成，构成一个多媒体网络教学系统。主控台除一套教师用多媒体计算机外，还配置有视频展示台、录像机等设备。多媒体语言实验室具有视听型语言实验室的全部教学功能，除此之外，还具有电子黑板、教材编辑、摄像等功能，并且能够完成视听学习、视听考试、标准化考试等工作。

各种语言实验室在语言教学中发挥其他教学环境不能替代的作用。在语言实验室里可以进行语音语调训练、听力训练、会话训练、句型训练、跟读复述训练和口译训练等多种语言学习训练。语言实验室中各种媒体的合理使用，有利于个别化学习和因材施教，有利于教学新模式的实施，有利于良好语言环境的创设，有利于教学过程的及时反馈与调控，最终实现教学效果的最优化。

【拓展学习】

学习材料 3－1　虚拟现实技术

一、虚拟现实技术概述

1. 虚拟现实的概念

虚拟现实（Virtual Reality，VR）是一种计算机界面技术。从本质上讲，虚拟现实就是一种先进的计算机用户接口，它通过给用户提供诸如视觉、听觉、触觉等各种直观而又自然的实时感知交互手段，最大限度地方便用户操作，从而减轻用户的负担，提高整个系统的工作效率。VR 的作用可以表现为不同的形式，例如将某种概念设计或构思可视化和可操作化，达到任意复杂环境下的廉价模拟训练目的等。

虚拟现实是利用计算机生成一种模拟环境（如飞机驾驶舱、操作现场等），通过多种传感设备使用户“投入”到该环境中，实现用户与该环境直接进行自然交互的技术。这里所谓的模拟环境就是利用计算机生成的具有表面色彩的立体图形。它可以是某一特定现实世界的真实体现，也可以是纯粹构想世界的逼真模拟。

传感设备包括立体头盔（Head Mounted Display）、数据手套（Data Glove）、数据衣（Data Suit）等穿戴于用户身上的装置和设置于现实环境中的传感装置（不直接戴在身上）。自然交互是指用日常使用的方式对环境内的物体进行操作（如用手拿东西、行走等）并得到实时反馈。

与 VR 相类似的一个概念是人工现实（Artificial Reality，AR），它可以更方便地与用可视化技术建立的三维空间中的物体进行交互。这个空间是人造的，但是物体的控制方法却像物体在现实空间中一样，所以称为人工现实。例如，可用 AR 技术来漫游用可视化技术建立的大脑结构。

2. 虚拟现实的重要特征

虚拟现实可以定义为对现实世界进行五维时空的仿真，即除了对三维空间和一维时间的仿真外，还包含对自然交互方式的仿真。一个完整的虚拟现实系统包含一个逼真的三维虚拟环境和符合人们自然交互习惯的人—机交互界面，分布式虚拟现实系统还要包含用于共享信息的人—人交互界面。

虚拟现实技术是一项计算机、传感与测量、仿真、微电子等技术的综合集成技术，它具有以下四个重要特征：

（1）多感知性（Multi-Sensory）。

所谓多感知就是说除了一般计算机技术所具有的视觉感知之外，还有听觉感知、触觉感知、运动感知，甚至包括味觉感知、嗅觉感知等。理想的虚拟现实技术应该具有一切人所具有的感知功能。人们在现实世界中是通过眼睛、耳朵、手指等器官来完成视觉、听觉、触觉等感官体验的。人们可以通过视觉观察到色彩斑斓的外部环境，通过听觉感知丰富多彩的音响世界，通过触觉了解物体的形状和特性。人们通过多种渠道与客观世界进行交互作用，并沉浸在客观世界中。

理想的虚拟现实环境应该包含对人自然交互方式的模拟，虚拟现实系统能给用户提供视觉、听觉、触觉、嗅觉甚至味觉的多感知通道。目前虚拟现实技术所具有的感知功能仅限于视觉、听觉、触觉、运动等几种，感知范围和感知的精确程度都还无法与真实环境相比拟。

（2）存在感（Presence）。

存在感又称为临场感（Immersion），它是指用户感到作为主角存在于模拟环境的真实程度。理想的模拟环境应该达到使用户难以分辨真假的程度（例如可视场景应随着视点的变化而变化），如实现比现实更理想化的照明和音响效果等。

对于一般的模拟系统而言，用户只是系统的观察者，而在虚拟现实的环境中，用户能感知到自己成为一个“发现者和行动者”。发现者和行动者利用他的视觉、触觉和行动来寻找数据的重要特性，并不是通过严密的思考来分析数据。

通常思考可能既慢且吃力，而感觉则几乎可以无意识地、立即地表达结果。这更加符合人们的自然思维习惯。

（3）交互性（Interaction）。

它是指用户对模拟环境内物体的可操作程度和从环境得到反馈的自然程度（包括实时性）。例如，用户可以用手去直接抓取模拟环境中的物体，这时手有握着东西的感觉，并可以感觉物体的重量（其实这时手里并没有实物），视域中被抓的物体也立刻随着手的移动而移动。

（4）自主性（Autonomy）。

它是指虚拟环境中物体依据物理定律动作的程度。例如，当受到力的推动时，物体会沿力的方向移动，或翻倒或从桌面落到地面等。

用户可以沉浸在一种人工的虚拟环境里，通过虚拟现实软件及外部有关设备与计算机进行充分交互，进行构思，完成所希望的任务。

二、虚拟现实的组成

根据虚拟现实的概念及上述四个特征可知，虚拟现实技术是在众多的相关技术基础上发展起来的，它包括计算机图形学、图像处理与模式识别、智能接口技术、人工智能技术、多传感器技术、语音处理与音响技术、网络技术、并行处理技术和高性能计算机系统等。

虚拟现实作为一项综合技术，集成了计算机图形学、多媒体、人工智能、多传感器、网络、并行处理等技术的最新发展成果，为我们创建和体验虚拟世界提供了有力的支持。

由于它生成的视觉环境是立体的，音效是立体的，人机交互是和谐友好的，因此虚拟现实技术将一改人与计算机之间枯燥、生硬和被动的现状，使人们陶醉在计算机创造的工作环境之中。

虚拟现实一般用于构造当前不存在的环境、人类不可能到达的环境和代替耗资巨大的现实环境。虚拟现实要达到增强现实的目的，即用虚拟物体来丰富、增强真实的环境，而不是用它来代替真实的环境。虚拟现实的成果是给用户一个将现实世界和计算机中的虚拟模型结合起来的工作环境。

三、虚拟现实在教育中的应用

教育培训是教育行业从业人员生活中的重要部分，其中很重要的一个过程就是呈献知识信息。一些培训可从学校或书本上获得，但这代替不了利用实物的培训。

而虚拟环境在呈献知识信息方面有着独特的优势，它可以在广泛的科目领域提供无限的 VR 体验，从而加速和巩固学生学习知识的过程。

例如，核电站或飞机雾中着陆等危险环境可在对受训者毫无威胁的情况下进行精确模拟。模拟器的容错特点使受训者能亲身体验到在现实生活中体验不到的经历。飞行模拟器、驾驶模拟器

是培训飞行员和汽车驾驶员的一种非常有用的工具。

由于不需要特殊的硬件和附属设备，虚拟现实技术在教育领域中已得到广泛的应用。

（1）用于建筑工程学。

可交互性地参观还未完工的办公大楼，寻觅装饰的构思；参观房屋模型，学习建筑原理；参观世界各地的经典建筑，寻找建筑设计的灵感。

（2）用于考古学。

可参观世界上难以到达的博物馆，研究考古发掘物品，或研究从未对公众开放过的私人收藏绘画或雕塑。

（3）用于医学教育。

学生可以通过解剖一具虚拟的尸体来学习解剖学，也可以观看血细胞通过心脏的全过程。医生用从实际病人身上收集来的数据进行仿真，对手术或其他过程进行周密地规划，如通过观看胃镜检查的过程来了解病变组织的特征。

（4）用于导游培训。

让学生参观世界各地虚拟的风景名胜，并学习这些名胜的历史、特点、文化内涵等。

（5）用于生物教育。

学生可以操纵分子模型，观察不同药物的立体结构图像，或者沿着丛林小溪来研究海狸的习性。

（6）用于历史教育。

学生可进入久远的历史场景，如参观商代的集市或参加唐代的盛典。

（7）用于化学和物理教育。

介绍与展示昂贵的实验仪器，参观你不可能进入的实验空间，如核反应堆、粒子对撞空间等。

（8）用于社会科学。

让学生参观世界各地的社会风情，了解各地的生活形态和习性。

【实训任务】

1．参照实际案例分析教学媒体选择与运用的注意事项。

2．为自己选题的那节课选择教学媒体，制订媒体运用计划，优化教学设计方案。

【头脑风暴】

1．教学媒体的特性有哪些？

2．教学媒体的种类有哪些？比较各类教学媒体在教学中的优势与不足。

3．选择教学媒体的依据是什么？基本原则有哪些？

4．选择教学媒体应遵循的程序是什么？

5．选择教学媒体类型、内容的方法？

6．教学媒体常用的使用方式有哪些？

7．如何判断使用教学媒体的最佳时机？

第 4 章　信息化教学资源

【学习目标】

- 了解信息化教学资源的概念、分类以及作用方式
- 了解多媒体素材的存储格式和获取各类素材的常用方法
- 熟悉并掌握多种多媒体素材的简单加工方法与技巧

【案例呈现】

案例 4－1　素材加工作用大

韩老师是一位年轻的初中历史老师，在教学中她尽职尽责，制作教学课件非常认真，可是教学效果并不如她期望的那么好。韩老师很沮丧。在得知她的苦恼过后，同教研室的李老师仔细分析了她的课件，并很快找到了原因，于是建议韩老师学习一下视频素材的简单加工处理软件——豪杰超级解霸。

原来在课件制作时，韩老师未经加工地使用了一些跟历史知识相关的影视资料，想要增强课堂知识的感染力和吸引力。可是韩老师却忽略了未加工的视频中有相当一部分无效信息，这部分无效信息不仅没有起到促进课堂教学效果的作用，反而在一定程度上分散了学生的注意力，影响了教学效果。

通过一段时间的努力学习，韩老师掌握了豪杰超级解霸加工视频文件的基本技巧及功能，利用其提供的设置出点入点、转换格式等功能，把一些含有大量无效信息的镜头删除，消除了其对学生的不良影响。有效信息的集中展示、近乎真实的情景创设让

学生的学习兴趣变得浓厚，积极性进一步加强，教学效果也大大提高。

【知识导航】

自从20世纪30年代视听教育兴起以来，媒体的种类日见增多，应用也愈加广泛，教育观念也随之发生变化。在早期的教育中，教师被看成唯一的信息源，媒体把各种知识传递给学生，起着单向传递的作用，学生始终处于被动学习状态。到了70年代，教育者们意识到学生才是学习活动的主体，媒体就成为教育者与学习者之间相互沟通交流的桥梁。进入80年代，教育技术随着学习心理学的发展而进步，媒体摆脱了仅仅是信息传递“通道”的身份，成为构成认知活动的实践空间和实践领域，人们将更多的注意力放到了关心媒体环境上。到了90年代，“教育技术是对与学习有关的过程和资源进行设计、开发、运用、管理和评价的理论和实践”这一观点获得了人们的统一认识，教学资源被提到了非常重要的地位，教学资源的认识和研究，以及教学资源建设成为重要而持久开展的工作。

4.1　教学资源概述

4.1.1　教学资源的概念

1. 概念

资源就是指自然界和人类社会中一种可以用以创造物质财富和精神财富的具有一定量的积累的客观存在形态，如物质、能量以及信息的总和。

教学资源可以理解为用于教育、教学过程，支持教与学活动的一切人力和物质条件、自然条件、社会条件以及媒体条件。它是教学材料与信息的来源，是为教学的有效开展所提供的素材等各种可被利用的条件，通常包括教材、案例、影视、图片、课件等，也包括教师资源、教具、基础设施等。从广义上讲，教学资源可以指在教学过程中被教学者利用的一切要素，包括支撑教学的、为教学服务的人、财、物、信息等。从狭义上讲，教学资源（学习资源）主要包括教学材料、教学环境及教学后援系统。

本章主要讨论信息化教学资源，而且是狭义的信息化教学资源。它主要指信息技术环境下的各种素材、课件、数字化教学材料、网络课程和各种认知、情感和交流工具。

2. 教学资源的组成

教学资源主要包括教学材料、支持系统、教学环境等。教学材料分为教育信息资源和教育教学软件资源，以及其他蕴涵大量教育信息、能创造出一定教育价值的各类信息资源。信息化教学资料指的是以数字形态存在的教学材料，包括学生和教师在学习与教学过程中所需要的各种数字化素材、教学软件、补充材料等。支持系统主要指支持学习者有效学习的内外部条件，包括学习能量的支持、设备的支持、信息的支持、人员的支持等。教学环境不只是指教学过程发生的地点、资源存在的场所等“硬”环境，更重要的是指教学模式，学习者与教学材料、支持系统之间在进行交流的过程中所形成的氛围等“软”环境。教学环境是学习者运用资源开展学习的具体情境，体现了资源组成诸要素之间的相互作用。表4-1说明了教学资源的构成情况。

3. 信息化教学资源的特点

信息化教学资源由于其优良的特性，在现代教学观的形成、课程结构和课程内容的变革、教学方式的变革、新型教学模式的探究等方面都有着广阔的需求和应用空间。其主要特性体现在以下几个方面：

（1）处理方式的数字化。

处理方式的数字化是指将声音、文本图形、图像、动画、视频等信息由模拟信号转换成数字信号。

表 4－1　教学资源的构成

<table>
<tr><td rowspan="6">教学资源</td><td>人力资源</td><td colspan="4">教师、辅导者、学习小组（学习伙伴）等</td></tr>
<tr><td rowspan="5">非人力资源（物质条件）</td><td rowspan="2">教学材料</td><td>教育信息资源</td><td colspan="2">包括网上资源、电子出版物、印刷品等。</td></tr>
<tr><td>教育教学软件资源</td><td colspan="2">传统教学媒体、幻灯投影教材、音像教材、多媒体课件、学科专题网站等。</td></tr>
<tr><td rowspan="3">教学环境</td><td rowspan="2">硬环境</td><td>教育资源环境</td><td>图书馆、学习资源中心、电子阅览室、校园网及Internet等。</td></tr>
<tr><td>教学传递环境</td><td>多媒体环境、网络环境、闭路电视系统，以及各种教室、实验室等。</td></tr>
<tr><td>软环境（教学模式等）</td><td colspan="2">基于“教”的教学模式；
基于“学”的教学模式；
以教师为主导、学生为主体的教学模式。</td></tr>
</table>

（2）存储方式的海量化。

信息化资源包括大量视频、音频和动画数据。大量的多媒体信息和资料能够创设丰富有效的教学情景，不仅有利于学生对知识的获取与理解，在扩大学生的知识面上也起到不可忽视的作用。

（3）显示手段的多媒体化。

声音、文本、图形、图像、动画等利用多媒体计算机技术存储、传输、处理的多媒体学习资源，与传统的单纯用文字或图片处理信息资源的方式相比要丰富很多。给学生提供的外部刺激是多种感官的综合刺激，而不是单一的刺激。这种多感官刺激能激发学生的学习兴趣，提高学生的学习积极性。

（4）信息组织的超文本化。

超文本是按照人的联想思维方式非线性地组织管理信息的一种先进技术。超文本结构信息组织的是联想式和非线性，非常符合人类的认知规律，所以便于学生进行联想思维。另外，由于超文本信息结构的动态性，学生可以根据自己的学习目的和认知特点与规律重新组织信息，并按照不同的学习路径进行有效学习。

（5）学习环境的交互性。

信息化教学资源，尤其是支持自主学习的资源，往往提供图文并茂、丰富多彩的人机交互式学习环境，使学生摆脱了必须按教师事先安排好的路径，被动服从的状态，能够按自己的知识与能力基础、习惯与爱好来进行选择性学习。在这种方式下，学生的主动性、自主性才能够得以充分的发挥，真正体现了学生作为认知主体的作用。

4.1.2　信息化教学资源的教学应用

随着教育信息化的不断推进，新的教育理论和教学模式的出现，信息技术和信息化教学资源以多种应用形态渗透到教育教学过程中，在培养学生信息素养、实践能力和创新能力等方面，都以多种方式发挥着越来越重要的作用。

1. 信息化教学资源的教学应用形态

根据资源在教育教学实际应用中的表现形态，何克抗教授将信息化教学资源的应用形态大致归纳为以下 7 种。

（1）课堂演示。

这一形态的信息化教学资源一般情况下是为了解决某一学科的教学重点与教学难点而开发的，注重对学习者的启发、提示，反映问题解决的全过程，主要用于课堂演示教学。

（2）个别化学习。

个别化学习是教学策略的一种，其优点在于能适应学生的个体差异，并培养学生的独立学习能力。作为支持个别化学习的信息化教学资源应具有完整的知识结构，能反映一定的教学过程和教学策略，并提供相应的形成性练习供学生进行学习评价，同时应设计友好的用户界面让学习者进行人机交互活动。利用个别化学习资源，学生可以依据自己的学习速度弹性学习教师引导设计的内容，没有统一的学习进度。其目的是使学习者能充分完成学习目标，培养自身的自主学习能力。

（3）模拟实验。

模拟实验是利用多媒体技术、仿真技术、虚拟现实技术等在计算机上创设辅助性的、部分替代或者全部替代传统实验各操作环节的相关软硬件操作环境，使实验者在拟真的环境中完成各种实验项目。模拟实验提供可更改参数的指标项，学生根据需要输入不同参数，既能获得与真实实验条件下相差无几的实验对象的状态和特征，又能使所取得的实验效果等价于在真实环境中所取得的效果，特别有助于学生进行模拟实验和探究发现学习。

（4）训练复习。

训练复习类资源是为了训练、巩固和强化学习者对计划有步骤地学习和辅导后掌握的某种知识和技能的教学软件。一般利用问答的形式，强化学习者在某方面的知识和能力。该类型的教学软件在设计时一定要注重在内容上具有相当比例的知识点的覆盖率，否则不能达到全面训练和考核学生能力水平的目的。除此之外，首先要将考核目标划分为水平各异的不同等级，并采取逐级上升的方式，再根据每一等级的具体目标设计训练复习题目的难易程度。

（5）教学游戏。

教学游戏是专门针对特定的教学目的而开发的游戏，具有寓教于乐的特点，要求趣味性强、游戏规则简单。教学游戏有别于一般的游戏软件。教学游戏以成熟的教育理论作为理论支撑，它必须以学科知识内容为基础，以学生掌握知识和技能为目的，游戏仅作为学生学习的手段和方法，用以激发学生的学习兴趣，达到让学生在轻松愉悦的游戏过程中完成学习的目的。

（6）资料和工具。

资料和工具包括各种类型的电子工具书、电子字典以及各类图形库、动画库、声音库、辅助编辑软件、演示工具等。这种类型的教学软件只提供某种教学功能或某类教学资料，并不反映具体的教学过程。它通常供学生查阅资料使用，也可根据教学需要事先选定有关片断，配合教师讲解，在课堂上进行辅助教学。

（7）网络课程。

通过网络把某门学科的教学内容及实施教学活动的总和进行表达。它包括按一定的教学目标、教学策略组织起来的教学内容、课程资料和网络教学支撑环境。它是集课程资料、教学活动和支持环境于一体的信息化教学资源。

2. 信息技术和信息化教学资源的作用方式

信息技术和信息化教学资源的作用方式主要包括以下几种：

（1）作为学习对象。

信息技术作为学习对象有几层含义。其一，学习信息技术的相关知识。如同学习语文、数学、物理等学科知识一样，学生也应当学习信息技术的相关科学知识。其二，学习信息技术的基本操作技能。信息技术已经广泛应用在各个领域，学生应该掌握信息技术的基本操作技能，如基本的计算机操作、信息的加工与处理以及各种应用软件的使用等。其三，学习信息技术对社会的各种用途及其产生的影响。信息技术对社会产生了重要影响，我们应该学习信息技术给生活和各个领域所带来的变化与影响，了解信息技术的所能与所不能。

（2）作为演示工具。

信息技术作为演示工具，即使用现成的计算机辅助教学软件或多媒体素材资源，或者利用多媒体软件制成演示文稿或多媒体课件，形象地演示某些用传统教学媒体无法实现或解决的教学内容，或者利用图形图像、动画、视频等展示运动变化过程等。信息技术的使用，代替了影碟机、幻灯片、投影仪等传统教学媒体来实现教育教学功能。

（3）作为交流工具。

随着网络信息技术的不断进步，我们可以通过网络来知晓不同时间、地点、人物的事情，也可以通过网络工具跟不经常见面的亲戚朋友进行便捷的交流和沟通。网络通信技术的发展为信息的沟通交流提供了便捷，如互联网络、电子邮件、BBS、视频会议、聊天室、博客、QQ、微信等。学生与教师、学生与学生、教师与教师、学校与家长之间同样可以使用这些交流工具进行信息交流、情感沟通、问题讨论等。

（4）作为个别辅导工具。

大量练习型软件和计算机辅助测验软件的应用，包括操练和练习、对话、游戏、模拟、测试、问题解答等，使学生在练习中不断加强对所学知识的掌握程度。通过练习，学生可以自行决定下一步学习的方向与进度，比如记忆单词的游戏软件、练习打字速度的打字游戏等。也可通过远程互动实现个别辅导。

（5）提供资源环境。

信息技术提供的资源环境能够突破以教科书、教学参考书及其他纸质参考资料为知识主要来源的限制，用各种相关数字化资源来丰富课堂教学，使学生不仅能学习课本上的内容，而且可以通过更多的信息资源来开阔思路，拓展知识。学生可以通过访问各种信息化的课程资源库、学科资源网站，获得与课程相关的素材和资料；使用多媒体百科全书光盘、网上素材等，获得图、文、声、像并茂的教学资源；通过网络检索各类期刊网中的相关资源，获得该学科的最新信息；通过 MOOC 网站，利用远程优质资源进行拓展学习等。

(6) 作为情境探究和发现学习的工具。

学习情境创设就是利用信息技术手段和信息化教学资源，以直观的方式，创设一种生动再现书本知识所表征的实际事物或者跟实际事物相关的背景，让学生在身临其境的环境中进行探究和发现式的学习。它解决的是学生在认知过程中的形象与抽象、实际与理论、感性与理性以及旧知识与新知识的矛盾。直观可以使抽象的知识具体化、形象化，有助于学生感性认识的形成，并促进理性认识的发展。在教学中，可以利用计算机模拟软件或其他多媒体软件呈现探索情境，让学生对所提供的情境进行探索。可以采用动画的方式来表现一个故事情节，其中隐含着需要学生解答的问题以及解决问题所需要的条件。这种方式更能激发学生的学习兴趣，使学生通过积极思考来获得问题的最终解决方法。一些开放的工具型教学软件也可以作为发现性教学的有力的工具。例如，教师利用“几何画板”软件探索三角形重心的规律、直角三角形的三边关系等知识点。

(7) 作为信息加工与知识构建的工具。

利用一些专门的工具型教学软件对学科知识进行有效加工，让学生完成对该学科相应知识点的认知结构构建，比如数学物理常用的几何画板、音乐学科常用的 Cakewalk 软件、化学学科使用的 ChemWindow 软件等；也可以利用在教学中应用的一般工具软件，如 Word 文字处理软件、PowerPoint 演示文稿软件、电子表格软件、Access 数据库软件等；还可以将计算机及其外接设备及 Internet 等作为教学工具。

(8) 作为协作工具。

可以借助 Mud、E－mail、BBS、QQ、微信等网络交流工具，进行师生之间的信息与情感沟通，实现远程协作学习与交流；也可以运用 PowerPoint 演示文稿、交互式电子白板作为课堂协作学习的表达工具；利用网络视频会议系统进行网上合作研讨等。

(9) 作为研发工具。

如数学教学中的“几何画板”可帮助学生验证自己的假设和推理，并帮助学生通过实验来发现、总结一些数学规律和数学现象。一些模拟实验软件，通过对可以更改数据的参数项的设置，探索发现事物的原理与规律。

(10) 作为评价工具。

如电子评估系统、电子档案袋系统、计算机辅助测验系统等都可以以数字化方法进行教学评价。

(11) 作为教学管理工具。

学校教育教学管理工作纷繁复杂，借助数据库等信息技术和手段，可以使教学管理规范化、简单化。狭义的计算机教学管理仅指专门的计算机教学管理系统的应用，广义的计算机教学管理还包括文字处理、电子表格、数据库、统计分析、通信等软件在教学管理中的应用。

4.1.3 信息化教学资源的选择与设计原则

在选择和设计信息化教学资源时，从节省时间、经费和精力的角度出发，首先应当考虑在现成的资源中选择适合使用的资源。如果现有资源中没有合适之选，可先考虑对资源稍加修改，从而满足教学需要。如果选用、修改都不行，就要进行资源的重新设计与制作，创造出符合要求的教学资源或学习资源。在选择和设计学习资源或教学资源时，应遵循以下基本原则。

1. 体现教学目标

教学目标是贯穿整个教学活动全过程的指导思想。它不仅规定教师的教学活动内容和方式，指导学生对知识内容的选择和吸收，而且还控制资源类型和资源内容的选择。以语文教学为例，让学生掌握词语用法规则和要求学生能就某个情景进行造句作文，是两种不同的教学目标。前者往往通过文字讲解并辅以各种实例来帮助学生形成语法概念；后者则往往通过反映实际情景的动画和声音使学生在具体的语言环境中去掌握正确的言语表达技能，并将此技能用文字书写下来。不同的教学目标决定不同的媒体类型和媒体内容的选择。

2. 符合教学内容

根据学科内容，选择适用的教学资源。即使在同一学科的不同章节，内容不一样，对教学资源的要求也不一样。在语文学科当中，体裁不同的文章选择的资源媒体也不尽相同：散文和小说体裁的文章最好通过提供视频媒体资源来进行讲解，使学生有真实的情感感觉，以加深对人物情节和主题思想的理解。数理学科中的某些定理和法则比较抽象，可以通过动画演示过程的方式把事物的运动变化规律展现出来，或把微观的、不易观察的过程加以放大，以帮助学生掌握定理和规律。化学反应与分子式、分子结构同是化学学科，教师在讲解化学反应时最好使用动画分步模拟反应的过程；而在讲解分子式、分子结构以及元素周期表等内容时，则以图形或图表的配合为宜。总之，对教学资源的选用和设计应以符合教学内容为原则。

3. 适应教学对象

教学资源的设计必须与教学对象的年龄特征相适应，否则不会有良好的教学效果。不同年龄层次的学生的认知结构的差异很大，在进行教学材料的设计时必须充分考虑不同年龄段的认知特点，而不能局限于某种固定的模式。在低学龄阶段如小学低年级阶段，各学科资源设计的重点应放在形象化教学上，以适应学生的直觉思维图式，应多采用图形、动画和音乐之类的媒体，使图、文、声、像并茂。进入小学高年级阶段，教育者则应当把媒体选择重点放在帮助学生完成由直觉思维向抽象思维的过渡，所以这一阶段的形象化教学可以适当减少。到了中学阶段，教师则应着重引导学生学习抽象概念，并学会运用语言符号去揭示事物的内在规律，逐步发展学生的逻辑思维能力。在初中阶段，形象化教学手段应当主要成为帮助理解抽象概念的辅助工具，而不是以形象化教学为主。否则就会因形式上美观生动而内容上苍白空洞阻碍学生认知能力的发展，这样反而达不到教学目标的要求。

4. 提供资源、获取信息的代价最小

研究表明，人们总是根据获取信息所付出的代价来选择信息。这就意味着，接受者对信息的预期选择率等于可能得到的好处除以需要付出的努力。为增加信息让人接受的可能性，要么增大分子值，即接受者可能有的收获；要么减少分母值，即接受者可能有的困难。因此，开发的学习资源不仅应该包含较多的信息量，而且应该深入浅出，通俗易懂，以使学生能够只花较少时间就获得这些信息。另一方面，从资源的提供者角度来看，则应该遵循使资源选择或制作概率（制作概率=资源的功效/付出的代价）最大化的原则，在付出的时间和精力最少的前提下，使选择或制作的资源产生最大的功效。

4.1.4 常用的学科教学软件

常用的学科教学软件属于工具型软件，它并不为教师提供具体的教学内容，而只是提供一个展示、处理某类教学内容的平台。教师、学生可以利用这一工具来解决自己所面临的具体问题。我们可以按照其在教学中的作用划分为两个大类，即一般工具软件和学科工具软件。

1. 一般工具软件

一般工具软件即社会型工具软件，它们也可以用在教学中，比如文字加工处理软件、演示文稿制作软件、电子表格软件、数据库软件、QQ 等。微软公司的 PowerPoint 是教学中常用的工具软件，教师可以用它制作教学课件，在一定程度上代替黑板来演示教学的提纲和内容。文字处理软件如 Word 等，可以编制电子教案、撰写教学日志，在语文写作课上，学生可以利用 Word 进行写作和修改，或者编辑排版；在进行英语写作时，Word 还具有拼写和语法检查的功能，对学生的写作具有一定的帮助作用；另外，也可以在社会科学或自然科学课上让学生用 Word 撰写研究报告等。数据库（Access）、电子表格（Excel）等软件可以用在自然科学研究或社会调查中，进行数据的管理和处理分析。比如，在学习中国人口问题时，教师不是直接向学生讲解中国的人口现状和人口政策，而是给学生提供中国人口数量发展的原始数据、世界人口发展的资料、中国及世界的耕地面积数据等，让学生通过电子表格软件建立相应的数据表，绘制中国和世界人口发展的曲线，分析中国人口发展的趋势及面临的问题。很多一般工具软件都可以为教学所用。

2. 学科教学软件

（1）数学、物理学科常用教学软件。

几何画板是由美国 Key Curriculum Press 公司开发的一款教育软件，是当前应用非常广泛的数学、物理学科教学软件，能够动态地展现出几何对象的位置关系、运行变化规律，是数学与物理教师制作课件的得力助手，在几何、立体几何、三角函数、解析几何和物理的力学分析等知识点的教学演示中均有重要作用。利用这一软件工具，可以很方便地绘制各种几何图形，测量长度、角度等参数，而且可以对图形做各种操作，比如伸缩、旋转等。通过观看演示与动手操作，学生去研究和发现图形中的各种内在关系，从而顺利重组自己的数学与物理认知结构。其操作界面如图 4－1 所示。

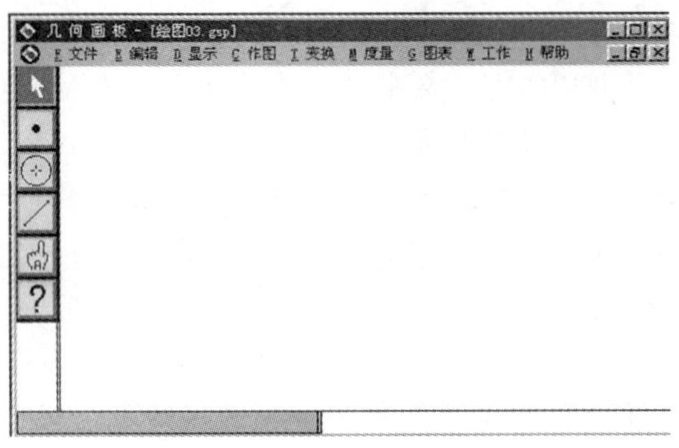

图 4-1 几何画板操作界面

（2）化学学科常用教学软件。

化学绘图软件（ChemWindow）是德国 Softshell 公司开发的，用于化学教学的专用绘图软件，是最早的有机分子结构绘制软件。该软件的主要功能是绘出各种结构和形状的化学分子结构式及化学图形，具有其他一般绘图软件所不具备的化学分子图形编辑功能。Windows 环境下具有的友好用户界面和便利的切换功能，使得其资料可共享于各软件之间。ChemWindow 6.0 版本整合到 Glassy Chemistry 2000，还可以用来构建和组装二维的实验室玻璃器皿和实验装置图，实验仪器装置可以是彩色的，形象十分逼真。该软件在绘制化学专业图形方面使用方便且功能强大，可免去许多人工手绘化学分子图形之苦，为日常的教学和科研带来许多方便，可出色地完成一般化学科技论文的编印及制作出漂亮的专业幻灯片，为化学工作者带来极大便利。其操作界面如图 4-2 所示。

（3）美术学科常用教学软件。

美术教育因其学科的特殊性，所使用的教学软件比较多，大致可以分为三类：图像处理软件、图形处理软件以及组版软件。本书主要简单介绍三款图像处理软件：PhotoShop、彩影和美图秀秀。

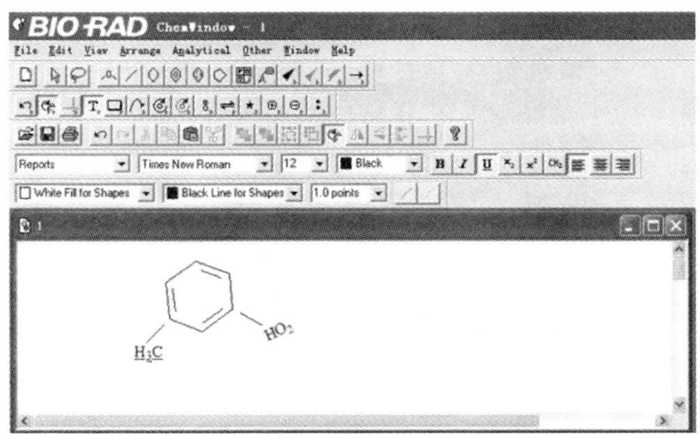

图 4－2　ChemWindow 操作界面

PhotoShop 是由 Adobe Systems 开发和发行的图像处理软件。它的主要功能在于图像处理，对已有的图像进行编辑加工处理和绘制一些特殊效果。从功能上看，该软件可分为图像编辑、图像合成、校色调色及特效制作部分等。图像编辑是图像处理的基础，可以对图像做各种变换，如放大、缩小、旋转、倾斜、镜像、透视等；也可进行复制、去除斑点、修补、修饰图像的残损等。图像合成则是将几幅图像通过图层操作、工具应用合成完整的、传达明确意义的图像，这是美术设计的必须处理手段。该软件提供的绘图工具可以让外来图像与创意很好地融合。校色调色可方便快捷地对图像的颜色进行明暗、色偏的调整和校正，也可对不同颜色进行切换以满足图像在不同领域如网页设计、印刷、多媒体等方面的应用。特效制作在该软件中主要由滤镜、通道及工具综合应用完成，包括图像的特效创意和特效字的制作，如油画、浮雕、石膏画、素描等常用的传统美术技巧都可由该软件特效完成。PhotoShop 操作界面如图 4－3 所示。

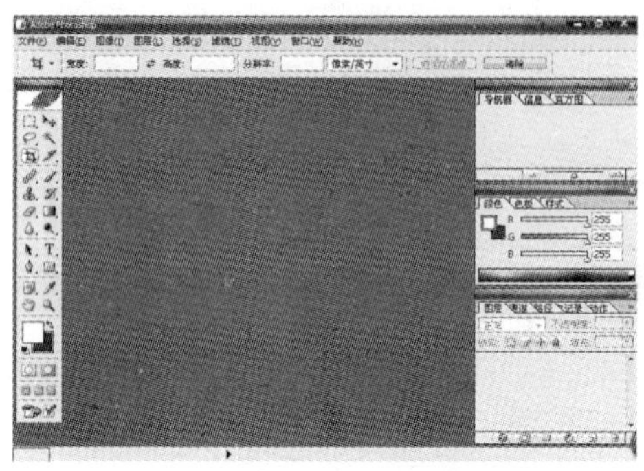

图 4－3　PhotoShop 操作界面

彩影软件是梦幻科技推出的图形处理和相片制作软件。它允许多文档多图像并发处理，可以进行图像间的裁剪、抠图、复制；可以从电脑直接打开图像、窗口截图、网上下载图片，还可以从数码相机、摄像头等实时捕捉相片。在艺术合成照、蒙板照、抠图合成制作等方面的操作比较简单快捷，不需要专业的图像美工技能即可轻松点击并制作出绚丽多彩的图像特效图。彩影操作界面如图 4－4 所示。

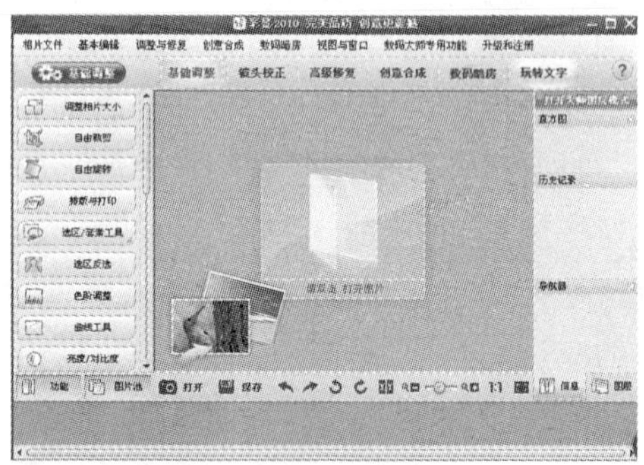

图 4－4　彩影操作界面

美图秀秀是一款国产免费图片处理软件。该软件的操作相对于专业图片处理软件如光影魔术手、Photoshop 来说较为简单。美图秀秀的图片特效、人像美容、可爱饰品、文字模板、智能边框、魔术场景、自由拼图、摇头娃娃等功能可以让学生在短时间内做出效果较好的图片。美图秀秀操作界面如图 4—5 所示。

图 4—5　美图秀秀操作界面

（4）音乐学科常用教学软件。

在音乐学科的教学活动中，应用音乐软件已成为重要且必要的学习内容和研究手段。常用的音乐学科教学软件有 Cakewalk、Cubase 和 Sibelius 等。

Cakewalk 软件是由美国 Cakewalk 公司开发的一款用于制作音乐的软件，可以制作单声部或多声部音乐，也可以在制作的音乐中使用多种音色。该软件可用于制作 MIDI 格式的音乐，学生可以利用它制作出规范的 MIDI 文件。Cakewalk 9.0 以后的版本更名为 Sonar。Sonar 不仅可以很好地编辑和处理 MIDI 文件，而且在音频录制、编辑、缩混方面也得到了长足的发展，并达到甚至部分超过了同档次音频制作软件的水平。截至 2012 年，最新的版本 Sonar X2 已经完全成为一个功能强大的音乐制作工作站，可以完成音乐制作中从前期 MIDI 制作到后期音频录音缩混烧刻的全部功能，同时还可以处理视频文件。Cakewalk 操作界面如图 4—6 所示。

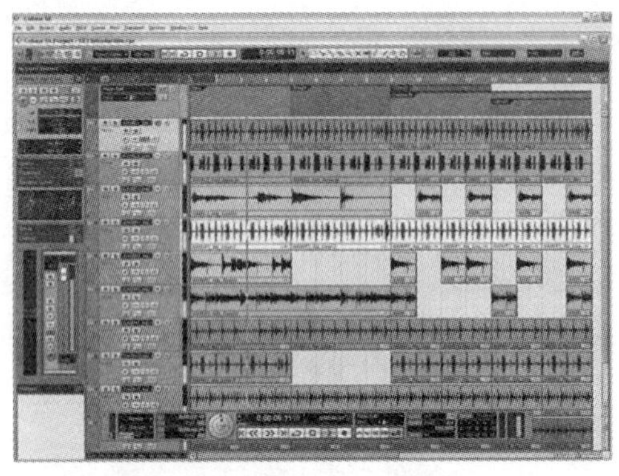

图 4－6　Cakewalk 操作界面

Cubase 是德国 Steinberg 公司所开发的全功能数字音乐、音频工作软件。该软件的 MIDI 音序功能、音频编辑处理功能、多轨录音缩混功能、视频配乐以及环绕声处理功能均属世界一流。在声效处理上，它能进行振幅、时间、回响、频谱等效果变化，从而改变声音的音色、音调、响度等属性。在音乐的后期处理方面，Cubase 拥有全功能音频处理和 MIDI 录制编辑能力、虚拟设备以及强大的音频混合功能所进行的 loop（循环）和以 pattern（样式）为基础的排列及混音处理功能。并具有音频弯曲功能，可实时进行时间延伸及变调操作，同时对 ACID 文件格式的支持、循环样板可自动采用 Cubase 中的设定拍速，音频文件可实时改变拍速。Cubase 几乎具备所有录音及音乐后期处理所需的功能。

在教学中，利用 Cubase 对声音的基波和谐波振幅、频率、相位的调节改变声音响度、音调及音色，可以帮助学生从电声学的角度更理性地认识声音的基本性质，从而提高他们在录音后期制作中对音效处理的把握能力。Cubase 操作界面如图 4－7 所示。

图 4—7　Cubase 操作界面

4.2　网络教学资源

4.2.1　常用互联网教学资源

互联网已发展成为世界上最大的信息资源库，其中有很多用于教学的多媒体素材、课件、教案、论文、试题、课堂实录、网络课程等资源。借助于网络技术和丰富的网络教学资源，可以解决传统教学环境下教学资源缺乏、理论性知识难以直观呈现、远程交流滞后等问题，有利于教师实现更大空间范围内的相互交流，提升自己的教学能力，提高课堂教学效率。

1. 常用国内网络教育资源

下面介绍一些国内常用的数据多、层次清、数据更新时间间隔较短的教育资源数据库。

(1) 中国期刊全文数据库（CNKI）（http://www.cnki.net）。

其由中国学术期刊（光盘版）电子杂志社出版和清华同方光盘股份有限公司出版，是中国知识基础设施（China National

Knowledge Infrastructure）网络数据库系统中的一个数据库，也是中国最早的大型学术期刊全文网络数据库（并出版发行光盘版）。该数据库收录了1994年至今国内5300余种核心期刊和专业期刊中的论文全文600万篇。该库分为A～I 9个专辑，即理工A辑、理工B辑、理工C辑、医药卫生辑、农业辑、文史辑、经济政治与法律辑、教育与社会科学辑和电子技术及信息科学辑。

（2）人大复印报刊资料全文数据库（http：//ipub. zlzx. org/）。

这是国内大型的文献数据库，它囊括了1995年以来印刷版《复印报刊资料》百余种专题刊物的全部原文，现有文献记录13万多条，归为教育、文史、经济、政治四大类，每类按年度编排。它的检索非常方便，先选定学科数据库，再按它提供的字段检索和复合检索即可检索到所需资料。该数据库全文浏览阅读时不需要下载专用的浏览器。

（3）中国高等教育数字图书馆（CADLIS）（http://www. calis. edu. cn）。

它是我国高等教育总体建设规划中的公共服务体系之一。目前，已建立了一系列国内外文献数据库，包括联合目录数据库、中文现刊目次库等自建数据库和引进的国外数据库，开发了联机合作编目系统、联机公共检索（OPAC）系统、馆际互借与文献传递系统等，形成了较为完整的CADLIS文献信息资源网络。

（4）中国教育科研网（CERNET）（http://www. edu. cn）。

这是由国家投资、教育部负责管理、清华大学等高校承担建设和管理运行的全国性学术计算机互联网。它主要面向教育科研单位，是全国最大的公益性互联网之一，也是中国教育行业的门户网站。它全面详细地报道教育的政策、硬件网络条件的建设、教育新闻、教育研究等方面的最新、最重要的信息，还提供很多大学和科研机构的链接。它收录内容丰富，范围广泛，不仅是教育类的参考资源，而且对科学研究各个领域都有较好的参考价值。

（5）中国教育部网站（http://www.moe.edu.cn）。

这是中国国家教育部的官方网站，主要内容包括教育介绍、教育动态、教育法规、基础教育、高等教育、职业成人教育、教育工程与基金、站点导航等。该网站最有特色的是教育的政策性文件、教育新闻的报道、有关专家的讨论以及教育部对一些行业的权威评审资料等。

（6）中国基础教育网（http://www.cbe21.com）。

它由教育部基础教育司与北京师范大学联合主办，是基础教育领域的综合性网站，面向全国基础教育工作者、学生、家长提供专业服务。其内容包括学前教育、素质教育、民办教育、课程改革等。

（7）中国中小学教育教学网（http://www.k12.com.cn）。

其简称 K12，是面向中小学教育的综合专业网。该网内容丰富，包括一些优秀课件资源、学科整合信息等，深受中小学师生、家长以及关注教育的各界人士的好评。

（8）人民教育出版社网站（http://www.pep.com.cn/）。

这是人民教育出版社的官方网站，提供各学科的电子课本、教师用书、素材资源、课堂教学视频、教案、课件、课外读物等丰富的中小学教学资源。

（9）中国科普网（http://www.cpus.gov.cn）。

它是由科学技术部政策法规与体制改革司主办、机械科学研究院承办的政府网站，旨在促进我国科普工作，传播科学知识，弘扬科学精神，宣传科学思想，提倡科学方法，含政策法规、科普动态、科普知识、校园科普内容等。

2. 常用国外网络教育资源

(1) 美国中小学教育教学网（http://www.k12.com）。

该网提供丰富的免费或付费中小学教学资源，如在线课程、一些中小学网站链接等。

(2) 维基百科（http://www.wikipedia.org/）。

维基百科是一个自由、免费、内容开放的网络百科全书，参与者来自世界各地，任何人都可以编辑维基百科中的任何文章及条目，因此它也是一部用不同语言写成的网络百科全书。其目标及宗旨是为全人类提供自由的百科全书——用他们所选择的语言书写而成的、动态的、可自由访问和编辑的全球知识体。

(3) 英文文献期刊（Wiley Inter Science）（http://onlinelibrary.wiley.com/）。

这是 John Wiely&Sons 公司创建的动态在线内容服务，1997 年开始在网上开通。通过 Inter Science，Wiley 公司以许可协议形式向用户提供在线访问全文内容的服务。Wiley Inter Science 收录了 360 多种科学、工程技术、医疗领域及相关专业期刊，30 多种大型专业参考书，13 种实验室手册的全文和 500 多个题目的 Wiley 学术图书的全文。其中被 SCI 收录的核心期刊近 200 种。

(4) 美国 EBSCO(http://ejournals.ebsco.com)。

EBSCO 公司从 1986 年开始出版电子出版物，共收集了 4000 多种索引和文摘型期刊和 2000 多种全文电子期刊。该公司含有 Business Source Premier（商业资源电子文献库）、Academic Search Elite（学术期刊全文数据库）等多个数据库。Business Source Premier 收录了 3000 多种索引、文摘型期刊和报纸，其中有近 3000 种全文刊。

(5) 学术期刊集成全文数据库（Academic Search Premier，ASP，http://www.ebscohost.com/academic/academic－search

—premier）。

它包括生物科学、工商经济、资讯科技、通讯传播、工程、教育、艺术、文学、医药学等领域的 7000 多种期刊，其中有近 4000 种全文刊。

4.2.2　互联网教学资源的检索、下载与管理

网络的迅速发展使世界范围内的信息交流、信息共享成为现实。但是互联网上的信息资源分布在网络的各个角落，非常广泛又纷繁复杂。要从没有统一的管理机构、没有统一的目录、没有统一的分类标准的网络资源中，及时准确地找到并获得所需信息，借助各种类型的网络信息检索工具便十分必要。

1. 网络教育资源的检索

网络信息检索工具是指在网络上提供信息检索服务的一类网站或者服务器，其检索的对象是各类存在于网络信息空间的信息。网络信息检索工具一般被划分为三大类别：搜索引擎、目录型检索工具和元搜索引擎检索工具。

（1）搜索引擎。

搜索引擎是检索网络信息资源最常用的检索工具，能够提供信息检索服务。它可以根据用户提出的检索请求，检索出用户所需的信息。互联网上主要的搜索引擎网站有百度（www. baidu. com)、谷歌（www. google. com）等。百度是常用的中文搜索引擎，适合搜索中文信息，提供资讯、网页、贴吧、知道、MP3 和图片等分类搜索服务，具有关键词自动提取、中文自动纠错等功能。谷歌的特色在于适合搜索多种语言信息，提供网页、图片、资讯、论坛、网页目录等搜索服务，具有特定语言的网页和网页翻译功能。

下面是利用搜索引擎检索教学资源的一些必备技巧。

利用搜索引擎查找文本资源：输入关键字“素材名称+文本

类型”，可利用搜索引擎查找文本资源。文本是记录文字信息的数据文件，包括纯文本文件和文档文件。常见的文本文件格式有TXT、DOC、WPS等。

利用搜索引擎查找图片资源：输入关键字“素材名称+图片类型”，可利用搜索引擎查找图片资源。图片是记录静态画面的数据文件，包括图形和图像。常见的图片文件格式有bmp、jpg、gif等。搜索图片还可以用专门的图片搜索工具如image. baidu. com等。

利用搜索引擎查找音频资源：输入关键字“素材名称+音频类型”，可利用搜索引擎查找音频资源。音频是记录声音信息的数据文件，包括音乐、语音和各种音效。常见的音频文件格式有wav、mp3、mid等。也可以用专门的音频搜索工具如box. baidu. com等。

利用搜索引擎查找视频资源：输入关键字“素材名称+视频类型”，可利用搜索引擎查找视频资源。视频是记录动态画面的数据文件。常见的视频文件格式有avi、mpg、wav等。也可以用专门的视频搜索工具如video. baidu. com等。

利用搜索引擎查找课件资源：输入关键字“课件名称+课件类型”，可利用搜索引擎查找课件。课件是根据教学需要，经过教学设计，以多种媒体的表现形式和超文本结构制作而成的课件软件，能生动、形象地展示教学内容，辅助课堂教学。常见的课件类型有ppt、swf、exe等。

利用搜索引擎查找软件资源：输入关键字“软件名称+下载”，即可利用搜索引擎查找相应的软件。

（2）目录型检索工具。

目录型检索工具是一种独立型检索工具，网站自身包含可检索的数据库。网络资源目录又称网站目录、分类站点目录、专题目录或主题指南、站点导航系统、主题词典型检索工具等。这是一种将网络资源搜集后，按某种分类法进行组织整理，并和检索法集成在一起的信息检索方式。该工具比较适合于查找综合性、概括性的主题概念，或对检索准确度要求较高的课题。

网络资源目录的分类通常采用主题分类法、学科分类法、体系分类法。一个网络资源目录包括许多层，第一层是总目录，将网络资源分成若干领域的主题范畴，然后链接到第二层专题目录，再链接到第三层子目录，依次而下，直至具体的信息资源，形成一个由信息链组成的树状结构。

有代表性的目录型检索工具有 Yahoo 分类目录检索、开放目录项目（Open Directory Project，ODP）。表 4－2 是几种目录型检索工具的常用网站。

表 4－2　目录型检索工具的常用网站

站点名称		网址
英文网站	Yahoo!	http://www.yahoo.com
	The Internet Public Library	http://www.ipl.org
中文网站	雅虎中国	http://cn.yahoo.com
	搜狐	http://www.sohu.com
	新浪	http://www.sina.com.cn

2. 网络教学资源的管理

资源管理是对资源进行归类、存储、检索与维护等操作。网络教学资源适合采用文件目录形式进行管理，即以建立文件夹的方式管理资源。文件目录管理的首要工作是对资源进行分类，可以按照知识结构和类型用途两种方式合理组织资源。

（1）按照知识结构组织资源。

网络教学资源可以借鉴树型目录结构方式，根据学科年级、课程名称、章节、知识点等层次，以知识的结构化组织形式，归类、存储各类网络教学资源。采用树型知识结构组织的教学资源具有条理清楚和分类明确的特点，便于查找和利用。

（2）按照用途和类型组织资源。

从教学应用的角度出发，可以根据资源的用途和类型，将网络教学资源分为多媒体类、教案类、试题类、论文类、竞赛类等。这种资源组织形式有利于教师个人的知识管理，能够反映各种教学资源的属性和应用价值。

4.3 多媒体素材概述

课件是信息化教学资源最重要、最常用的组成部分，而课件又是由多种媒体素材在一定的平台上集成而形成的。因而，课件制作之前必须收集和加工处理课件中涉及的相关素材。

4.3.1 多媒体素材及其特点

构成数字化教学资源的基本元素是文本、图片（图形/图像）、音频、动画、视频等多种数据，这些数据被我们称为多媒体素材。它们是信息化教学资源中的重要组成部分，充分合理地使用各种媒体素材是多媒体技术的基本特点。准备素材的同时，需要考虑具体的教学内容、教学目标以及要选择那些符合教学规律和教学内容的多媒体素材等因素。

1. 文本素材

文本信息主要指所呈现出来的文字内容，它能够准确、有效地传播教学信息，是教学中重要的媒体元素。多媒体课件中对概念、定义、原理的阐述，对问题的表述，各种标题、菜单、按钮、导航等都离不开文本信息。

2. 图形、图像素材

图片以形象、生动、直观地表现出大量信息的方式，更易于被学习者接受。数字化的图片素材包括图形和图像两种。

图形指由一些图形绘制软件所创建的矢量图，基本由外部轮廓线条构成。它是一种抽象化的形状，多是用简单的直线、圆、矩形、曲线、图表等组成，数据量较小。图形多用于描述轮廓并不复杂、色彩也不是很丰富的对象，其描述对象可任意缩放而不失真。

图像是由扫描仪、摄像机、相机等输入设备捕捉生活中实际的画面产生的数字图像，由像素点构成。它的色彩比较丰富，层次感较强，是真实生活和环境的再现，其承载的信息量比较大，通常用于表达含有大量明暗变化、场景复杂、轮廓色彩丰富的细节对象，但是在缩放过程中容易造成变形或产生锯齿。

3. 音频素材

波形音频是记录声音的最直接形式，且对记录与播放的环境要求不高，所以在多媒体课件中应用相当广泛。音频素材包括音乐、语音和各种音响效果，它属于过程性信息，有利于对画面进行限定和解释。此外，在教学中利用音频传递教学信息，是调动学生使用听觉器官接受知识的必要前提。音频主要用于语言解说、背景音乐和效果音乐等，在音乐、语文、英语等学科中使用频率最高。音频设备有利于发音标准的解说，动听的音乐能直接、清晰地表达语境，渲染气氛，增强多媒体课件的表现力。

4. 动画素材

动画是采用逐帧拍摄对象并连续播放而形成运动的影像技术，是对事物运动、变化过程的一种模拟。在表现模拟事物的变化过程、说明科学原理的教学应用中较多使用动画。图像多为静态的，它缺少运动景象，动画则弥补了静止图像的这一缺憾。动画是一种能够被人们直观感觉到时间、位置、方向和速度运动的动态媒体。与视频相比较，它模糊了事物运动变化过程中的次要因素，突出强化了事物运动变化的本质要素，更有利于学习者把握内在规律。此外，经过设计的动画更加生动、有趣，有利于激发学习者学习的兴趣。

5. 视频素材

动画是一种以虚拟角色来呈现模拟事物变化过程的媒体方式，视频则是对现实生活的逼真记录，是由若干有联系的图像以一定速度进行连续播放而形成的。计算机视频是数字信号，我们可以借助计算机对多媒体的控制能力来实现对视频的播放、暂停、快速播放、反序播放等操作。视频信息量比较大，具有较强的感染力，适宜展示一些学习者较为陌生的事物。

4.3.2 多媒体素材的存储格式

作为信息化教学资源的多媒体素材，无论是何种类型，必然以某种文件格式存储在计算机上。格式表示它是属于何种类型的文件，并告知计算机打开或者使用它的应用程序。

存储在计算机上的文件的文件名，通常由两部分组成：文件名及其格式，即“文件名.扩展名”。文件名表示它区别于其他文件的名字，扩展名则表示文件的格式，如“现代教育技术.jpg”，前面的“现代教育技术”表示文件的名字，后面的“jpg”表示文件的格式。

不同类型的素材用不同的文件格式来存储和表征，即使是同一种类的素材也可以用不同的文件格式来存储和表征，如表 4-3 所示。

4.3.3 获取不同素材的常用方法

1. 文本素材的获取方法

课件中的文本素材是根据教学需要进行编写的，它较多地来源于教材、教案和各种参考书籍，一般可通过以下几种方式获取：

（1）一些文字素材需要进行直接输入创建，此时可通过键盘输入、手写板写入或语音录入等技术获得。

（2）可利用扫描仪进行扫描和存储，并利用光学字符识别软件（OCR 软件）进行处理，部分多媒体终端也有类似功能，如三星 GS4 手机，在其软件中加入了“智能识别”，将需要提取的文字进行拍照，并处理成数字化的文本信息，其效果与光学字符识别软件相同。

（3）如果文字量比较大，可以采用在电子书籍或互联网网页中复制、粘贴的方法获取，或者利用“保存网页”的方法将所需内容保存下来。

表 4－3　不同类型素材的存储格式

媒体类型	扩展名	说　明
文本	doc	doc 文件是 Word 软件所使用的文件格式，可以用 Word2000，Word2003，Word2007 等打开并编辑。
	txt	记事本是操作系统上附带的一种文本格式，是最常见的一种文件格式，它是纯文本文件，所有的文字编辑软件和多媒体集成工具软件均可直接调用 txt 格式文件。
	rtf	多文本格式，是一种类似 doc 格式（Word 文档）的文件，有很好的兼容性，使用 Windows“附件”中的“写字板”就能打开并进行编辑。
	wri	写字板文件。
	wps	wps 文件。

续表4—3

图形、图像	jpg/jpeg	JPEG是以24位颜色存储单个光栅图像，压缩比率通常在10∶1～40∶1之间，色彩信息保留较好，占用空间较小。
	bmp	Windows中的标准图像文件格式，无压缩，不会丢失图像的任何细节，但是所占用的存储空间大。bmp文件存储数据时，图像的扫描方式是按从左到右、从下到上的顺序。由于bmp文件格式是Windows环境中交换与图有关的数据的一种标准，因此在Windows环境中运行的图形图像软件都支持BMP图像格式。
	tif/tiff	是一种标记图像文件格式（Tagged Image File Format)，主要用来存储包括照片和艺术图在内的图像的文件格式。是一种非失真的压缩格式，能保持原有图像的颜色和层次，但占用空间很大。
	gif	图形交换格式文件，图像的像素资料不会被丢失，丢失的是图像的色彩。只能存储256色，通常用来显示简单图形及字体，在课件中常用来制作小动画或图形元素。
音频	wav	标准Windows声音文件，波形声音文件格式，通过对声音采样生成。无压缩，音质最好，占用的存储空间大。
	mp3	mp3是以MPEG Layer3标准压缩编码的一种音频文件格式，具有很高的压缩率，将wav压缩后的一种音乐格式，占用空间小，声音质量高。
	mid	乐器数字接口的音乐文件，电脑音乐的统称，占用的存储空间很小。
	wma	全称是Windows Media Audio，它是以减少数据流量但保持音质的方法来达到更高的压缩率目的，其压缩比率一般可达1∶18，声音质量很高，可以边听边下载，而且其生成的文件大小只有相应MP3文件的一半。
	ra	Real Audio流媒体音频文件，需要用realplayer来播放，文件小，可以边听边下载。

续表4－3

动画	gif	图形交换格式文件，是一种基于 LZW 算法的连续色调的无损压缩格式，但是它只能存储 256 色，通常用来显示简单图形及字体，在课件中常用来制作小动画或图形元素，目前网络上的简单动画文件多为这种格式。
	swf	flash 动画文件，是一种支持矢量和点阵图形的动画文件格式，被广泛应用于网页设计，动画制作等领域，占用空间小。
视频	avi	Windows 视频文件，是音频视频交错格式，它是将语音和影像同步组合在一起的文件格式，优点是图像质量好，可以跨多个平台使用，缺点是体积庞大，压缩标准不统一。
	mpg/mpeg	MPEG 压缩的视频格式文件，采用有损压缩方法减少运动图像中的冗余信息，最大压缩比可达 200：1。包括MPEG－1，MPEG－2 和MPEG－4。MPEG－1 被广泛地应用在 VCD 的制作，绝大多数的 VCD 采用 MPEG－1 格式压缩。MPEG－2 应用在 DVD 的制作方面、HDTV（高清晰电视广播）和一些高要求的视频编辑、处理方面。MPEG－4 是一种新的压缩算法，使用这种算法的 ASF 格式可以把一部 120min 长的电影压缩到 300 M 左右的视频流，可供在网上观看。
视频	wmv	英文全称是 Windows Media Video，是微软开发的一种流媒体格式，在同等视频质量下，WMV 格式的体积非常小，文件小，传输快，质量好。多用于网络多媒体课件中。
	mov	是 Apple 公司开发的一种音频、视频文件格式，用于存储常用数字媒体类型。具有较高的压缩比率和较完美的视频清晰度等特点，但是其最大的特点还是跨平台性，即不仅能支持 MacOS，同样也能支持 Windows 系统。
	dat	dat 文件是数据流格式，也是基于 MPEG 压缩方法的一种文件格式，即我们非常熟悉的 VCD。
	rm	是 RealWorks 公司开发的一种流媒体视频文件格式，主要用于传输连续视频数据，可以根据网络数据传输的不同速率制定不同的压缩比率，从而实现在低速率的 Internet 上进行视频文件的实时传送和播放。它主要包含 RealAudio、RealVideo 和 RealFlash 三种类型。

2. 图形、图像素材的获取方法

（1）用数码相机或者手机拍摄，通过数据连接线直接导入。

（2）从网上下载。可通过“百度”搜索所需的有关图片网页，或者通过摄影网站、专门的图片网站获取精美的图片。

（3）从幻灯片中进行图片复制保存。

（4）图片素材光盘或网盘上获取。

（5）从 E-mail 和论坛、博客上获取。

（6）截图。可以使用阿里旺旺、QQ、浏览器、搜狗拼音输入法等自带的截图功能截取保存图片，也可以使用键盘上的拷屏键实现对屏幕的拷贝截图。

（7）自行绘制。可以使用绘图软件如画图或者 PhotoShop 绘制图片。

3. 音频素材的获取方法

（1）从专业的音效素材光盘或 mp3 素材中获取背景音乐和效果音乐。

（2）从资源库中查找，很多教学资源库中都可以找到小学、初中、高中教材的大多数内容。

（3）在网上通过输入关键字查找。例如，使用百度搜索，需要选择“mp3”进行音频搜索。

（4）从 CD、VCD 中获取。CD、VCD 可以通过超级解霸的音频播放器播放，然后压缩成 MP3 格式，再根据需要决定是否转成其他格式。

（5）从现有的录音带中获取。方法是用音频线从录音机线路输出，再从声卡的线路输入口输入，然后设置成线路输入录音，最后打开附件中的录音机进行录音，保存在相应位置。

（6）利用 Windows 操作系统自带的“录音机”软件进行原创。

4. 动画素材的获取方法

（1）利用动画软件进行原创制作，如利用 Flash、Animator、Cool 3D 等软件制作。

（2）利用网络工具下载。

（3）利用课件制作工具内置动画功能模仿，如用 Powerpoint 中的自定义动画功能进行动画模拟。

（4）在资源库中寻找。

5. 视频素材的获取方法

（1）自行拍摄。利用数码摄像机可以直接拍摄数字形式的活动影像，并以 mpeg 等格式存储下来，不需要任何转换即可输入到计算机中。

（2）网络共享资源下载。在网络视频资源中，有一般格式的视频文件，也有流媒体格式的视频文件。视频类素材的下载方法与音频相似，包括以下几种方法：方法一，有的网页直接提供了文件的下载地址，可以使用“目标另存为”命令直接下载。方法二，使用专门的下载工具软件。使用下载软件下载，可以提高下载速度。方法三，对于在线播放的流媒体视频，除 flv 格式以外，一般也可以使用迅雷软件下载。方法四，使用彗星浏览器，可以方便地下载页面中的视频、音频和 Flash 文件。

4.4　多媒体素材的加工处理

教学过程中应当注意素材资源的日积月累，并按一定的目录进行存储，最终实现信息化教学资源的积累。实践中常会出现由于图片、音频、动画和视频的存储格式选择不当，造成多媒体课件占用空间过大或者品质太低的问题，或者如本章“案例”中所述的使用未经加工的素材会导致教学效果不佳的问题等。因此平衡文件大小与质量之间的关系，掌握素材资源的简单加工处理方法成为制作课件需要首先考虑的事情。表 4－4 阐明了各种素材应用于课件的常用格式和大小。

表 4－4 多媒体素材的应用规律及文件大小控制原则

素材	使用规律	大小/流量控制
图片素材	图像一般使用 jpg 格式	100～200kb
	图形一般使用 gif 格式	100K 内
音频素材	一般使用 wma 或者 mp3 格式	流量控制在 16～128KB/S
动画素材	一般使用 gif 和 swf 格式	前者控制在 100K 内，后者控制在 10M 内
视频素材	常使用 wmv 格式	流量控制在 250KB/S 左右

4.4.1 文本素材的加工处理

文本素材加工就是进行文字类稿件的输入、编辑、排版和发布，这些工作一般可以通过文字处理软件来完成。文字处理软件是办公软件的一种，一般用于文字的格式化和排版，文本素材的加工常用 Microsoft Word、WPS、OpenOffice Writer 等软件。利用相关软件，除常规的加工处理，还能实现艺术字和变形文字等特殊效果。一些复杂的文字特效需要使用专门的工具来制作，如利用 Flash 和 PhotoShop 等软件可将文字以图像的方式呈现。

4.4.2 图形、图像素材的加工处理

学科教师一般情况下能够对图片进行大小调整、裁剪图像、添加文字等加工处理，即可满足平日教学的需要。下面利用 Windows 自带的画图程序来简单加工处理图片素材。

1. 调整图片大小

第一步，打开画图工具。点击 Windows 开始菜单→所有程序，选择附件→画图，点击打开画图板。

第二步，调整图片的大小。

（1）点击文件→打开，在文件夹中选择要编辑的图片。打开图

片的操作如图 4—8 所示，图 4—9 是选择要编辑的图片后的结果。

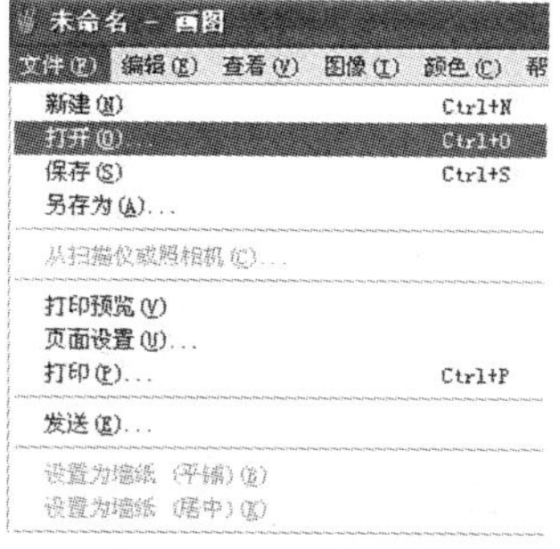

图 4—8　**打开图片**

图 4—9　**编辑图片**

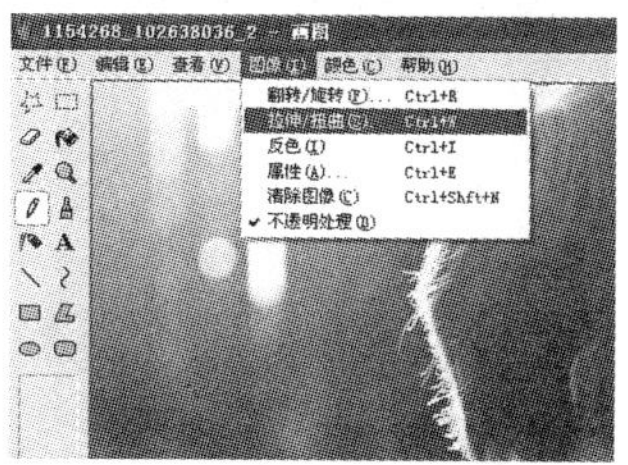

图 4—10　**拉伸图片操作**

（2）点击图像→拉伸/扭曲，如图 4—10 所示。在拉伸/扭曲对话框中（如图 4—11 所示），拉伸选项中输入＜100 的数，则图像将按比例缩小；输入＞100 的数，则图像将按比例扩大。拉伸后的图片如图 4—12 所示。

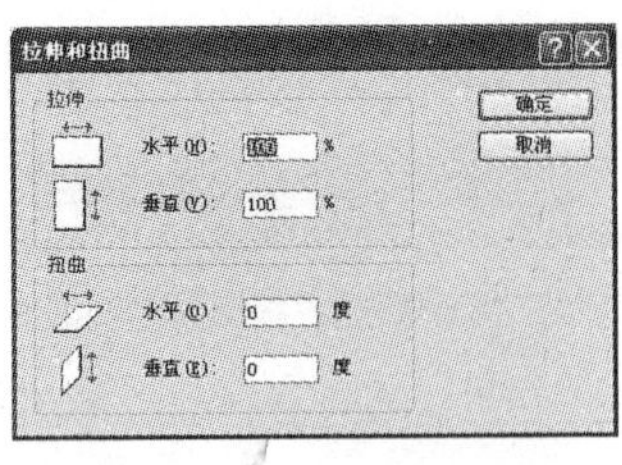

图 4—11　**拉伸图片设置**

图 4—12　**拉伸图片结果**

第三步，保存图片。用左键点击菜单栏中的文件→保存。随后出现保存的对话框，提示输入保存的目录和名称，如图 4—13 所示。

图 4—13　**保存图片**

2. 剪切图片

剪切图片时首先要打开画图工具，最后也要保存图片。所以第一步、第三步和前面的操作一样，只是在第二步上有些不同，第二步的操作如下所示。以下同。左键单击绘图面板的选择工具，在图片中选择要切割的区域，如图 4—14 所示。

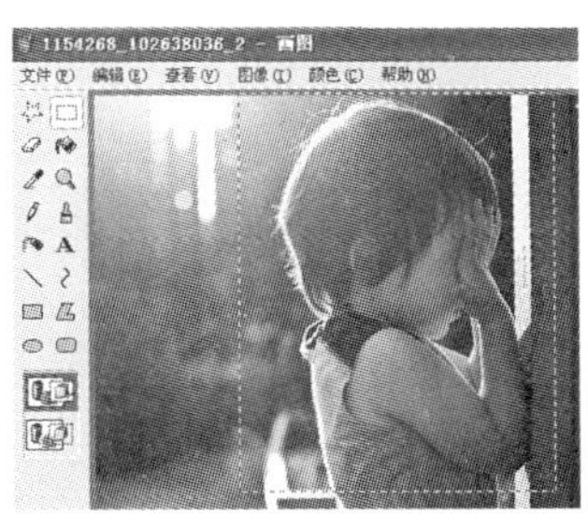

图 4－14　选择剪切工具以及确定图片切割部分

（1）用左键点击所选区域，将其移动到画布左上角，如图 4－15所示。

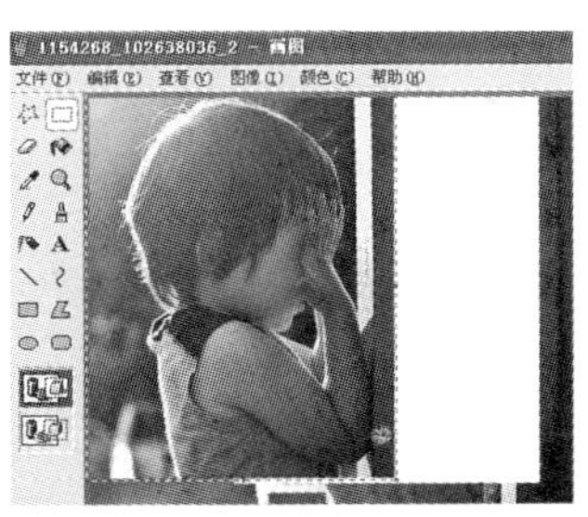

4－15　移动切割部分图片

（2）左键点击画布右下角的细小的蓝色正方形，将画布调整到所选区域大小，如图 4－16 所示。

图 4－16　移动剪切图片

3. 调整图片的格式

第一步，打开要编辑的图片，如图 4－17 所示。

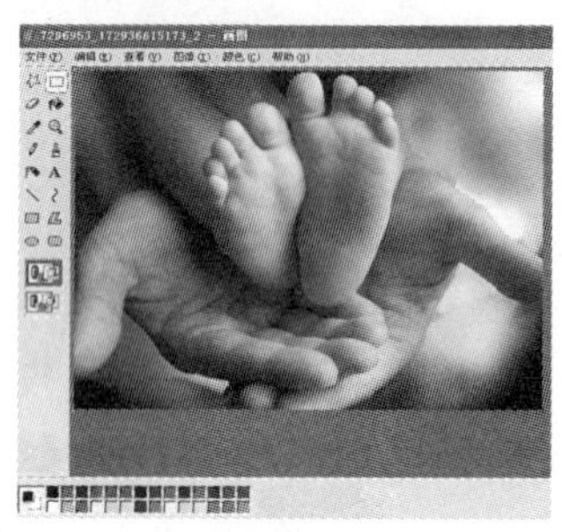

图 4－17 打开要转化格式的图片

第二步，左键点击文件→另存为（如图 4－18 所示），在另存为对话框的保存类型选项中选择要保存的格式，点击保存按钮保存，即可完成格式转化，格式选择如图 4－19 所示。

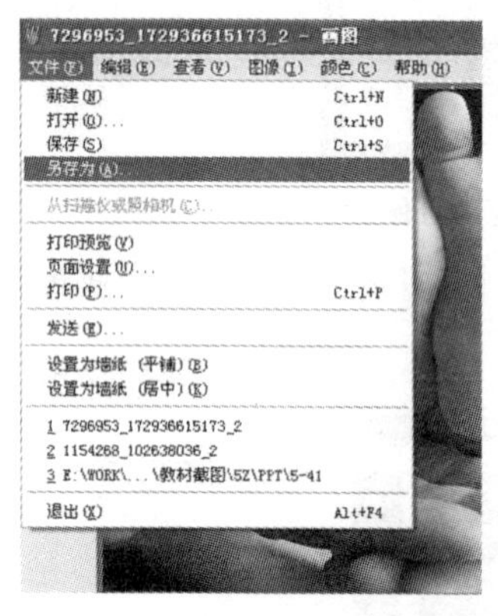

图 4－18 图片另存为

图 4－19 格式选择

4. 利用画图程序添加文字

第一步，选择绘图面板的文字工具，如图 4－20 所示。

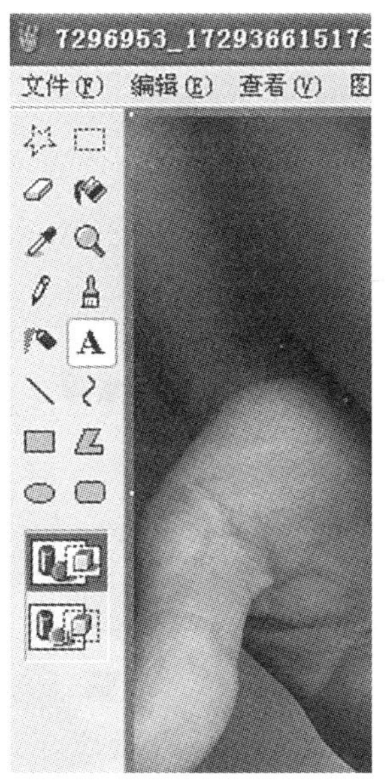

图 4－20　**选择文字工具**

第二步，在画布上画出文本区域，同时在文字控制栏中选择字体、字号和文字特殊格式，如图 4－21 所示。

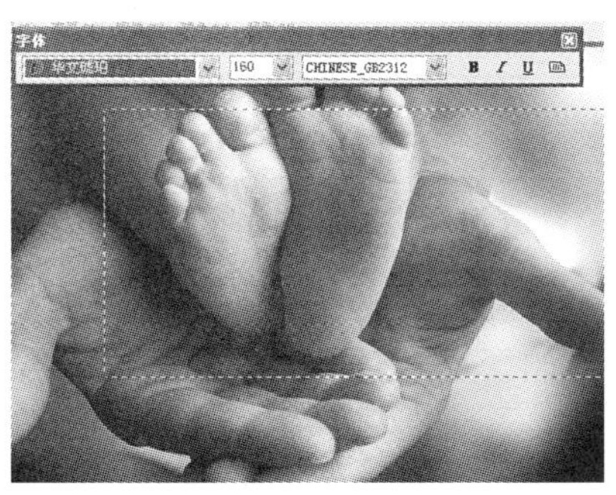

图 4－21　**字体设置**

第三步，在文本框中输入文字，如图 4－22 所示。完成文字输入后保存文件即可。

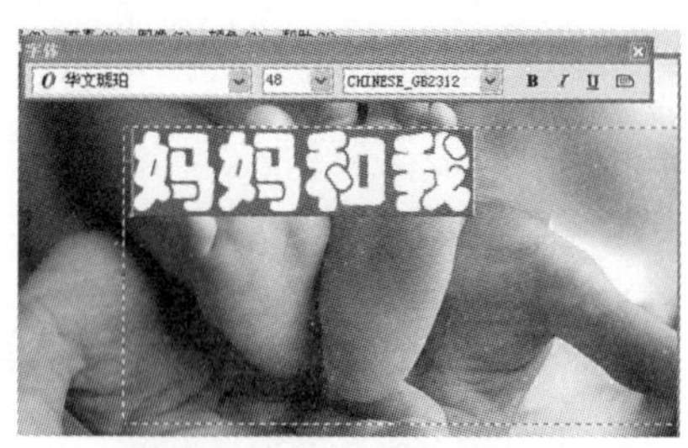

图 4—22 输入文字

4.4.3 音频素材的加工处理

1. 利用 Windows 操作系统自带录音机进行录音

Windows 操作系统自带了一个录音机，可以让我们轻松实现声音的录制。要想使用计算机（电脑）的录音机进行录音，应具备以下两个条件：确保声卡驱动程序正确安装和具备麦克风设备。

以下是利用 Windows 操作系统自带录音机进行录音的方法与步骤。

第一步，在计算机的任务栏最右边找到如下图的小喇叭图标，双击，如图 4—23 所示。

图 4—23 音量图标

第二步，弹出如下的对话框，在对话框中执行操作："选项"→"属性"，如图 4—24 所示。

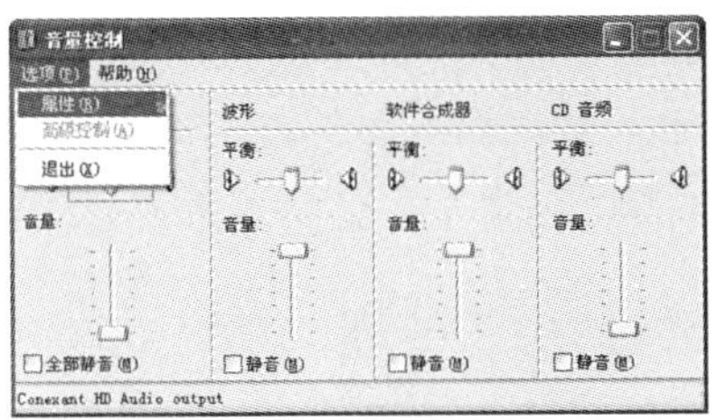

图 4—24　音量控制面板

第三步，弹出如下的对话框后，选择“录音”选项，并在下方的列表中勾选“麦克风”，点击确定，如图 4—25 所示。

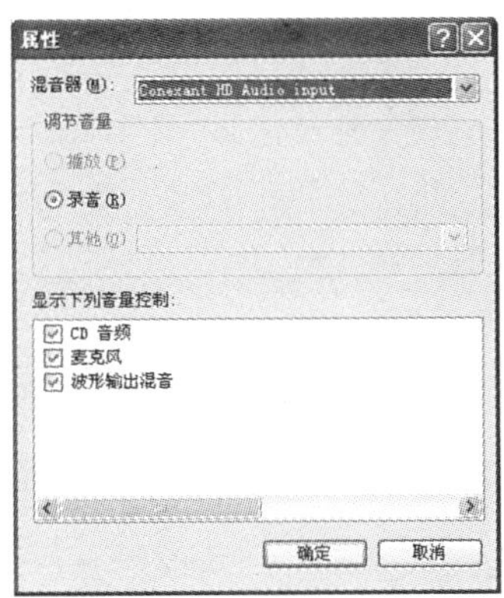

图 4—25　录音选项设置

第四步，设置完毕之后，从“开始”→“程序”→“附件”→“娱乐”→“录音机”，打开如图 4—26 的“声音—录音机”窗口。

图 4—26　声音—录音机窗口

第五步，准备好麦克风之后，点“录音”按钮（红色圆点按钮）即可进行录制。录制好声音之后，可以使用“文件”→“保存”。打开保存对话框来保存已录制的声音。

4.4.4 视频素材的加工处理

视频素材可以利用专业软件，如 Adobe Premiere、Ulead MediaStudio 等，也可以用一些常用的小软件，如豪杰超级解霸 3000 来进行编辑处理。常用的小软件简单易学，非常有用。

豪杰解霸是一个音频和视频播放软件，它包含了“豪杰实用工具集”，对视频处理有很大的作用。其视频处理功能主要通过“超级解霸 3500”“avi 转 vcd 格式”“vcd（dvd）转 avi”“vcd（dvd）转 gif”“多段 mpg 转 vcd 格式”等 5 个模块实现。以下将简单介绍豪杰解霸的这些功能。

1. 录制 mpg 或 mpv 文件

（1）打开超级解霸 3500，执行菜单中的“打开”命令，播放一张视频光盘或一个视频文件，如图 4－27 所示。

图 4－27　豪杰超级解霸界面及文件菜单

图 4－28　**循环播放按钮**

图 4－29　**选择开始点和结束点**

（2）点击功能按钮条上的循环播放按钮，如图 4－28 所示，并用旁边的上三角和下三角选择要录制的开始点和结束点，如图 4－29 所示。

（3）点击“保存 mpg”按钮，如图 4－30 所示。

图 4－30　**保存 mpg 按钮**

（4）在弹出的保存对话框中选择文件路径并输入文件名，程序即开始录制。自此，将影碟或文件录制为 mpg 的过程就完成了。

2. 截取一幅图像

截取一幅图像的方法很简单，即在超级解霸 3500 播放光碟和文件过程中，点击功能按钮条上的“截图”按钮，如图 4－31 所示。在弹出的对话框中选择路径、图像格式并填写文件名即可。

图 4—31　保存单帧按钮

4.4.5　动画素材的加工处理

Flash 是一种矢量图编辑和交互动画创作的专业软件，可以制作出高品质的、富有创意的动画，能够将课本中的一些抽象的概念、复杂的变化过程、形态各异的运动直接展示出来。在层出不穷的众多同类软件中，Flash 以明显的优势脱颖而出。但是，很多网上 Flash 动画都是电影文件 swf，要对其进行更改或将素材还原，没有专用的编辑软件，是很难实现的。下面对 Flash 动画素材的获取作一简要介绍，Flash 动画素材的加工处理第 5 章相关章节将作专门介绍。

1. 从网络下载 *. swf 动画文件

网上的 swf 文件不同于其他图像或 gif 动画文件，它们不能在浏览器中用鼠标右键的“图像另存为”方法进行保存。但是可以采用下面四种方法把网上的 swf 文件保存到硬盘上。

方法 1：如果网页上提供了一个动画文件 swf 的超级链接地址，单击鼠标右键，选择“目标另存为”，再把它保存到素材文件夹里。

方法 2：打开浏览器中的 Internet 选项，接着打开 Internet 临时文件夹中的位置，再打开查看文件选项，就可以找到想要的 Flash 动画，将其复制到自己的素材文件夹里。

方法 3：利用下载工具 FlashGet 自动下载 Flash 动画文件 (*.swf)。这个方法比较简单、快捷，前提是电脑已经安装有 FlashGet。要用 FlashGet 下载 *.swf 文件，还需要对其进行一些设置。方法是打开 FlashGet，选择菜单“工具→选项”，在弹出的窗口中选择“监视”标签，再在下方的“监视文件类型”列表中添加“*. swf”，注意与前面的类型要用“;”隔开。设置完毕后，当浏览包含 Flash 文件的网页时，FlashGet 就会自动弹出“下载任务栏”窗口。只要单击“确定”按钮，FlashGet 就能把网页上的 Flash 动画下载下来，并保存在设定的文件夹中。

2. 从 Flash 电影文件中还原素材

如今，网上很多动画都是用 Flash 做的，利用 SWF Browser 软件，可以看出动画是怎样制作出来的，学到制作方法，而且它还可以将 Flash 源文件中的素材还原出来。

3. 从 exe 文件中抓取素材

如果下载的 Flash 动画是 exe 可执行文件，可利用 EXE2SWF 软件，将 Flash 中制作的 exe 动画转化成 swf 电影文件后，再使用 SWF Browser 软件将 Flash 源文件中的素材还原出来。

【拓展学习】

学习材料 4－1　流媒体

流媒体是指以流的方式在网络中传输音频、视频和多媒体文件的媒体形式。流媒体文件格式是支持采用流式传输及播放的媒体格式。流式传输方式是将视频和音频等多媒体文件经过特殊的压缩方式分成一个个压缩包，由服务器向用户计算机连续、实时传送。在采用流式传输方式的系统中，用户不必像非流式播放那样要等到整个文件全部下载完毕后才能看到当中的内容，而是只需要经过几秒钟或几十秒的启动延时即可在用户计算机上利用相应的播放器，对压缩的视频或音频等流媒体文件进行播放，剩余的部分将继续进行下载，直至播放完毕。

这个过程的一系列相关数据包称为“流”。流媒体实际指的是一种新的媒体传送方式，而非一种新的媒体。流媒体技术全面应用后，人们在网上聊天可直接语音输入；如果想彼此看见对方的容貌、表情，只需双方各有一个摄像头就可以了；在网上看到感兴趣的商品，点击以后，讲解员和商品的影像就会跳出来。

流媒体技术发端于美国。在美国，目前流媒体的应用已很普遍，比如惠普公司的产品发布和销售人员培训都用网络视频进行。

流式传输方式则是将整个 A/V 及 3D 等多媒体文件经过特殊的压缩方式分成一个个压缩包，由视频服务器向用户计算机连续、实时传送。在采用流式传输方式的系统中，用户不必像采用下载方式那样等到整个文件全部下载完毕，而是只需经过几秒或几十秒的启动延时即可在用户计算机上利用解压设备（硬件或软件）对压缩的 A/V、3D 等多媒体文件解压后进行播放和观看。此时多媒体文件的剩余部分将在后台的服务器内继续下载。

【实训任务】

1. 根据自己学科，收集相关的学科教学软件，并学习其基本使用方法。

2. 体验网络教育资源的检索及下载方法，并通过互联网检索并下载与本学科相关的多媒体素材资源，并将常用网站进行收集、整理以及分享。

3. 为自己选题的那节课进行资源应用设计，制订资源应用计划表，优化教学设计方案。

4. 为自己选题的那节课检索、下载或自制素材资源，使用相应的媒体素材加工处理软件对其进行必要的加工处理，并将加工处理好的素材资源保存为多媒体课件能够使用的格式或文档类型，并符合媒体使用的规律。

【头脑风暴】

1. 获取不同素材的常用方式有哪些，需要注意哪些问题？

2. 除了教材中提到的素材获取与处理方法之外，你还了解哪些方法可以进行媒体素材的获取与加工？

3. 信息化教学资源的选择与设计原则有哪些？我们在实际教学中应当怎样进行资源的选择与利用？

4. 多媒体技术的主要特点有哪些？

第 5 章　课件设计与制作

【学习目标】

· 了解课件的概念和特点

· 熟悉课件设计过程与方法

· 熟悉常用课件制作工具的功能与特点

· 掌握 PowerPoint 课件设计与制作的方法与技巧

· 掌握 Flash 课件设计与制作的方法与技巧

【案例呈现】

案例 5－1　动画带我游太空

教小学科学的李老师，在上《日地月系统》中的《太阳系的奥秘》一课时，用 Flash 软件设计制作了精美的课件。她用 Flash 动画表现一群小朋友乘飞船在太空探险，还设置了一些闯关游戏，在成功解答一些简单的有关太阳系的问题之后，使学生获得进入下一个情景的通行证。并通过问答环节让学生逐步了解各个星系、星座和太阳系八大行星的运行规律等知识。

在这一教学过程中，课件构思新颖，将教学游戏引入到课件中，抓住了小学生处于心理发展初级阶段的心理特点，利用他们对新鲜事物易产生好奇和丰富的联想的心理，创设了许多探险性情境和闯关游戏问答，使学生自然地将自己融入星际探险活动中，在闯关过程中积极参与，主动思考。同时，获得通行证后的成功感和满足感给学生进入下一知识点的学习创造了良好的情境，充分调动了学生的学习兴趣，圆满完成了教学目标，教学效果非常好。

【知识导航】

5.1　课件概述

5.1.1　课件的概念与特点

1. 课件的概念

课件也就是多媒体课件，是在一定的教学和学习理论指导下，根据教学大纲的要求，在确定教学目标、教学活动结构及界面设计，分析教学内容和任务的基础上，采用多媒体表现方式和超文本结构制作的课程软件。

2. 多媒体课件的特点

与其他教学媒体相比，多媒体课件的特点体现在以下四个方面：

(1) 交互性。

多媒体课件的交互性为教学活动带来了极大的方便，打破了以往人类信息传播形式的局限。无论是视觉媒体、听觉媒体还是视听觉媒体，它们的信息传递方式基本上是单向的。多媒体课件则完全突破了这一限制，通过友好的人机交互界面实现双向交流、人机交互，大大方便了教学。

(2) 集成性。

多媒体课件的表现形式与教学内容多种多样，将文字、图形、图像、声音、动画、视频集合于一体，承载信息，真正实现了多媒体化，对教学质量的提高起到了积极的促进作用。

(3) 智能性。

多媒体课件具有超文本的动态结构，呈现出外部工作的智能性。它能根据学生的反应做出判断，从而帮助学生选择相应的学习策略。学生也可以根据自己的学习目标和认知结构特点对多媒体信息进行重组，采用不同的学习路径进行学习。多媒体的智能性反应更符合人类的认知规律，便于学生进行联想思维。

（4）信息传输网络化。

多媒体以数字化方式存储、加工、处理媒体信息，经过计算机编码压缩后的信息数据量小，适合网络传播，而且传输及时、可靠、效率高，一般情况下能做到双向实时传输、实现信息的快速传递和信息资源的广泛共享。

5.1.2 课件的类型与结构

1. 课件的基本类型

多媒体课件是根据教学选题，将教学目标、教学内容、教学策略、教学的过程以及课堂控制方法等，体现于其中的一种教学媒体。它是一种能够存储、传递和加工处理教学信息，能让学习者进行交互操作，为学习者提供自主学习资源的多媒体教学软件。

根据多媒体课件的内容与作用，可以将多媒体课件分为以下几种类型：

（1）演示助教型。

演示助教型的多媒体课件是根据课堂教学需要，为了解决某一课程的教学重点与教学难点而开发的，主要用于课堂演示教学，也被称作课堂演示型多媒体课件。演示助教型多媒体课件根据需要，能够实现跳转和链接功能，在合成了图、文、声、像等多种媒体元素的同时，体现了多媒体课件的交互性。演示助教型课件变抽象的教学内容为形象、直观的知识，有利于引发学习者的学习兴趣，实现学习者从被动学习向主动学习的转变。

演示助教型多媒体课件适合各学科演示重点内容、难点内容、数据图表、动态现象、模拟示意等，可用来配合课堂的讲授、讨论、练习和示范。

（2）训练型。

训练型多媒体课件主要通过试题测验的形式训练、强化学习者在某一方面的知识或能力。训练多媒体课件给学生提供数量众多的练习项目，在每个项目训练过程中，对学生的输入情况给予反馈，其方式包括正确与否的判定，或者提示继续尝试，或者进行动画演示，或者运用语言进行解释等。当学生输入内容正确时，就能够获得直接进入到下一个练习项目的资格。

训练型多媒体课件可以让学生根据自己的学习进度进行操作与练习，不断检验掌握知识的程度，促进学生进一步巩固所学的知识。

（3）实验仿真型。

实验仿真型多媒体课件利用计算机虚拟仿真技术，供学习者进行模拟实验或操作使用，对教学环境、教学内容进行教学仿真的学习模式。实验仿真型多媒体课件在学习者使用时，可根据接收到的参数，随时模拟对象的状态和特征。

根据仿真模拟的教学目的和所模拟的内容，可将它们分为两类模式，其中一类是物理模拟。物理模拟是在屏幕上呈现物体或现象，主要用于事实、概念等陈述性知识的学习。另一类是程序模拟。程序模拟的目的是实现某一目的流程或顺序，其中包含对于实际物体的模拟。程序模拟主要用于智慧技能、认识策略等程序性知识的学习。在仿真模拟状态下，学生可以进入仿真现象、理论模型、实验过程、野外考察等虚拟环境，更容易调动学生的学习积极性，提高学习效率。

（4）资料、积件型。

资料、积件型多媒体课件是教师根据教学需要而组合运用多媒体教学信息资源的教学软件系统，包括各种电子书、词典和积件式课件，为师生利用积件组合平台制作教学软件提供了充足的素材来源和多种有效途径，但这并不反映完整的教学过程。这种类型的课件可供学习者和教师进行资料查阅，也可以根据教学需要，对其中的资料进行编辑和集成，形成新的更加适用的多媒体课件。灵活易用的资料积件组合平台是充分发挥师生创造性的有力工具。

2. 多媒体课件的基本结构

传统教学中，教学信息的组织结构都是线性的，如课本、录音、录像等，客观上限制了学习者自由想象能力的发挥，而超文本技术克服了这一缺点，多媒体课件中的信息结构就是采用这种非线性的超文本方式。根据多媒体课件中节点和链的连接关系，可以归纳出几种常见的多媒体课件教学内容结构组织方式：线性结构、树状结构、网状结构、混合结构。

（1）线性结构。

学习者顺序地接受信息，从当前演示帧到下一演示帧，是一个事先设置好的序列，如图 5－1 所示。

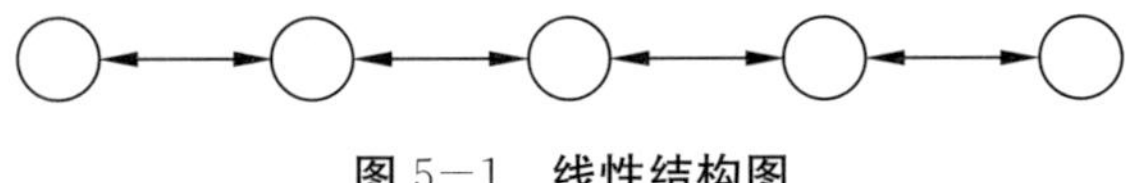

图 5－1　线性结构图

（2）树状结构。

学习者沿着一个树状分支展开学习活动，该树状结构按教学内容的自然逻辑形成，如图 5－2 所示。

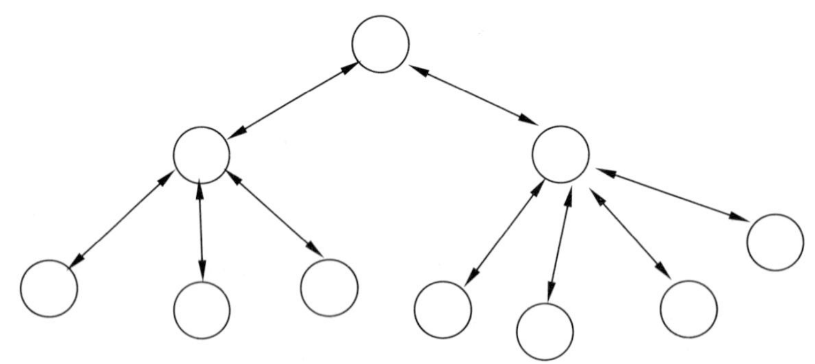

图 5－2　树状结构图

（3）网状结构。

多媒体课件的网状结构是超文本结构，学习者可在内容单元间自由航行，没有预设路径的约束，如图 5—3 所示。

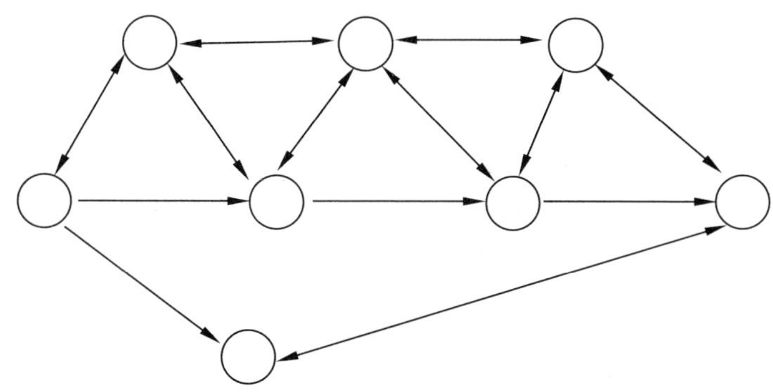

图 5—3　网状结构图

（4）混合结构。

学习者可以在一定范围内自由航行，但同时受主流信息的线性引导和分层逻辑组织的影响，如图 5—4 所示。

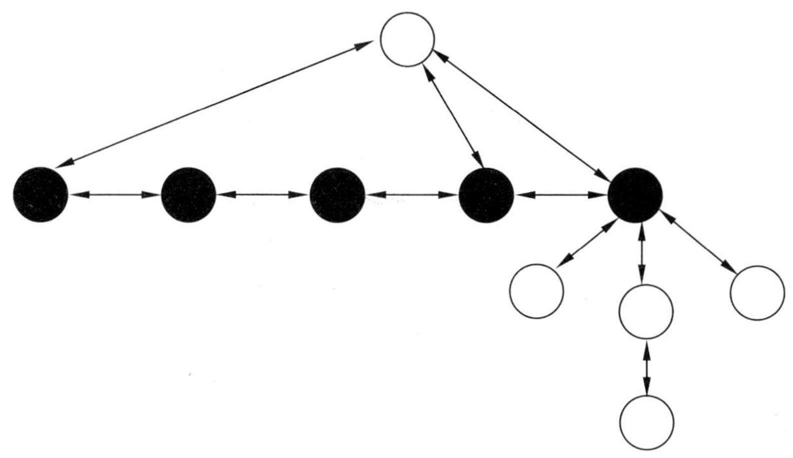

图 5—4　混合结构图

5.1.3 课件的教学功能

课件作为一种信息化教学资源而参与教学，与传统教学相比，它具有丰富的表现力、良好的交互性和极大的共享性等优点，能够为教学活动增添活力。在课堂教学中，恰当地运用多媒体课件进行辅助教学，能够多角度刺激学生的感官，让学生积极参与课堂思考，在促进课堂教学内容、教学方法、教学过程的全面优化，提高教学效果等方面所起的作用是显而易见的。

1. 创设情境，激发兴趣

学习者对形象具体、形式新颖的事物容易产生好奇心，所以教学中教师要根据学生的年龄特征和心理状态，适当地运用多种手段和方式来刺激学生的感官，吸引学生的注意力，不断创设新的兴奋点，激发学生的学习兴趣，从而使学生保持最佳的学习状态。图文声像并茂、动静有机结合的多媒体课件，能更好地为学生提供生动逼真的教学情境和丰富多彩的教学资源。

2. 再现情景，感悟文本

以符号、静态形式存在的教学演示，往往因过于抽象而不利于学生的有效感知和理解，因此，活化文本、再现情景，是引导学生学习和探究的重要手段。在传统教学中，情景再现主要靠教师的语言描述、挂图和组织学生游戏、表演等方法来实现。这些方法虽然有效，但是在教学活动中很难实现知识的深化、优化。多媒体技术的应用将文字、图片、动画、声音、影像等媒体融为一体。在教学的过程中针对不同的学科、教学内容，在屏幕上显示相关的文本、图像或动画，综合运用声形兼备的课件实现情景再现。学生在课堂上不仅仅只是接触抽象的文字符号，而且还跟随多媒体课件进入到了一个形象的世界，去感悟文本，实现对文本全面深刻的理解。

3. 形象直观，培养思维

以抽象的图形、符号为表现形式的教学材料，具有一个抽象性、逻辑性的知识体系，仅凭静态的挂图和教师的讲解，很难取得一个良好的教学效果。而恰如其分地运用多媒体课件，把抽象的内容具体化、静止的关系动态化，利用直观的图像、鲜艳的色彩、逼真的音响等方式，把一些枯燥难懂的知识直观地显示出来，从一定程度上可以帮助学习者克服认知障碍，培养其逻辑思维能力，以及促进其知识的建构。

4. 突破时空，促进思维

多媒体课件能够突破时间与空间的局限，充分展现宏观世界与微观世界，形象地演示事物的发展变化的过程，多角度地展示实物等。那些用传统语言表述、模型制作、挂图展示等教学的方式很难讲解清楚教学内容，利用多媒体课件进行动态演示，可以将它们直观、形象、生动地呈现在学习者面前，让学生在感性认识的基础上提高理解能力与认知能力，从而实现全方位地观察和认识事物。

5. 容量加大，提升能力

课堂教学与课堂练习是学生强化旧知识、巩固新知识的重要环节。一个经过精心设计的课堂练习，能有效减轻学习者的学习负担，还能进一步提高教学质量。传统的教学因为局限于板书、绘图和重复讲解而容易造成时间上的浪费，留给学生进行练习的时间远远不够，从而加重了课外作业负担。多媒体课件的应用既节约了授课时间，又加大了练习容量，并且大幅提升了练习的针对性和科学性，有助于强化所学知识，真正达到“减负提素”的目的。

5.1.4　课件开发的一般流程

在信息时代的今天，课件的设计制作与运用越来越成为教师应掌握的必备教学技能，如何在实际操作中制作一个优秀的课件成为每一位教师的重要任务。要制作出方便、实用、效果好的课件，除了要有较好的制作技术外，关键还在于创意，即根据教学内容和教学要求，设计出既符合教学规律，又能揭示教学重点或难点，还可以激发学生兴趣的课件。页面的元素与布局、人机交互、跳转、色彩配置、文字信息的呈现、音乐或音响效果、解说词、动画及视频的要求等也是必须考虑的因素。多媒体课件的设计制作过程按照操作顺序大体可分为：准备、制作和应用三个阶段。

1. 准备阶段

多媒体课件的准备阶段主要包括选题、脚本创设、素材准备三项工作。

（1）选题。

多媒体课件的选题应从多方面进行考虑。首先，应根据对教学重点和难点内容的具体分析，运用动画模拟、过程演示等方法去演示那些使用传统教学难以达到教学效果的教学内容。其次，利用多媒体课件运行速度快、信息存储量大的特点解决有大量练习的情况。第三，需要使用情境创设来进行教学的时候，有必要采用多媒体课件的方式来进行教与学。

课件作为教育教学的一种辅助工具，它的设计思想一定要与教学目标一致，与教学的整体设计一致，为整体教学服务，这样才能达到辅助的效果。众所周知，要制作一个课件要花费大量的精力和时间，如果最终的效果不能符合实际教学要求，也就失去了计算机辅助教学的意义，这就要求我们在设计课件脚本之前应深入理解教学大纲的教学要求，合理选题。

一般说来，应该尽可能地将那些既能够充分发挥计算机功能又能有效完成教学要求、提高学生学习能力的重点、难点内容作为课件制作的题材。

（2）脚本创设。

脚本是文字脚本和制作脚本的合称。文字脚本包括教师的教学设计方案和文字稿本。优秀课件的制作，是建立在一份好的教案，而且是能体现多媒体参与教学的优势的教案基础上的。在文字稿本的编写过程中，要明确教学目标，教学重点、难点，教学对象特征，课件的类型，使用的最佳时期，反映教学过程以及教学的结构。

制作脚本就是把整个教学过程具体化、文本化。编写制作脚本时，首先要对课件进行整体构思，要把封面页和各个页面的界面设计做好。其次，要将用到的文字、图形、解说、音频、视频等素材以及交互方式都设计好，同时对播放课件的时间进行详细规划。

（3）素材准备。

在多媒体课件的实际制作过程中，素材准备工作所花的时间是最多的。理想的、恰到好处的素材是制作优秀课件的基础，成品课件的质量直接受课件素材优劣状况的影响。教师应当建立一个素材资源库，平时加强制作课件所需素材的积累工作，并进行分门别类的科学管理。

2. 制作阶段

课件的制作阶段是整个课件设计与制作过程中最重要的环节。在这个过程中，我们要在准备阶段的基础上，对课件的具体内容和操作进行研究，包括界面的元素与布局、页面的时间长度及切换方式、人机交互方式、色彩的配置、文字信息的呈现、音响效果和解说词的合成、动画和视频的格式与大小要求及各个知识节点之间的链接关系等。

（1）选择合适的制作平台。

制作合成是多媒体课件最核心的环节。在制作合成之前，教师应根据教学内容、素材种类以及课件的开发需求等来选择适合的开发制作平台。

多媒体课件制作合成的主要任务是根据脚本的要求和意图将各种多媒体素材编辑起来，制作成交互性强、操作灵活、视听效果好的课件。现在的多媒体制作开发平台的操作越来越人性化，越来越简单易学，为教学者制作课件提供了便利。编写好制作脚本，收集加工好脚本所需的相关素材之后，就可以按照教学进程、教学结构以及脚本的设计思路，利用选择的多媒体开发软件对素材进行编辑，制作成一个完整的多媒体课件。

（2）设计页面的外观。

在这个方面主要考虑整个课件的风格以及各个页面的元素和布局，做好封面设计与内部各页面的设计工作。在设计课件风格的时候，我们一定要做到内容和形式的密切统一，要考虑课件的内容，并选择合适的字体、字形、字号和文字的颜色，且要注意版面构成的艺术性。字过大或者过小、颜色过深或者过浅等都会影响多媒体课件的视觉效果，甚至会严重影响最终的教学效果。至于细节上具体要用什么颜色搭配，则需在课件制作的过程中经过多次比较并测试才能决定。

（3）确定各元素的内部链接关系。

优秀课件不可能像流水线一样采用线性结构，因为这样的课件不利于操作，如果某一环节出现差错，就需要从头开始，非常不方便。因此，我们需要对课件内部各元素之间的关系进行合理的链接。在脚本设计时，就应该考虑它们之间的隶属、链接关系，即课件结构，帮助自己理清思路，以利于课件制作者的实际制作和维护。

（4）选择人机交互机制。

如果你对课件制作有一定的了解，那么我想你对这个内容肯定很熟悉。人机交互方式因软件的不同而方式不同，但一般都有按钮交互、热区交互、等待交互等方式。在设计脚本时，应根据你的实际需要考虑选择适当的方式。

（5）调试运行。

课件编辑制作完成后，并不是马上进行课堂应用，正式使用之前一般要经历三个过程：预演评审—修改补充—完善应用。此间往往需反复调试修改，直到达到最好的教学辅助效果后才能投入使用。

一般情况下，课件会被分割成一系列模块，进行分别的设计制作，最后总装生成一个可执行的应用程序。在总装后，还要进行全面的测试，目的是检测程序运行情况是否顺利，内部连接是否正确，声音、动画、视频等素材是否可以正常播放等，以避免正式使用时出现差错。

3. 应用阶段

应用阶段即课件的发布使用阶段。多媒体课件制作完成后，为了确保课件质量，还需要经过多次的调试、试用、修改、完善，如果存在某些问题，应继续修改，直到满意为止。多媒体课件最后应该刻录制作成光盘，以利于课件的交流、保存。

5.1.5　常用课件制作工具

目前多媒体课件的制作工具比较多，操作难易程度不同，功能强弱有别。下面简单介绍 PowerPoint、Authorware、Flash 三种制作工具，它们各具特色，使用难易程度也各不相同。

1. PowerPoint 多媒体制作工具

PowerPoint 是一种易学易用的软件，使用频率最高。该软件以幻灯片为单位制作演示文稿，然后将制作好的幻灯片集成起来，形成一个完整的课件。如果制作时间不充足，课程结构相对简单，则用它就能够在较短时间内制作完成幻灯片类型的课件，具有较强的时效性。

（1）操作简便。

PowerPoint 功能强大，不仅能制作演示文稿，而且制作多媒体课件也非常便捷，界面和功能设计非常人性化。

（2）功能强大。

其内嵌了不少预设动画效果和动画方案，有较强的实用性，这使 PowerPoint 在多媒体课件及演示文稿制作方面越来越靠近专业制作工具。

（3）界面美观。

其引入了较多的显示效果，增强了视觉感受与美感体验。

（4）模板多样。

为演示文稿设计提供了大量美观的模板，使用者可以在已有的模板基础上进行风格化、个性化设计，对配色及动画方案进行修改，从而制作出具有自己独特风格的多媒体演示文稿。

（5）媒体支持。

其支持多种格式的媒体素材。将其他格式的多媒体素材引入到演示文稿中，能起到丰富演示文稿显示效果、增加吸引力的作用。

2. Authorware 多媒体制作工具

Authorware 是课件制作者用得最多的软件之一，强大的交互功能是它最大的特点。我们可以通过它把文字、符号、图形、图像、动画、声音、视频整合在一起，充分体现出多媒体的优势。该软件还有另一个非常重要的特点，即它是基于流程图的可视化多媒体设计方式，以图标为基本单位，因此一般不需要进行复杂的编程操作，用它制作课件也比较简单。

（1）简单实现交互。

Authorware 中的每一个设计图标都可以被看成一个功能模块，有的图标能够实现对多媒体元素的引入，有的能够实现某一程序功能，如交互等。若干图标排放在一起就组成了分支结构十分明显的程序的整体结构，增强了程序的可读性。

（2）简单处理演示对象。

Authorware 的编辑工具操作比较简单，类似于 Word 软件的绘图操作面板，在实际操作时只需双击该图标即可。并且 Authorware 的编辑工具对文本编辑的实现与常用的文字处理软件相差无几。

（3）交互功能强大。

Authorware 拥有强大的交互功能。它提供了多达 11 种交互功能，在 Authorware 中仅仅需要几个简单的图标就可以轻松完成在其他多媒体制作工具中需要大量编码才能实现的交互，如“按钮”“热区域”“热对象”“目标区”等。

（4）图标工具实现简单动画。

Authorware 提供了 5 种动画设计类型，能利用“移动”图标简单实现显示对象的二维运动。

（5）支持多格式音频、视频文件。

“声音”图标能将高质量的 MP3 音频文件引入为 Internet 设计的应用程序中；“数字电影”图标可以内嵌式地引入 FLC/FLI 格式的电影文件，也可以外挂式地导入 Director、AVI、Quick Time for Windows、MPEG 等数字化视频文件。

3. Flash 多媒体制作工具

Flash 是一种交互式矢量多媒体技术，是集动画创作与应用程序开发于一身的创作软件，是当前网页动画设计最为流行的软件之一。它的核心技术是流式控制技术和矢量技术，用它作为制作工具创作的动画具有短小精悍的特点，被广泛应用于网页动画的设计制作中。Flash 包含简单的动画、视频内容、复杂演示文稿和应用程序以及介于它们之间的任何内容形式，可用来创建演示文稿、应用程序和其他允许用户交互的内容。使用 Flash 创作的各个内容单元被称为应用程序，即使它们可能只是很简单的动画。使用者还可以通过添加图片、声音、视频和特殊效果的方式来构建包含丰富媒体的 Flash 应用程序。

（1）灵巧的图形绘制功能。

Flash 本身具有极其灵巧的图形绘制功能，同时具备专业级绘图工具，可以使图形产生翻转、拉伸、擦除、歪斜等效果，创建透明的图形，还可以将图形打碎进行编辑，让物体产生变形和形状的渐变。由于创建出来的图案是矢量图形，所以可以任意放大或缩小图形而不会出现马赛克现象。

（2）形式多变的交互性。

Flash 采用精灵动画的方式，在 Flash 中可以随意创建按钮、多级弹出式菜单、复选框，具备形式多变的交互性。

（3）体积小，传输方便。

Flash 使用向量运算（Vector Graphics）的方式，制作出来的影片占用存储空间较小，传输速度很快，符合网络传输的要求，因此被大量应用于互联网网页的矢量动画设计。Flash 动画在网络传输中一边传递一边演示，如果速度控制得当，几乎不会感觉到交互过程中的停顿现象。

（4）可生成可执行文件。

Flash 可以将制作的影片生成独立的 exe 可执行文件，在不具备 Flash 播放器的平台上顺利播放。同时它生成的文件是带保护的，受保护的文件将不能被访问、不可写入、不可删除和隐藏。

5.2 PowerPoint 课件设计与制作

PowerPoint 是多媒体课件开发的重要平台，也是目前应用最多、最广的课件制作软件，通常称为 PPT 课件。本节将介绍利用 PowerPoint 2010 制作课件的流程与方法。

5.2.1　PowerPoint 的基本功能

PowerPoint 是 Microsoft Office 办公套装软件的一个重要组成部分，它专门用于设计制作演讲、报告、会议、产品演示等信息展示领域的各种演示文稿。在教育教学中，我们常用它制作丰富多彩的课件。PowerPoint 能很简便地将各种多媒体素材如图形、文本、图像、音频和视频素材插入课件中去，使课件具有强大的多媒体功能。另外，它的最大优点是上手容易、使用简单，教学使用者可以在短时间内掌握其操作，并制作出符合自己要求的课件，如图 5-5 所示。

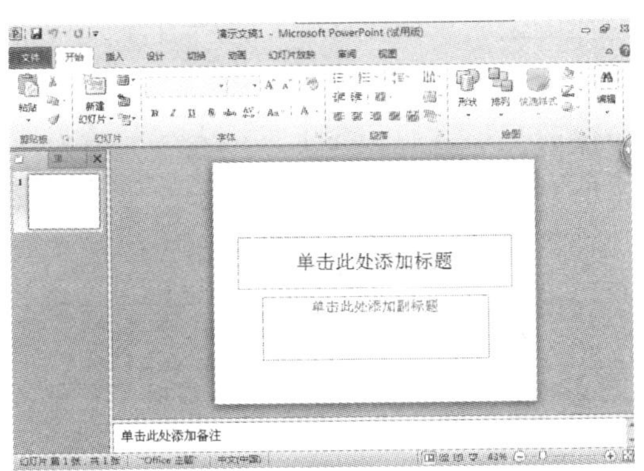

图 5-5　PowerPoint 2010 的操作界面

1. PowerPoint 2010 的特点

(1) 功能全面的菜单。

菜单栏的各个工具选项采用分类组织的方法进行编排，对于查找相关的命令非常方便，而且菜单集合了最全面的操作命令模块，这一操作命令模块用其他方式不容易找，但使用分类菜单则容易找到，如图 5-6 所示。

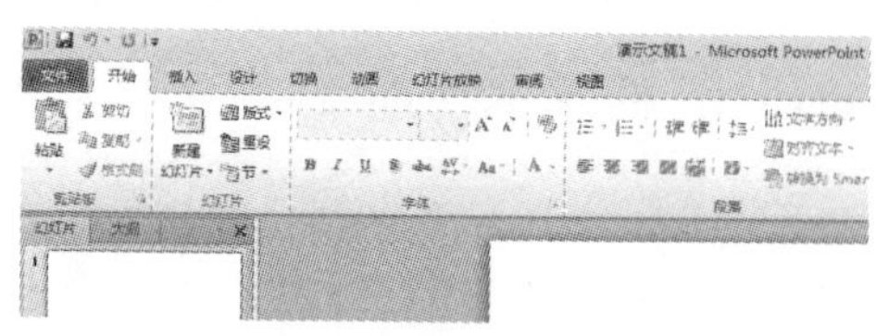

图 5-6 PowerPoint 2010 菜单栏

(2) 直观简便的工具。

在编辑过程中，工具按钮是最直观简便的操作方式，如图5-7所示。在 PowerPoint 2010 中，工具按钮有以下特点：

· 形象直观的图示。如形状图标即为圆柱体、方形和圆形的结合。

· 方便快捷的说明。当鼠标指针悬浮在工具按钮之上时，该按钮的功能便会有提示显示。

· 隐含命令的呈现方便。在工具栏末端的箭头处，用鼠标单击就会显示出所有隐含的按钮。当选择并使用某个按钮后，该图标会自动取消隐藏状态，并在工具栏上相应位置显示。

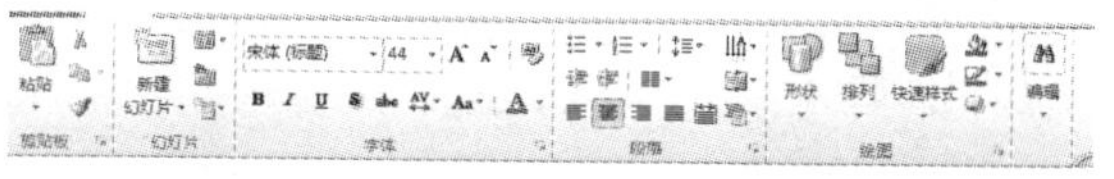

图 5-7 PowerPoint 2010 工具图标

(3) 方便的快捷方式。

快捷键是最有效率的操作方式，使用它最节省时间，在 PowerPoint 2010 中菜单栏相应的菜单命令后面带有常用快捷键的提示，常用快捷方式如表 5-1 所示。

表 5-1 PowerPoint2010 常用快捷方式

操作方式	快捷键组合
打开	Ctrl+O
保存	Ctrl+S
撤销	Ctrl+Z

续表5－1

操作方式	快捷键组合
重复	Ctrl+Y
粘贴	Ctrl+V
对象的复制粘贴	Ctrl+D
全选	Ctrl+A
新幻灯片	Ctrl+M
左对齐	Ctrl+L
居中	Ctrl+E
右对齐	Ctrl+R
超链接	Ctrl+K

（4）智能化的右键菜单。

鼠标的右键菜单会因为对象选择的不同或功能区域的变化而有所区别。例如，在幻灯片编辑区域，右键菜单是幻灯片编辑的相关操作菜单；在大纲区域，它又成了大纲编辑相关的操作菜单；在图像上，右键菜单又成为图片操作需要的命令。因此，鼠标的右键菜单是更加智能化的命令选择和执行方式，如图 5－8 所示。

图 5－8　PowerPoint 2010 右键菜单

2. PowerPoint 的基本编排

(1) 新建演示文稿。

·新建空白文档。创建空白演示文稿是创建演示文稿的最简单方法，直接启动 PowerPoint 2010 软件即可创建新的演示文稿，也可以用鼠标单击“自定义快速访问工具栏”，点击“新建”按钮的方式进行创建，如图 5—9 所示。

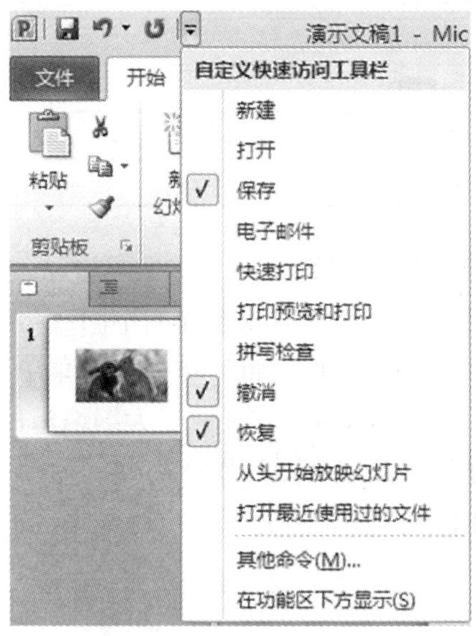

图 5—9　新建空白文稿

·新建基于模板的演示文稿。鼠标单击选择“文件”→“新建”命令，打开“新建演示文稿”任务窗格，在其中选择“我的模板”或者“样本模板”等，用选定的模板来建立一个新的演示文稿，如图 5—10 所示。如果认为内置的模板过少，还可以到微软网站上去下载更多的模板。

图 5－10　**根据模板新建文档**

（2）更改幻灯片版式。

新建幻灯片时就可以在列表中选择自己满意的版式，一般可不用更改。若是使用模板新建的演示文稿，则每张幻灯片都有其事先设计好的版式。这些版式是可以修改的，其中一种操作方法是：选择要更改版式的幻灯片，使其成为当前幻灯片，进入“开始”功能区并在“幻灯片”选项组中单击“版式”选项，然后在下拉列表中选择一种需要的版式即可成功修改，如图 5－11 所示。另一种操作方法是用鼠标右键单击幻灯片，在快捷菜单中指向“版式”命令，在下级版式列表中选中一种版式即可修改。

图 5－11　**更改幻灯片版式**

（3）Word 文档转为 PPT 文件。

先在 Word 文档的大纲视图模式中设置好各级标题，保存后退出。再切换到 PowerPoint 窗口，在“开始”功能区“幻灯片”选项组中选择“新建幻灯片”，在下拉列表中选择“幻灯片（从大纲）”选项，在弹出的对话框中选择想要转换为幻灯片的 Word 文件就可以了，见图 5－12。

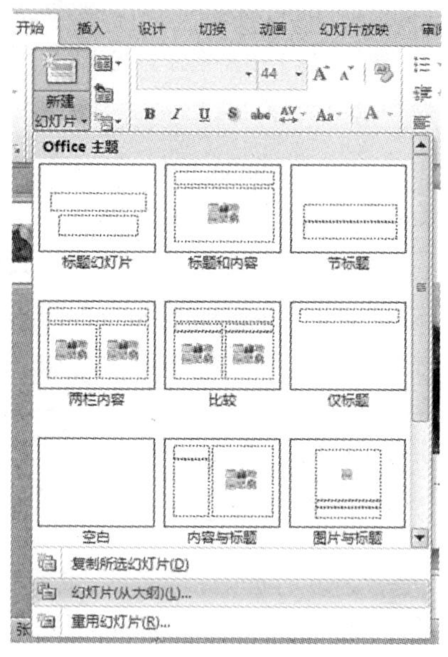

图 5－12　Word **文档转为** PPT **文件**

（4）插入图形对象。

在 PowerPoint 2010 中，可以很方便地插入各种图形图像对象，并可以对它们进行多种设置，达到美化的效果。

·插入剪贴画。剪贴画是一种矢量图形，保存在“剪贴画库”中。制作者可以随时查看并将其插入到幻灯片的任意位置。剪贴画的插入可以增强课件的视觉效果。

进入“插入”功能区，在“插图”选项中单击“剪贴画”选项，在窗口的右下方会出现“剪贴画”任务窗格，设置好“搜索范围”和“结果类型”后，单击“搜索”，在剪贴画列表中单击需要的图形，则可将其插入到当前幻灯片中去，如图 5－13 所示。

图 5－13　插入剪贴画任务窗格

·插入来自文件的图片。来自文件的图片是指保存在电脑或者其他介质中的图形图像文件，在课件中可以插入多种格式的图片如 bmp、jpg、gif、png 等。其操作方式比较简单，在“插入”功能区的“插图”选项组中单击“图片”选项，随后打开“插入图片”对话框，在“搜索位置”框中选择保存图片的文件夹，双击所需图片或者单击后再单击“插入”命令，即可实现将图片插入到当前幻灯片中的操作，如图 5－14 所示。

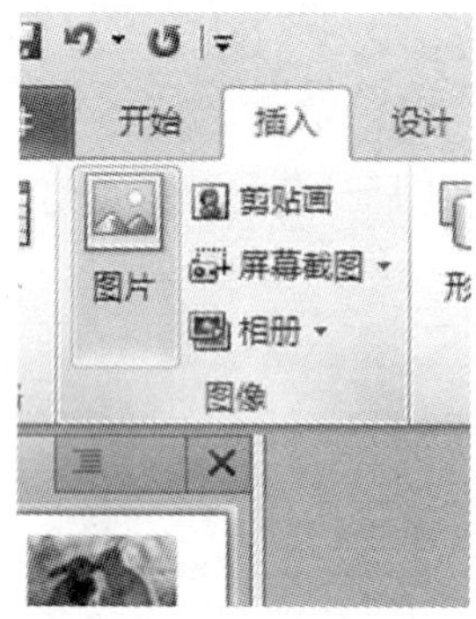

图 5－14　插入图片

・插入 SmartArt 图形、图表和形状。PowerPoint 2010 的 SmartArt 图形内置了 7 类 100 余幅图形供选用。这些图形色彩鲜艳、创意新颖，使用到幻灯片中则能为其锦上添花。其插入的方法很简单，即在"插入"功能区的"插图"选项组单击"SmartArt"选项，就可打开该对话框，如图 5－15 所示。在左侧选择某一类图形标题后，到右侧选择需要的图形再单击"确定"按钮即可。

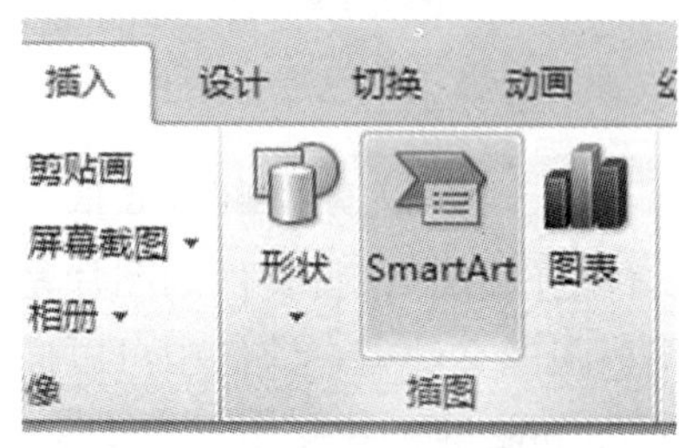

图 5－15　插入 SmartArt 图形

"图表"和"形状"的插入操作方式与插入图片的操作基本相同。

需要说明的是，插入图表后，会自动出现图表所基于的数据，当然这些数据都是固定的，制作者一定要修改成自己需要的

数据。只有修改数据后，图表才会与数据相匹配。

（5）插入艺术字。

将艺术字插入到幻灯片中的方法与插入图形对象差不多，只是打开艺术字下拉列表后单击一种艺术字的样式，然后自动回到幻灯片编辑区，会出现一个艺术字输入框，输入所需文字即可，如图 5－16 所示。

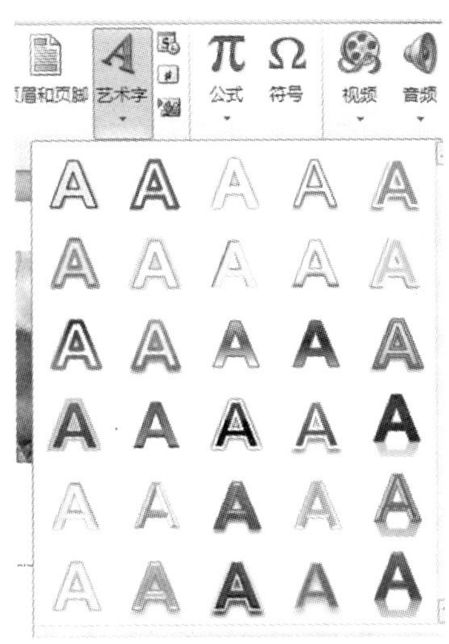

图 5－16　**插入艺术字**

（6）插入声音。

在幻灯片中可以插入各种声音，如声音文件、现场播放的 CD 乐曲、旁白等，其操作方法跟插入图片差不多。

首先选择需要插入声音的幻灯片，再切换到“插入”功能区，在“媒体剪辑”选项组中选择“音频”选项按钮，如图 5－17所示，在其后的列表中选择一种声音来源。在随后打开的对话框或者任务窗格中选择要插入的声音对象，在出现的询问框式中，选择“自动”播放或者“在单击时”播放。

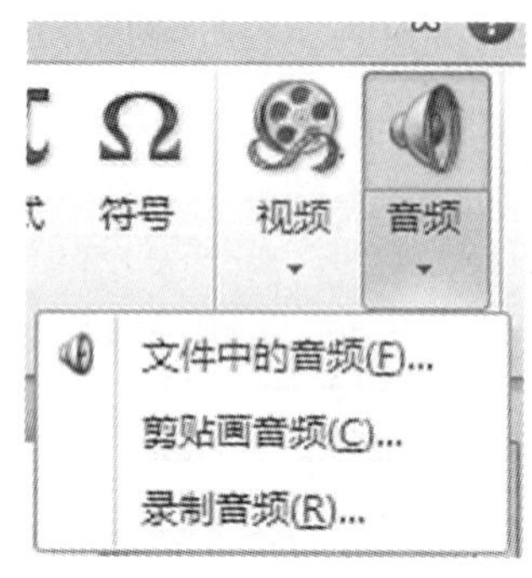

图 5－17 插入声音

（7）插入视频。

在幻灯片中可以插入视频文件，其操作方式跟插入图片的方法基本相同。首先选择需要插入视频的幻灯片，再切换到“插入”功能区，在“媒体剪辑”选项组中选择“视频”选项按钮，在其后的列表中选择视频来源。在随后打开的对话框或者任务窗格中选择要插入的视频对象即可。

3. 幻灯片的格式设定

前面介绍了新建文稿的方法。那么，怎样在幻灯片中插入图形图像等元素，并将它们调整成合适的状态呢？下面我们将通过对格式的设定来确定每一张幻灯片的整体视觉外观，让幻灯片更为美观、耐看。格式的设定包括文本的字体、段落格式，图形对象的样式引用、填充、线条色、线型等效果设定。

（1）文本格式的设定。

幻灯片的文本格式设置主要是设置字体格式和段落格式。另外，还有些如项目符号和编号，文本样式的应用也可设置。设置字体格式的操作与 Word 2010 基本一致，只是“字体”和“段落”对话框的选项较少。在幻灯片中选定要设置字体格式的文本或者段落的一种方法是选择“开始”功能区的相关选项按钮即可；另一种方法是通过单击“开始”功能区各选项组下方的小箭头按钮打开相关的对话框，然后在对话框中进行设置，最后单击“确定”关闭对话框。字体对话框如图 5－18 所示。

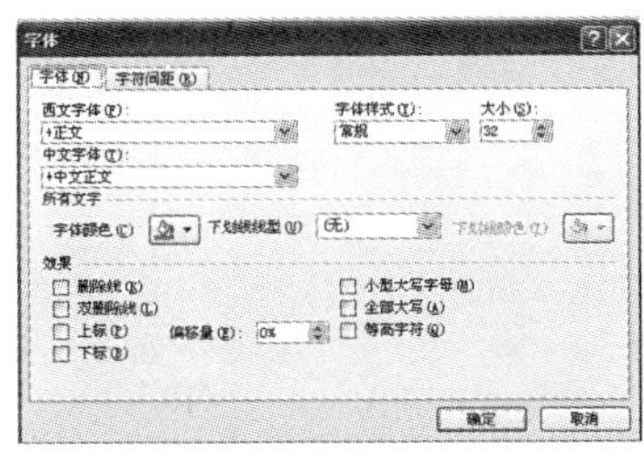

5－18　**文本格式的设定**

幻灯片中的文本在“占位符”或“文本框”中。因此还可设置文本框的许多格式，其方法是双击“占位符”或“文本框”的边框，功能区会自动切换到相关功能选项卡“绘图工具格式”。

（2）图形对象格式的设定。

·设置工具。双击艺术字、自选图形、图片、剪贴画等，在窗口顶部就会出现与之相对应的所有功能选项组及其功能选项，并可以对该图形对象进行相应的格式设置，如图 5－19 所示。

图 5－19　**“图片工具格式”功能区**

·改变图片形状。插入在幻灯片中的图片，为了满足需要，我们可以随意改变其形状。方法是双击需要改变形状的图片，单击功能区“大小”选项组中的“裁剪”选项按钮，在列表中选择需要的形状即可，如图 5－20 所示。例如插入了一张小兔子的图片，它本来是矩形图片，可以通过设置把它变成缺角矩形形状，如图 5－21 和图5－22所示。

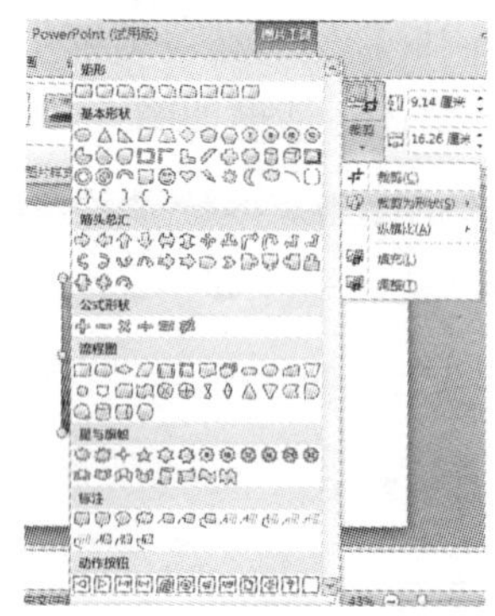

图 5－20　**改变图片形状选项**

图 5－21　**图片形状改变前**

图 5－22　**图片形状改变后**

需要注意的是，改变后的图片尺寸不会改变，但是将去掉选取形状不能包含的图像部分。

·幻灯片背景设定。打开演示文稿并选择需要改变背景的幻灯片，单击“设计”功能选项卡，就会立即切换到“设计”功能选项，在其中可以选择“主题”列表中的任意一个主题样式。单击“背景样式”功能选项按钮，则会下拉出多种背景图案。制作者可以选择其中的一种作为当前幻灯片的背景样式，如图 5－23 所示。

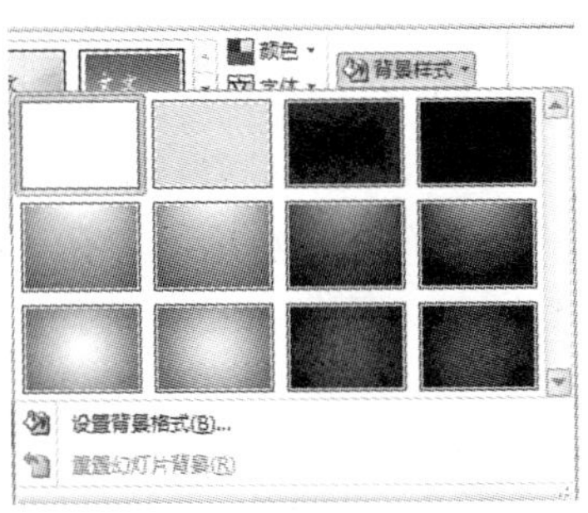

图 5－23　背景样式列表

还可以打开“设置背景格式”对话框，如图 5－24 所示，选择“填充”选项卡下面任意选项，可以实现“纯色填充”“渐变填充”“图片或纹理填充”等多种背景填充方式。每一个背景填充类型都包含了许多设置选项，可以分别变化出多种多样的背景填充方案来。

图 5－24　设置背景样式

4. 演示文稿动画设定

在 PowerPoint 2010 中可以快速实现各种动画效果，动画实现的对象呈多样化状态，文本、图表、形状、表格、艺术字等都可以设置动画效果。

(1) 预设动画效果。

预设动画是指直接调用程序内置的动画效果命令，在“普通视图”下，单击需要设置动画的对象，单击功能区的“动画”功能选项卡，切换到“设计”功能选项区，在“动画”功能组中点击“动画”选项按钮，打开下拉菜单，选择“无”“进入”“强调”等其中的某一动画名时，就会在编辑区预演该动画的效果。如果需要则进行选择；如果需要修改动画效果，则重新进行选择就可以了，如图 5-25 所示。

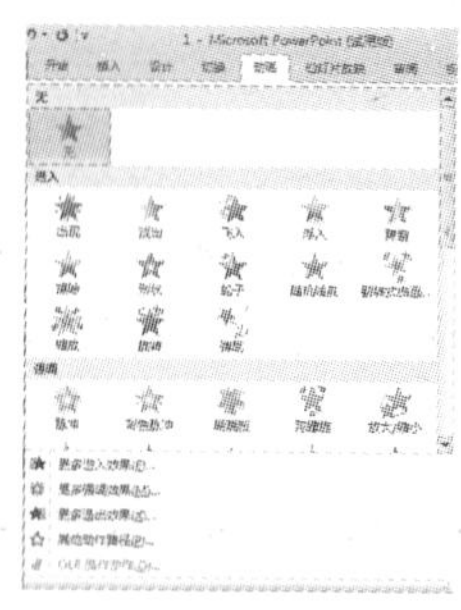

图 5-25 预设动画

(2) 自定义动画。

自定义动画能够设置出比预设动画更丰富多彩的动画效果。单击“高级动画”功能区选项组中的“添加动画”选项按钮以及“动画窗格”，在窗口的右侧就会出现“动画窗格”任务菜单，可以对效果进行更为详细的调整，如图 5-26 所示。在任务窗格的“速度”选项中可以选择动画实现速度，同时还可以设置“方向”、如何开始等，还可以同时为动画配上声音。在任务窗格中单击已经设置好的动画对象右侧的下拉箭头，选择出“效果选项”，在弹出的效果对话框里进行相应设置，如图 5—27 所示。

图 5—26　**动画窗格**

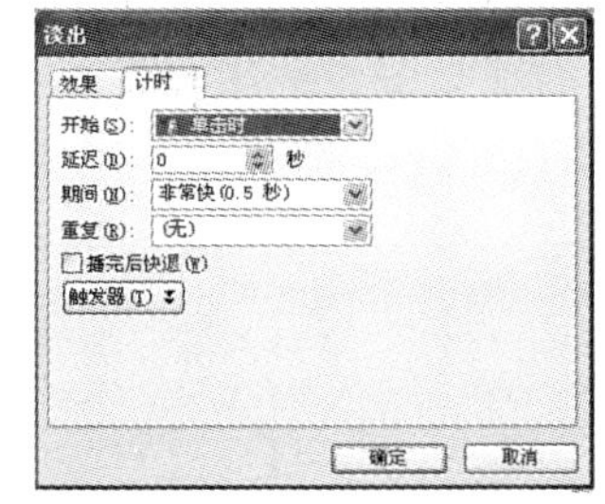

图 5—27　**动画效果选项**

（3）路径动画。

PowerPoint 2010 内置了动画运动的路径。制作者可以从这些路径中选择其中的任意一种，还可以进行自定义动画的动作路径设置。

· 选择动画路径。选择已经设置好动画的对象元素，在“高级动画”功能区中选择“添加动画”下方的下拉箭头，然后选择“动作路径”，幻灯片编辑区会自动预览选定的动作路径效果。在“其他动作路径”中还可以选择预设的更多路径方式，如图 5—28 所示。

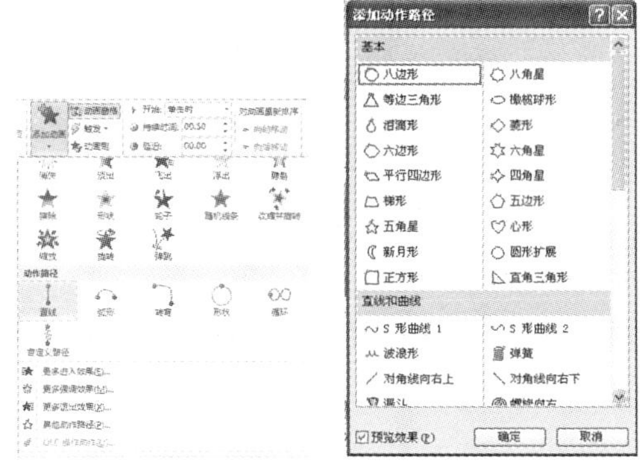

图 5—28　**添加动作路径**

・自定义动作路径。制作者还可以绘制自定义动作路径。将需要设置动作路径的对象选定，在“高级动画”功能区中选择“添加动画”下方的下拉箭头，然后选择“动作路径”中的“自定义路径”按钮，如图5－29所示，即可进行自定义路径的自由绘制。

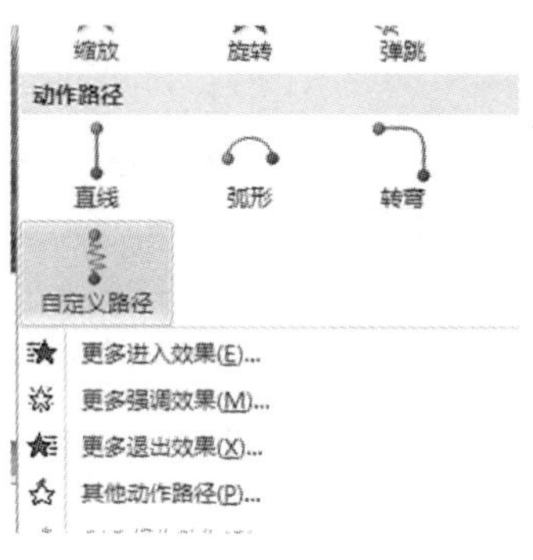

图 5－29　绘制自定义动作路径

（4）动画刷。

PowerPoint 2010 新增了动画刷按钮，其主要作用是将已经预设好的动画复制到另一个需要做同样动画设置的元素上面，操作方法跟格式刷一样，如图 5－30 所示。

图 5－30　动画刷

（5）退出效果的动画设置。

PowerPoint 2010 可设置某元素的进入动画，也可以设置退出动画，其设置方法跟进入动画设置没有太大差异。

5. 幻灯片切换效果

如果不设置幻灯片切换效果，则两张幻灯片会直接跳转，感觉比较生硬。幻灯片的切换效果就是确定两张幻灯片以何种方式过渡的操作，让幻灯片之间的切换有美感，自然并且平稳，同时还可以在动作切换的同时加上声音效果，具体操作如下：

切换到“幻灯片浏览”视图，选定需要做切换效果的所有幻灯片或者单张幻灯片，在“切换”功能区中选择“切换效果”右下方的下拉箭头，在弹出的效果中选择相应的切换效果即可，如图 5－31 所示。

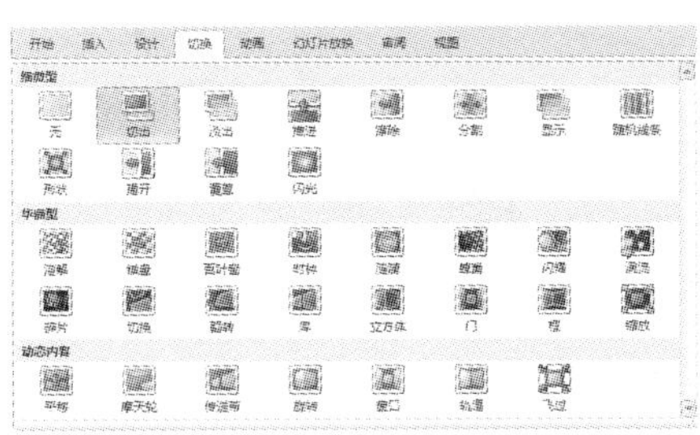

图 5－31　幻灯片切换效果

6. 交互效果设定

演示型课件的播放顺序是按照幻灯片的先后顺序进行的。如果对幻灯片进行动作设置如添加超级链接等，就可以实现幻灯片的非线性放映，从而增强课件的交互性。

（1）利用动作按钮实现交互。

插入动作按钮可以在放映幻灯片时实现跳转或者链接到另一页面的幻灯片、外部文件、外部演示文稿、其他软件制作的动画或者图形图像等。实现跳转过后，幻灯片又返回到刚才“断点”处，继续顺序放映。

选定需要做动作设置的幻灯片，在“插图”功能区选择“形状”选项，在列表中选择一个形状，然后在幻灯片编辑区绘制出动作按钮，然后单击“插入”功能区的“动作”选项，在“动作设置对话框”中设置其跳转的方式，如图 5－32 所示。

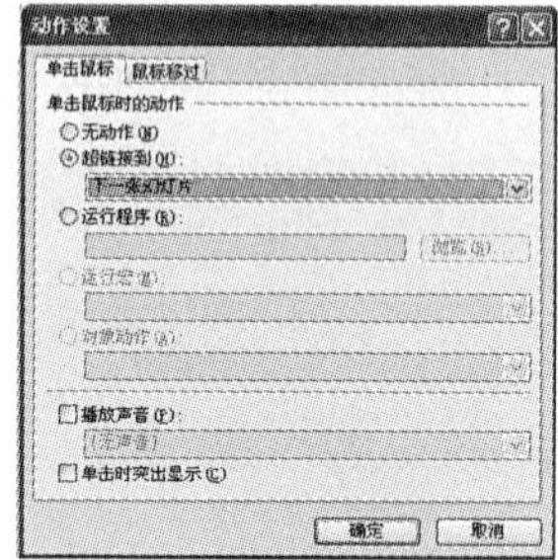

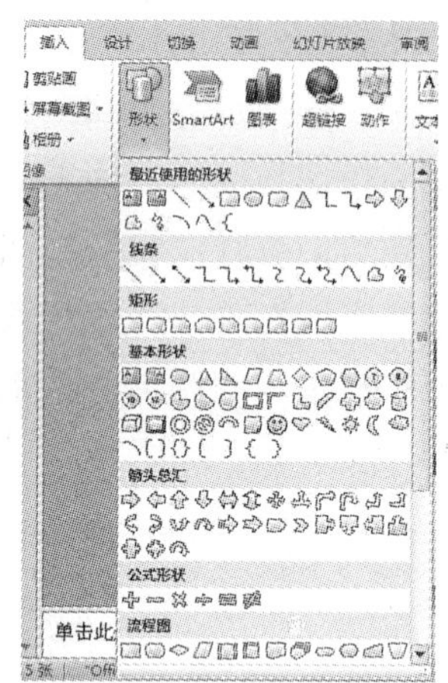

图 5－32　动作设置

如果是链接到其他外部文件，可以选择“超链接到”，在下拉列表中选择需要链接的幻灯片或者文件。

（2）利用图形文本对象实现交互。

选择需要设置动作的图形或者文本对象，在“插入”功能区单击“动作”选项，进行“动作设置”，其步骤跟上述完全一样。

（3）利用超级链接实现交互。

利用设置超级链接实现交互的操作跟利用动作实现交互是同样的。方法是选择需要插入超级链接的文本、图形、视频等，在“插入”功能区单击“超链接”选项，或者用鼠标右键菜单选择“超链接”命令，在弹出的“插入超链接”对话框，设置完成相应选项后，单击“确认”即可，如图 5－33 所示。

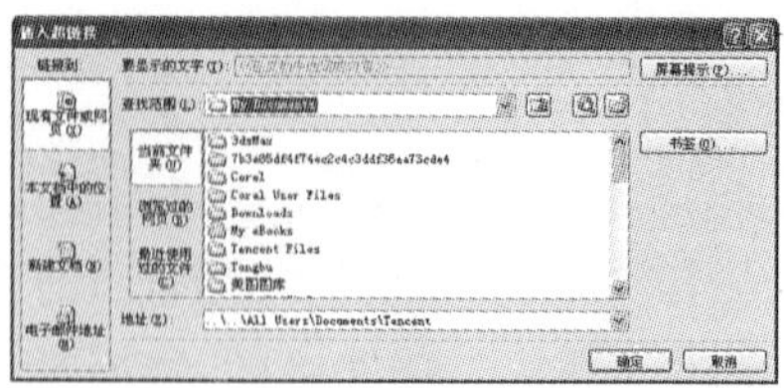

图 5－33　插入超级链接

7. 放映效果设置

(1) 设置放映方式和放映次序。

演示文稿的放映方式主要有演讲者放映、观众自行浏览、在展台浏览三种。除此之外，还有如循环放映、放映时不加旁白、放映时不加动画等放映选项。

打开需要设置放映方式的幻灯片，选择“幻灯片放映”功能选项区，在“设置”选项组选择“放映方式”选项，从而打开“设置放映方式”对话框，如图 5－34。

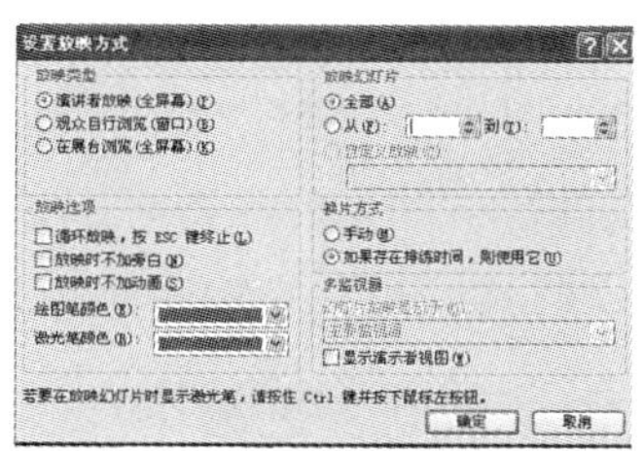

图 5－34　**设置幻灯片放映方式**

在该对话框中进行放映方式的选择，并对放映范围、换片方式等进行设置，完成后单击“确定”后退出对话框。

如果要对放映次序进行设置，那么需要进入到“幻灯片放映”功能区，分别有三个选项可供选择：第一个功能选项为“从头开始放映”(或者按 F5 键)，第二个功能选项为“从当前幻灯片开始放映”(或者按 Shift+F5 键)，第三个功能选项为“自定义幻灯片放映”。自定义幻灯片放映可以选择需要放映的幻灯片，用这种方式可以打乱幻灯片原有的放映顺序。

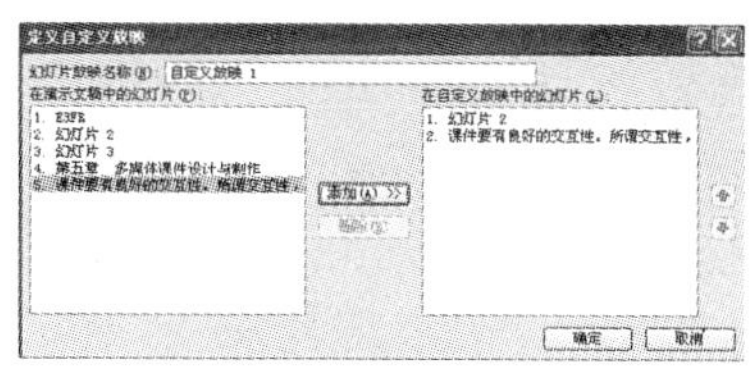

5－35　**自定义放映幻灯片**

（2）使用排练计时功能。

排练计时功能是打开需要放映的幻灯片文件后并不马上放映，而是需要手动开始，并按照排练的时间间隔设定进行自动播放，结束时停留在播放完毕的黑屏状态，点击“Esc键”退出后回到编辑状态。

打开演示文稿，进入“幻灯片放映”功能区，选择“排练计时”按钮，PowerPoint就会自动进入放映状态，并且自动开始计时，同时屏幕左上角会出现一个计时工具条，如图5－36所示。每切换一个幻灯片，PowerPoint会自动记录所需时间，询问是否保留幻灯片排练计时，选择“是”，则随后的每次放映都会按照这个放映速度进行。如果时间把握不是特别准确，可以单击“否”，进行第二次排练，直到获取理想效果为止。

图5－36　动态时钟工具

（3）循环播放。

根据需要，某些课件需要进行循环放映。其操作方法是，对演示文稿进行“排练计时”的操作，结束时单击“是”按钮确认。然后单击功能区的“设置放映方式”选项按钮，在弹出的对话框中（如图5－34所示），选中“放映选项”选项区的“循环放映”，按“Esc键”中止复选框，点击“换片方式”选项区中的“如果存在排练时间，则使用它”复选框，单击“确定”按钮退出设置。当设置为“循环放映”后，只要执行了放映幻灯片的指令就会自动循环放映，按键盘上的“Esc键”才能停止放映。

（4）打包放映。

制作完毕的课件有可能会拷贝到其他电脑上进行播放，那么有可能出现两种情况：第一种情况是放映的电脑本身有PowerPoint软件，第二种情况是没有安装该软件或者相关播放器。针对不同情况我们的处理方式也不同。

如果目标播放电脑安装了 PowerPoint 软件，那么我们就将制作完成的课件直接拷贝到该电脑上即可。如果目标播放电脑没有安装 PowerPoint 软件，那么我们就要进行打包处理，否则无法进行正常放映。

打包处理的操作可将 PowerPoint 2010 演示文稿复制到 CD、网络或计算机的本地磁盘驱动器中，这会复制 PowerPoint Viewer 2010，以及所有链接的文件如影片或声音文件。

打包演示文稿为 CD 的具体步骤如下：打开要复制的演示文稿。将 CD 插入到 CD 驱动器中，然后单击“开始”功能区，将鼠标指向“保存并发送”命令选项，再单击列表项中的“将演示文稿打包成 GD”。在“打包成 GD”对话框的“添加”文本框中输入要将演示文稿复制到其中的名称，如图 5－37 所示。

如果要将演示文稿复制到网络或者其他存储设备上，则单击“复制到文件夹”按钮，在弹出的对话框中输入文件夹名称和地址，再单击“确定”按钮，如图 5－38 所示。

图 5－37　打包演示文稿

图 5－38　复制演示文稿到文件夹

5.2.2 PowerPoint 课件基本框架和设计

根据脚本和收集到的素材制作课件。即按照脚本的方案，把原来设计好的课件内容输入到 PowerPoint 中去，最后再精心设计各张幻灯片。在制作幻灯片以前，最为重要的工作就是对课件的基本框架和结构进行设计。

PowerPoint 课件把教学内容分布在不同的幻灯片上，放映时单击鼠标顺序翻页，相当于线性结构课件，缺乏交互性。但如果采用树状结构或网状结构，甚至混合结构，就可以使 PPT 课件内容重点突出、层次结构清晰、操作与跳转灵活方便，从而增强课件的交互性。下面从课件的结构规划和幻灯片界面布局等方面入手，来讨论如何制作框架式 PPT 课件。

课件设计是以教学目标及其分析为中心进行的。目标分析则是对教学目标的细分化、系列化，通过对各级目标的分析，求得各级目标的层次结构。课件的结构就是在目标分析的基础上构建出来的，且该结构框架要能体现教学内容概要、各个部分内容的层次关系以及整体呈现形式。

对于同样的教学目标，由于内容分配的排列次序不同，学习效果可能产生很大差别。课件制作者应综合考虑学习内容的逻辑结构、学习者特性、学习理论和教学理论的基本要求等，将顺序式安排的内容按章节结构合理地进行层次安排，并对教学内容在时间上予以排列并以图示的形式表示，做出课件总体结构的框架图。不论是分支结构还是网状结构，课件框架结构是相似的，都体现了各部分内容的层次、连接关系。

在结构框架图中，总目录页多为各章名称，是整个课件的必经入口。由总目录页分出各章内容自成一分支，每一分支又由每章中各小节名称作为分支入口，其中各小节的说明部分由若干幻灯片组成。分支的多少由目录中章的数量和各章中小节的数量决定，内容幻灯片的多少则视小节中内容的多少而定。通过课件结构的框架图，可以把 PowerPoint 中的幻灯片进行逻辑上的结构编排，从而使课件结构清晰、层次分明、内容重点突出。

课件框架的作用就是把界面划分成若干区域，每个区域可以分别显示不同的内容。课件的基本页面应当包括标题页、总目录页、各章目录页、内容页及结束页。布局页面框架过程中应注意每一个页面上各种信息的安排、显示应采取同一格式，这样既有利于课件的制作，又有利于学生在较短时间内熟悉课件的学习环境。另外，页面中的各种内容信息应以简单、明了、准确、易懂的形式予以表达。总目录页及各章目录页给出了课件学习的内容概要，是课件流程的基本框架，以此为核心，对每页中需要展开说明的各个知识点进行页面设计，从而设计出流程的全部页面，如图 5－39 所示。

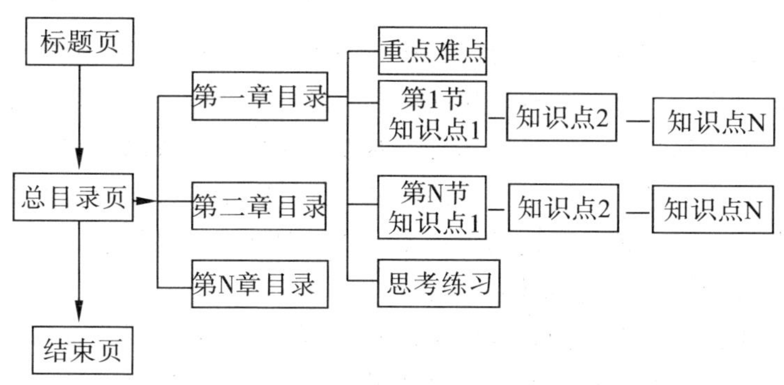

图 5－39　课件结构图例

5.2.3　PowerPoint 课件封面设计与制作

一个好的封面能给观众带来好的印象。PPT 课件的封面在整个课件中有着举足轻重的作用，它直接体现了 PPT 课件的中心内容。无论是课件封面或者是整个课件的界面都应该给人以美的享受，从而使学习者达到轻松学习的目的。这就要求课件的背景设计、版面布局、颜色搭配和字体字号的选择等都要达到一定的美感要求，同时，它还要求能够以最佳的方式体现相应的教学内容。

因为封面是课件中的开篇部分，所以在封面的设计与制作中所应遵循的最基本和最重要的原则就是简单、明了、清晰、美观。也即是说，设计内容不能过于复杂和烦琐，同时又要富于艺术性。封面部分的设计应当依据以下的方法进行。

1. 课件类型决定封面类型

课件封面根据其使用功能，分为介绍型、数据获取型、序幕型三种。它们根据各类课件的不同特点和要求而应用于不同类型的课件中。只有选用适当，才能在不同的课件中用最佳的封面类型，发挥封面设计的作用。

通常，在演示型和个别化学习型课件中选用介绍型封面，能让使用者了解课件的主要内容和一些相关信息；在练习型和智能化课件中选用数据获取型封面，主要可用于获取用户信息，并按用户的要求设定系统运行的有关参数；在故事型或以叙述为主的演示课件中选使用序幕型封面，可以加强情景创设，便于读者感受气氛、进入角色，达到自然而然地被课件所吸引的效果。

2. 封面类型决定媒体选择

封面的类型不同，其作用、使用环境也不同，因此设计不同类型的封面时要选择适当种类的媒体信息，并经过合理设计，有效组合，发挥封面的作用。

在介绍型封面中，常使用到的媒体信息是图像、动画和声音，同时也使用背景音乐及少量的文字作提示和强调。在数据获取型封面中，常使用的媒体信息是文字，通常以提示语出现，引导使用者正确输入信息，同时也可采用一些图像作底图或提示符号。在序幕型封面中常用的媒体信息是动画、语音和文字。在这里，语音用作解说，文字用作字幕，音乐或视频片段用以创设情景和渲染气氛。

3. 使用对象决定封面设计类型

在确定了课件要采用的类型、媒体信息种类后，还应考虑使用者的特征，然后再进行封面部分的具体设计。由于不同的使用者在生理特征、知识水平、学科特点、计算机经验等方面都存在差异，因此要注意针对主要的使用者，并同时兼顾其他使用者。

图5—40是课件封面设计的几个实例，供参考。

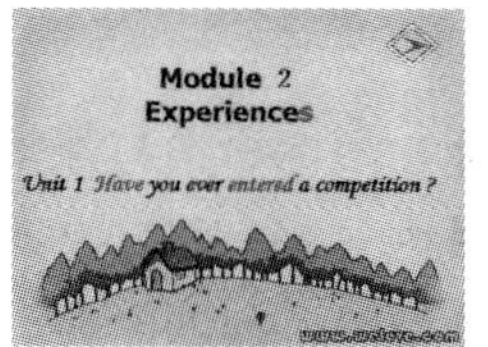

图5—40　课件封面制作案例

5.2.4　PowerPoint课件目录设计与制作

PPT课件演示文稿在内容页面很多的时候，如果设置了目录的话，课件的结构就会更明晰，表达主题更明确。对于学习者来说，如果能够事先了解本次课学习内容的框架结构，就会帮助学习者对所学内容做到心中有数。如果我们使用了目录页这种结构方式，就应当在每一段新的内容开始之前再呈现一次目录页面，突出该段要讲的内容。

目前我们常用的目录设计方式有以下三种。

1. 添加背景法

在目录页面为目录文字添加背景是最常用的手法。背景最好是跟目录有一定联系的图片，或者黑板、书本、笔记本等，如图 5－41 所示。

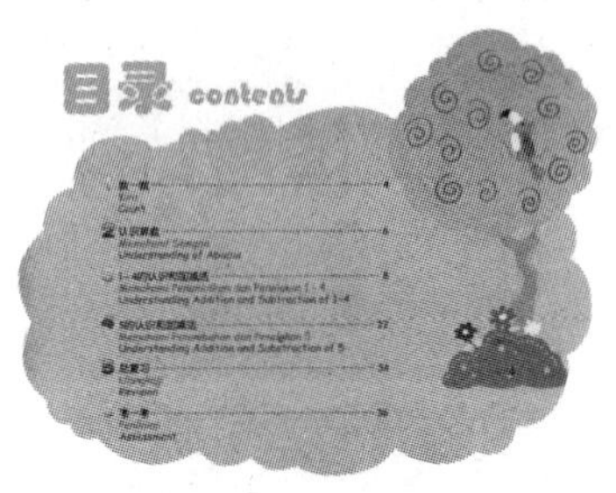

图 5－41　**课件目录制作案例——添加背景法**

2. 图标法

在每一标题前添加适当的图标，图标尽量与课堂教学内容有联系，如图 5－42 所示。课程题目为《蚂蚁和蝈蝈》，那么在添加图标时就考虑使用了蚂蚁的漫画形象，与课堂教学内容中的形象产生联系，从而加深学生的印象，并统一课题内容。

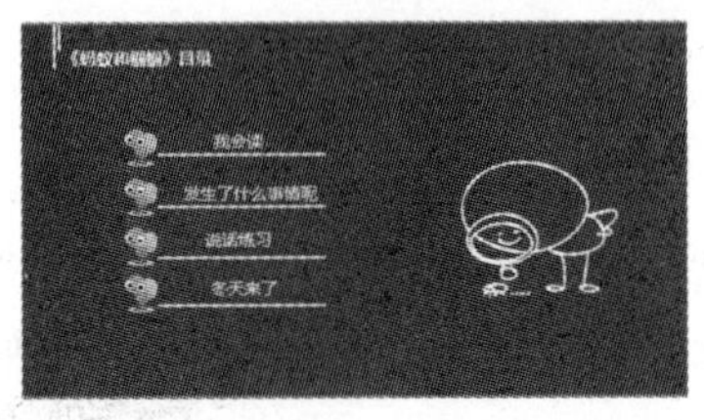

图 5－42　**课件目录制作案例——图标法**

3. 图片法

运用图片法进行目录设计的时候，所选择的图片必需契合主题，如图 5－43 所示。课程本身是介绍某幼儿教育体系以及教学方法等，所以在图片添加时就使用了大量的幼儿形象，进一步明确了课件主题内容。

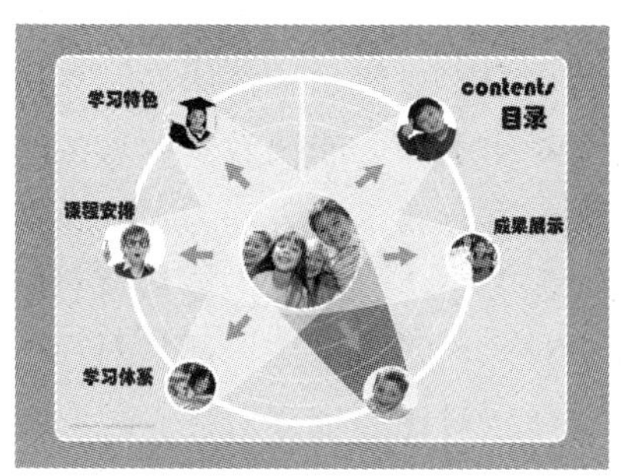

图 5-43　课件目录制作案例——图片法

上面介绍了三种比较常用的目录设计方式。在实际工作中，我们还可以在符合课程内容及教学目标的情况下，创造性地进行课件的目录设计与制作。其中，目录与相应内容页面之间的跳转，可以通过前面介绍的超级链接功能来实现。

5.2.5　PowerPoint 课件内容幻灯片设计与制作

PowerPoint 课件内容幻灯片设计是否巧妙、艺术构思是否完美，会直接影响到课件中教学内容的呈现效果。设计美观、布局合理的多媒体课件能将教学内容中较为抽象、枯燥的内容进行形象、生动、富有艺术感染力的呈现。PowerPoint 课件中的内容幻灯片设计主要是指幻灯片页面的视觉元素设计。优秀的多媒体课件，在保证内容的科学性、正确性外，还要具备艺术设计作品的直观、生动、形象的特征，让学习者在轻松愉快的学习环境中提高学习效率。

1. 内容幻灯片页面构图技巧

多媒体课件的页面构图设计是指通过对页面内各种多媒体要素进行合理的组织、安排、处理，来表达画面主题的创作过程，在具体操作中应当具备以下特性：

（1）对比性。

对比是有差异的事物有机地联系在一起之后所形成的一种联结关系。在艺术创作中，对比是最常用的结构手段，也最易于取得审美效果。通过对比手法，能使教学内容的特征更加鲜明、主次更加突出，画面更富有效果和表现力。在页面设计中可通过对比在画面中形成兴趣中心，或者使主体从背景中突出来。其表现形式很多，如大小对比、明暗对比、形状对比、方向对比、疏密对比、质感对比、面积对比、虚实对比、色彩对比等。需要注意的是，对比手法不是某一种独立存在的构成方式，而往往是两种或几种对比手法在一个页面中统一存在。

（2）简洁性。

简洁性是指课件在使用多媒体元素时简单明了，尽可能扼要地体现教学信息。在媒体使用形式上注意简单、直接，以便学习者在理解相关内容上更为容易。简洁明快的页面设计是在形式上使用尽量少的画面构成元素来达到设计者的需求和目的。有些创作者在页面画面构成元素的使用中过于烦琐，整个屏幕看起来非常复杂，结果明明花了不少工夫，却事与愿违，在实用性上大打折扣。

（3）规范性。

在页面设计中，应当追求形式上的统一性，合理安排画面构成元素，使课件形成合适、统一的布局，让课件具有整体性，和谐感强烈，让一个课件中的所有页面从外观上看起来是一个完整的整体。

具体在页面设计中，合理采取尺寸相似、形状相似和颜色相近，以及留白等手段都能产生较好的整体性效果，图 5－44 和图 5－45 都是课件页面设计中的较好制作案例。

图 5－44　**课件页面设计制作案例** 1

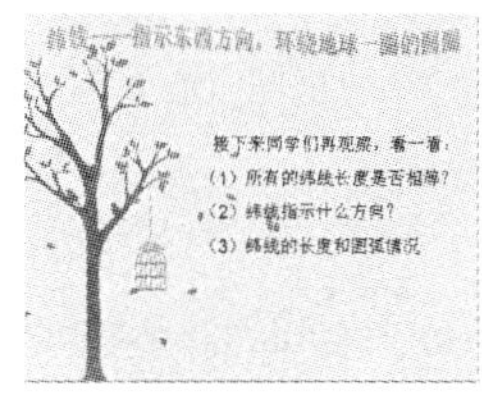

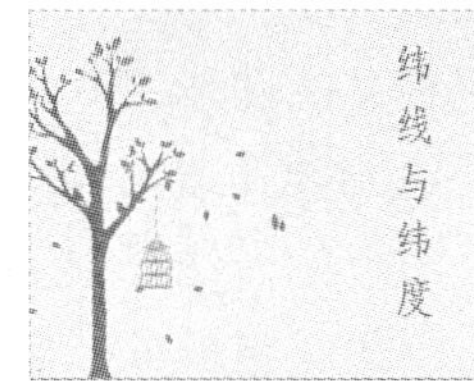

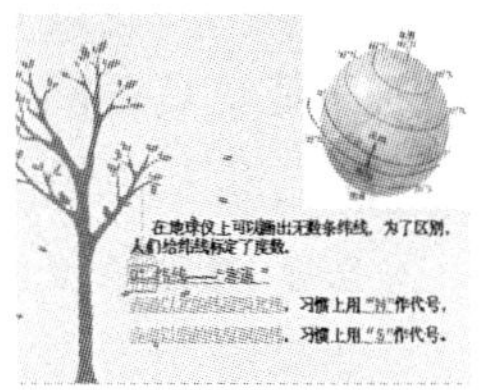

图 5－45 **课件页面设计制作案例** 2

2. 教学媒体元素的呈现技巧

教学媒体元素主要指呈现在课件中的多媒体素材，包括文字、图形图像、声音、动画、视频等。多媒体课件制作作为融科学性、教育性与艺术性于一体的实践活动，其页面的设计不仅要向用户提供一个交互性强的操作环境，而且还要从用户的观感等方面进行综合考虑。在页面设计时，制作者应该从整体出发，统筹安排，制作出和谐统一的课件，为达到最佳的教学效果服务。

同时，各种教学媒体元素在课件中应当有自身的呈现特点，具体技巧如下：

（1）文字在页面中的呈现技巧。

文字是多媒体课件的最基本的元素。文字在页面中的使用需要注意三个要点：首先，要控制好文字的数量，在屏幕上尽量减少文字的使用。当必须要使用大量文字时，应尽量避免使文字集中在一起或在一屏上出现过多文字。其次，要选择容易阅读的字体。除了大型标题可选择一些美术字体外，正文文本通常可选择简洁、容易识别的字体。第三，认真设计文字的颜色。不同内容和不同教学作用的文字应设计为不同的颜色。例如，标题设为棕色、内容用黑色、重点字词用红色加下划线等。要尽量避免单页中文字颜色过多，花花绿绿一大片。一般情况下，一个课件的字体颜色不宜超过三种。

（2）图形在页面中的呈现技巧。

图形是一种形象性的表现元素，包括抽象图形、插图、底图、修饰图等。图形作为一种表现元素使用时要慎重。首先要考虑其适用性，也就是要真正能表现意义的图形。其次要注意协调性，即要注意构图与色彩以及与其他元素和谐与否等问题。为了增加艺术感而将教学内容呈现在底图上的做法是很多课件制作者所采用的。但是如果选择不当，底图的颜色较深或底图画面较为突出，那么不仅会使教学内容呈现较为困难，也容易造成喧宾夺主、分散学生注意力的不良后果，因此使用底图要尤其慎重。如果需要，可以使用加框或在左上角、右下角等区域加入小块修饰用图来平衡画面，如添加和内容相关的花草、动物图形等。

（3）声音在页面中的呈现技巧。

教学中使用的声音一般包括自然语音、音乐和音效。声音媒体作为一种表现元素有其独特的情绪意义和意象感，在课件中能引起注意、提示响应、表示进程、渲染情景、提供反馈等。多媒体课件中的声音设计在使用时应尽量不要太多，且要注意音量调节与声画同步。

（4）动画在页面中的呈现技巧。

作为一种独特的表现元素，动画能使物体根据制作者的创意活动起来，为内容的表达提供广阔的想象和创造天地。动画这一形式，在用来表现难以理解的、夸张的、幻想的、虚构的事物方面具有独特的表现力和感染力。但要注意的是，在页面的设计中，动画的使用要与整个课件的设计风格保持基本一致。如果不是交互性强的动画，一般应在窗口下方设计播放、停止、快进、倒退等控制按钮以方便使用者操作。

（5）视频在页面中的呈现技巧。

适量必要的视频展示有助于推动学习者对知识的理解，但若仅仅为增加趣味性或展示技术而过多地加入视频图像，则会使课件运行速度减慢，且还可能出现兼容性问题。再者，视频在页面上出现还要与整个课件的设计风格保持基本一致，其位置一般可放在屏幕的中央部分，不小于页面的四分之一，并且可以依据需求加以调整。为方便使用者操作，在视频窗口下方同样应当设计播放、停止、快进、倒退等控制按钮。

（6）导航按钮在页面中的呈现技巧。

导航按钮是课件中必不可少的细节之一，既是功能键，也是装饰点。导航按钮的制作可以在课件集成软件中完成，也可以到专业的软件如 Photoshop 中制作，还可以制作成 gif 动画形式。导航按钮的风格应当跟整个课件的设计风格一致，在位置上一般设在页面的右下角，以符合使用习惯。

3. 幻灯片页面的切换技巧

页面的切换指不同的页面之间的过渡效果。页面切换要保持在方向、色彩、亮度等方面的协调，反差太大的画面不适合组接在一起。同时页面间切换应当以较快的速度完成，较长久的等待会影响播放效果。在使用转换效果时要注意前后的一致性与连贯性。一般来说，一旦某种切换顺序在课件中确定，就应不再改变，以使学习者见到切换就想到结构。另外，不要使用过多的效果，以免造成视觉和心理的混乱。

5.3 Flash 课件设计与制作

在众多的多媒体教学课件制作工具中，Flash 以其体积小、交互强、传输快等优势，一直深受制作者喜爱。Flash CS 6.0 作为一种创作工具，可以创建从简单动画到复杂的交互式 Web 程序的任何作品。通过添加图片、声音和视频，可以使 Flash 应用程序媒体丰富多彩。Flash 具有许多功能，这些功能使 Flash 不仅功能强大，而且易于使用。下面以 Flash CS 6.0 为例，对该软件的基本功能及操作作一简要介绍。

5.3.1 Flash 基本操作

1. 初识 Flash CS 6.0

启动 Flash CS 6.0 后，将打开默认的工作界面。工作界面主要由菜单栏、绘图区、工具栏、时间轴面板以及浮动面板几部分组成。

2. 新建 Flash 文档

启动 Flash，选择菜单“文件→新建”命令，在对话框“常规”选项夹中，选择一种创建文档的类型，单击“确定”按钮就可以创建一个新的 Flash 文档了，如图 5－47 所示。

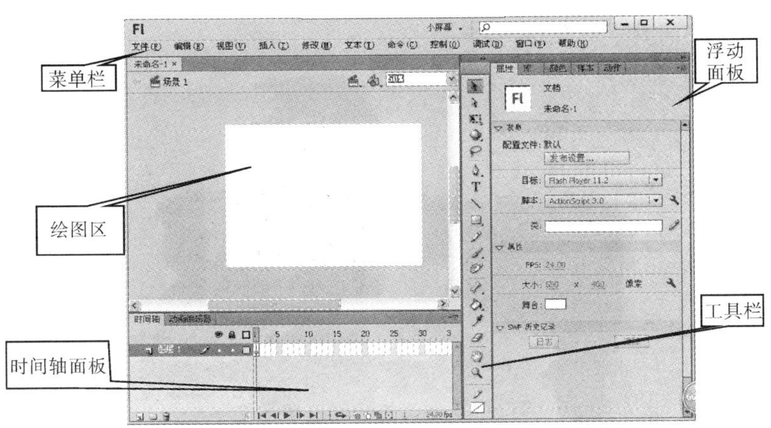

图 5－46　Flash CS 6.0 工作界面

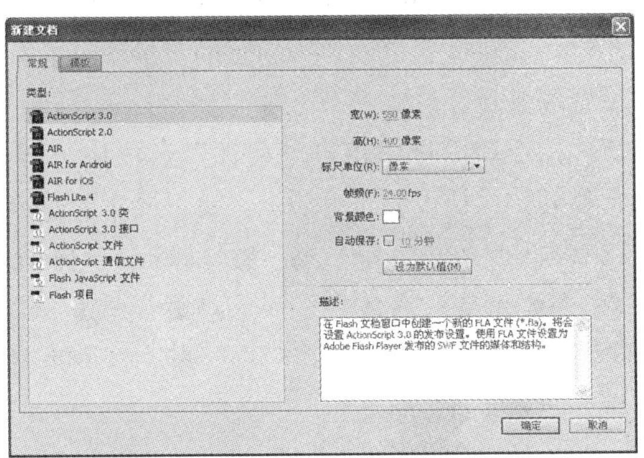

图 5－47　新建 Flash 文档

3. 设置多媒体课件制作环境

我们要对 Flash 中的背景颜色、场景尺寸、场景、场景显示比例、标尺、网格以及辅助线等内容进行相应的设置，从而使 Flash 中的动画制作环境符合多媒体课件设计与制作的要求。

（1）设置背景颜色。

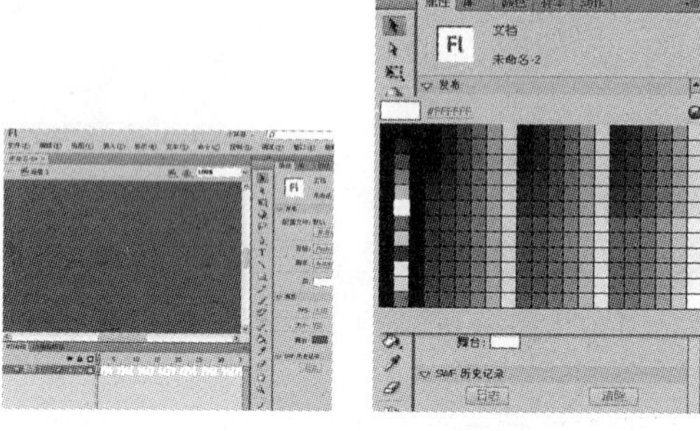

图 5—48　**改变绘图区背景色**

打开动画文档，单击“属性”浮动面板中的舞台背景颜色按钮，将鼠标放置在弹出的颜色列表中，选择好相应的颜色色块后单击鼠标左键，就将该颜色设置为动画的背景颜色了。

（2）设置场景尺寸。

在“属性”浮动面板中单击“属性”选项中“编辑文档属性”按钮，打开“文档设置”对话框。在“尺寸”栏的“宽”和“高”文本框中修改数值，即可将场景设置为相应的尺寸，在“标尺单位”列表框中，可选择标尺的度量单位“像素”，单击“确定”按钮，可重新设置场景的尺寸，如图 5—49 所示。

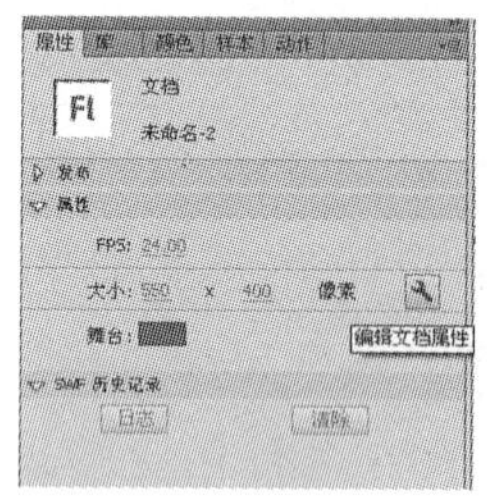

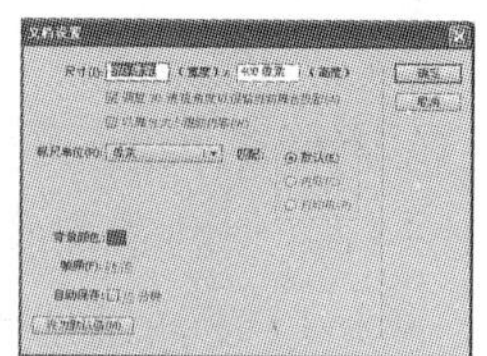

图 5—49　**设置场景尺寸**

（3）创建新场景。

通常情况下，单个 Flash 动画只会应用到一个场景，但动画的长度过长或者动画的固层和动画要素过多时，则可以创建多个场景。在 Flash 中创建新场景的具体操作如下：选择菜单“窗口→其他面板→场景”命令，打开“场景”面板，单击按钮，将新建一个场景，系统将其自动命名为“场景 2”，如图 5—50 所示。

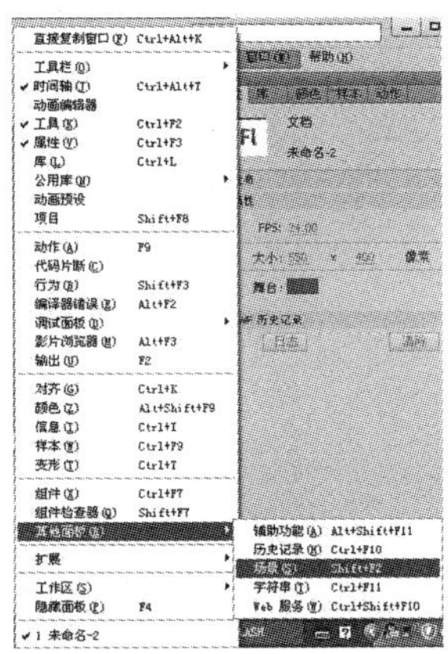

图 5—50　**创建新场景**

（4）发布影片。

选择菜单“文件→发布设置”命令，打开发布设置面板，选择发布文件格式并进行相应设置之后，单击“发布”按钮即可以发布 Flash 影片，如图 5—51 所示。

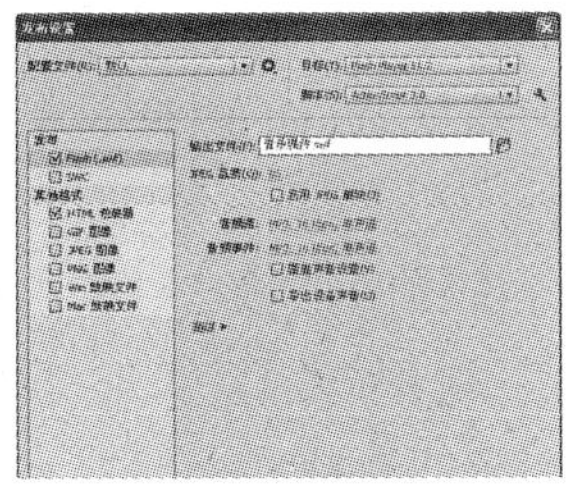

图 5—51　**发布设置**

5.3.2 Flash 基本工具的使用

1. 工具区域及工具简介

(1) 工具区域包括绘图、上色和选择工具，操作者可以根据实际需要选择相应的工具制作动画，如图 5－52 所示。

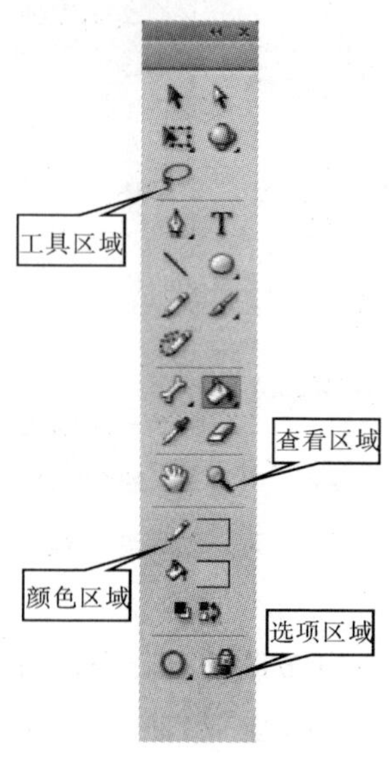

图 5－52 工具栏

(2) 查看区域包括在应用程序窗口进行缩放和平移操作的工具按钮。当需要移动和缩放窗口的时候，可以选择相应的工具按钮进行操作。

(3) 颜色区域用于设置工具的笔触颜色和填充颜色。

(4) 选项区域包含当前所选工具的功能设置按钮。选择的工具不同，选项区域中相应的按钮也不同，它主要对工具的颜色和编辑产生影响。

2. 线条工具

线条是解决形状问题的主要工具，Flash 中的线条工具用来绘制各种样式和角度的直线。在属性面板中还可以对线条的颜色、笔触、粗细及端点样式等进行设定，如图 5－53 和图5－54所示。

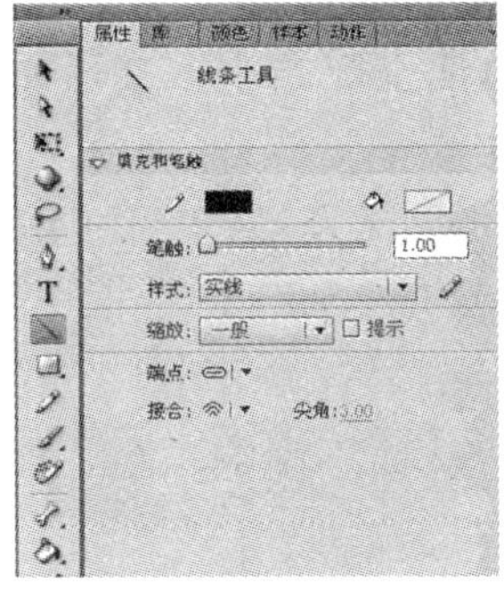

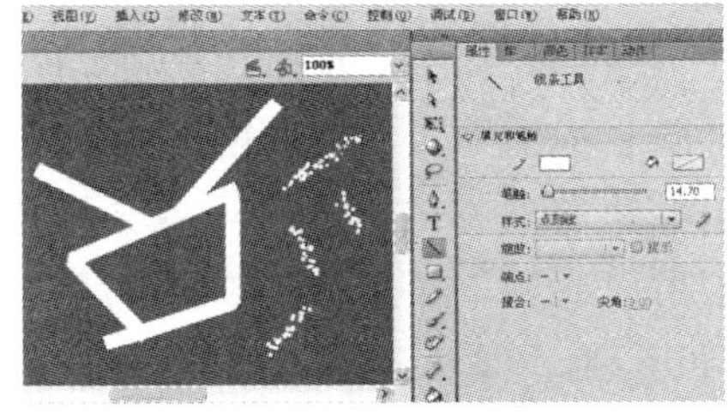

图 5－53　**线条工具**　　　　图 5－54　**利用线条工具绘制的线条**

多媒体课件制作者可以利用其他绘图工具，如钢笔工具、矩形工具、铅笔工具等绘制曲线、任意形状线条、矢量色块，擦除图形，还可以绘制椭圆、矩形、多边形和星形等，如图 5－55 所示。

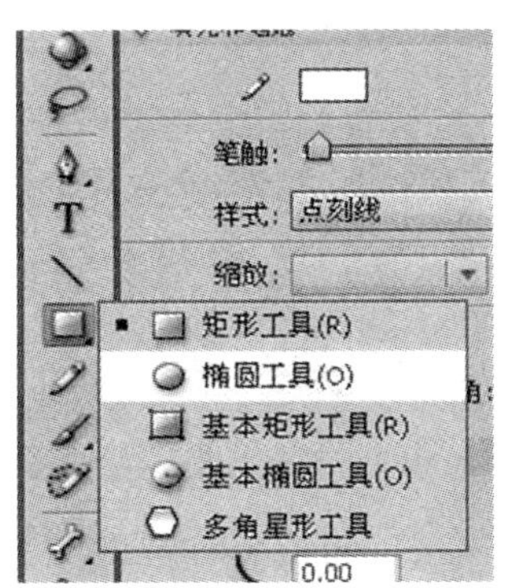

图 5－55　**其他绘图工具**

2. 颜料桶工具

用“颜料桶工具”可为封闭区域填充颜色，但是要求该封闭区域不能有空隙，否则无法对线条围住的区域进行上色处理。可用如下方法来封闭空隙或缩小空隙。

方法一：把舞台适当放大，用“选择工具”拉动线条封闭空隙。

方法二：把绘图区适当缩小，从而使空隙缩小或接近封闭状态。

方法三：利用工具箱“选项”区的按钮来操作。当我们选取了“颜料桶工具”，“工具箱选项”区里就会显示两个按钮。单击左边按钮右下方的小三角，就会弹出一个“空隙大小”下拉菜单，可以通过该菜单将空隙进行闭合，从而不影响填色，如图5—56所示。

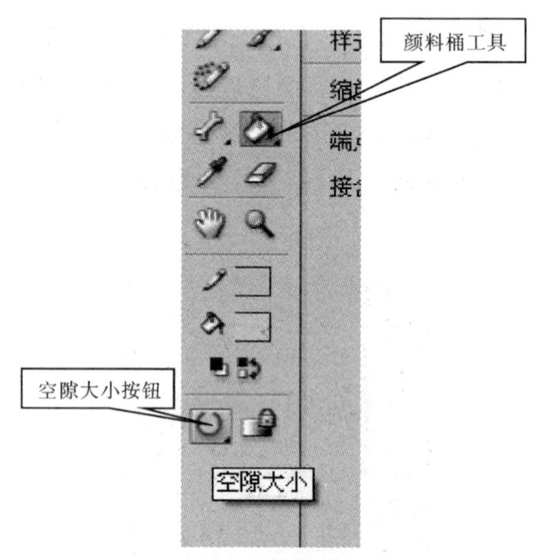

图 5—56　颜料桶工具

3. 刷子工具

选取“刷子工具”，在绘图区中某一点按下鼠标往外拖动，拖到另一点时松开鼠标，就能按照鼠标走向画成一个图形。如果只是单击鼠标，则能得到一个点。如果来回移动鼠标，则可以获得一个类似涂抹效果的图形，如图 5—57 所示。

图 5—57　刷子工具绘制效果

4. 导入声音

Flash 中的声音文件是通过将外部声音文件导入而实现的，导入声音与导入位图的操作步骤一样。

(1) 单击菜单“文件”→“打开”命令，打开音乐课件素材文件，如图 5—58 所示。

图 5—58　音乐课件素材

(2) 单击菜单“文件”→“导入”→“导入到库”命令，在弹出的对话框中选择需要导入的声音文件，单击打开后，选择的音频文件会被导入到库面板中，如图 5—59 所示。

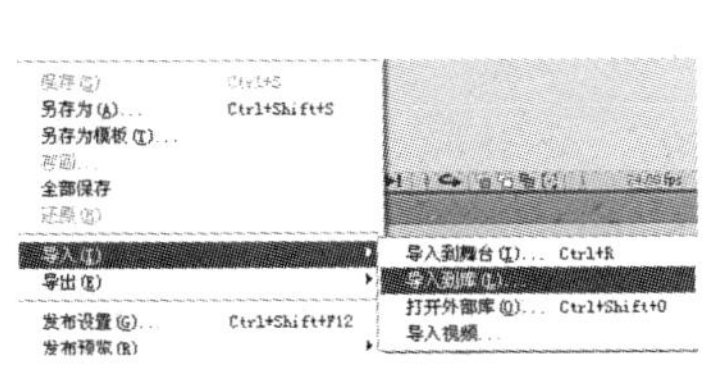

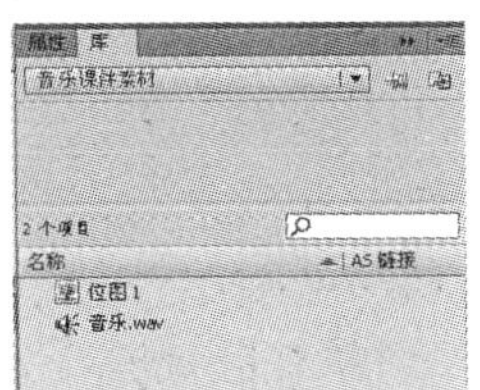

图 5—59　将声音导入库中

(3) 在时间轴面板上新建图层，并重命名为“音乐”图层，选择该图层的第一帧，如图 5—60 所示。在“属性”面板的“声音”选区，单击“名称”右侧的下拉三角按钮，在弹出的列表中选择“音乐 . wav”选项，如图 5—61 所示。

执行该操作后可以为影片添加声音，此时时间轴面板显示如图 5—62 所示。

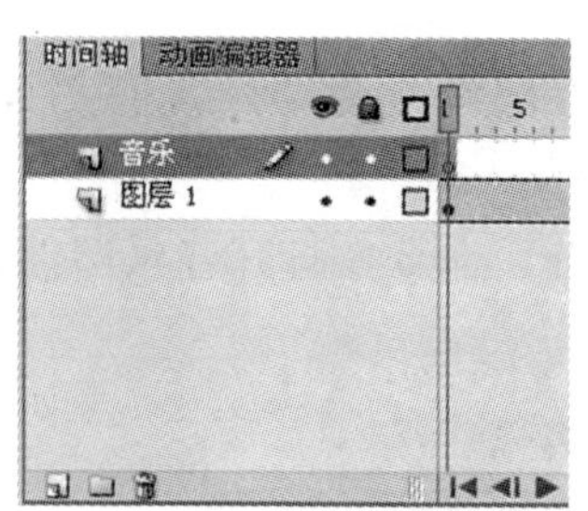

图 5—60　新建音乐图层

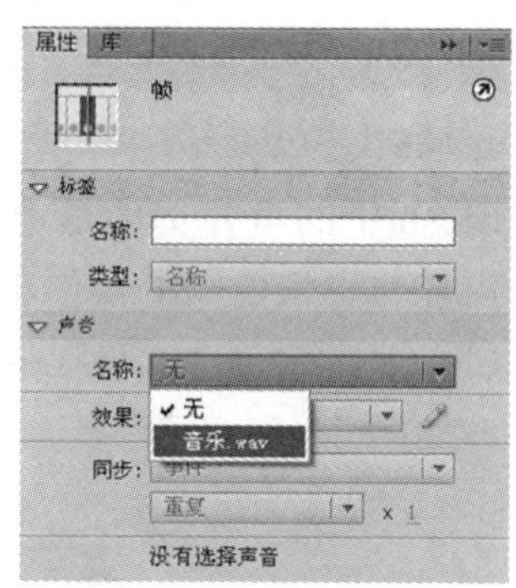

图 5—61　选择声音选项

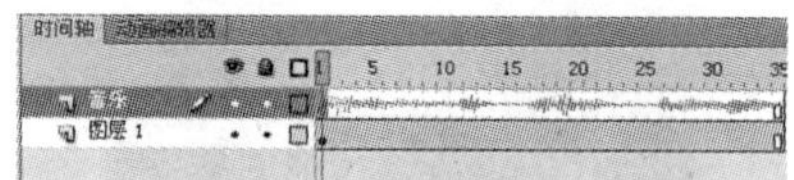

图 5—62　时间轴面板

(4) 选择“控制”→“测试影片”→“测试”命令，预览并视听制作好的音乐效果。

5.3.3　Flash 简单动画的制作

制作动画是 Flash 的最基本功能之一。补间动画是 Flash 制作多媒体课件的重要表现手段之一。补间动画包括形状补间动画与动作补间动画两种。

1. 形状补间动画

形状补间动画是指在 Flash 中的“时间轴”面板的一个关键

帧创建一个图形，在另一个关键帧中更改其基本形状或者重新创建一个，Flash 会根据二者之间形态的逐步变化创建动画。

（1）新建一个大小为“400×300”像素的文件，“背景颜色”为白色。

（2）在工具栏中的“矩形工具”旁边的下拉选项中选择“多角星形工具”，在右边“属性”面板中设置“笔触颜色”为黑色，“填充颜色”为黄色，如图 5－63 所示。然后单击“选项”按钮，设置边数为“5”，如图 5－64 所示。然后拖动鼠标在舞台区域绘制一个五边形，如图 5－65 所示。

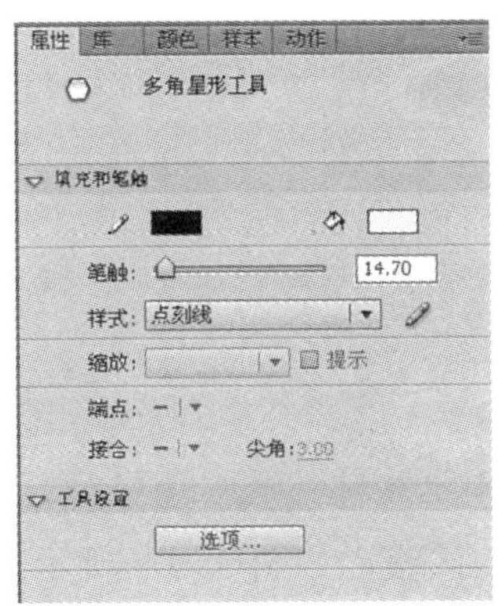

图 5－63　多角星形属性面板

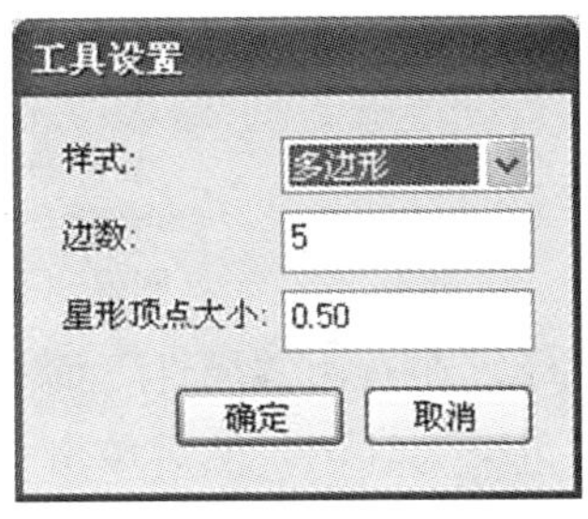

图 5－64　多角星形工具设置

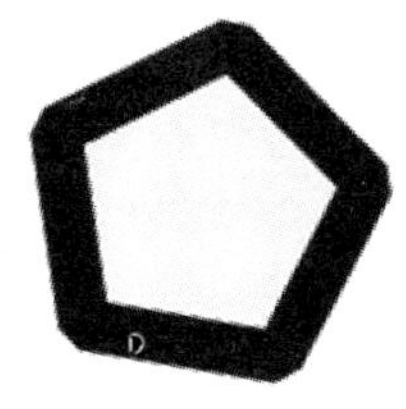

图 5－65　绘制的五边形

（3）选择图层一的第 35 帧（呈蓝色状态），按下键盘上的

“F7”键，插入一个空白关键帧，如图 5—66、图 5—67 所示。

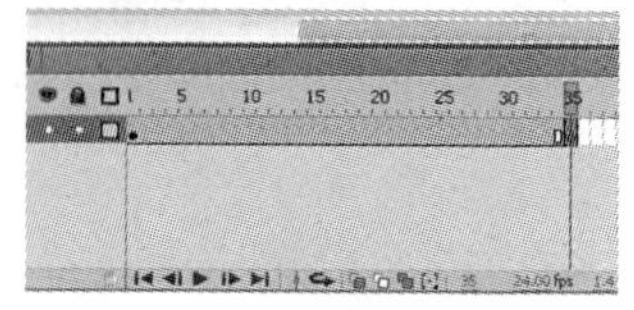

图 5—66　选择第 35 帧

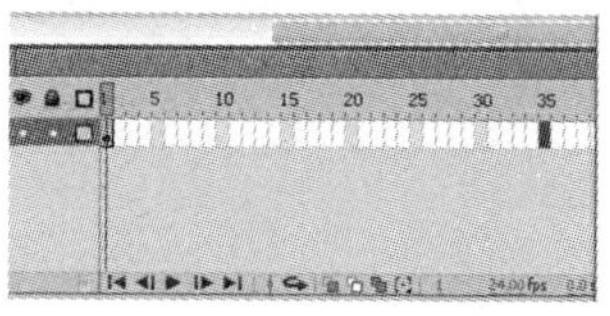

图 5—67　插入关键帧

(4) 选择工具栏中的“多角星形工具”，单击“选项”按钮，在“样式”下拉列表中选择“星形”，如图 5—68 所示。

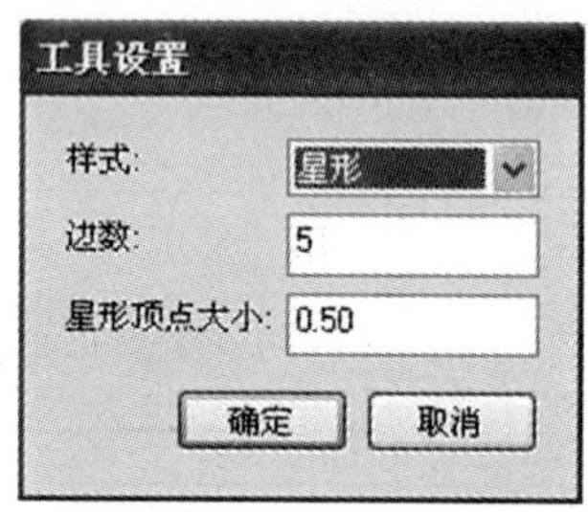

图 5—68　工具设置面板

(5) 在右边“属性”面板中设置“笔触颜色”为黑色，“填充颜色”为红色，然后单击“选项”按钮，如图 5—69 所示。再拖动鼠标在舞台区域绘制一个星形，并调整五边形与星形的位置，不要重叠，如图 5—70 所示。

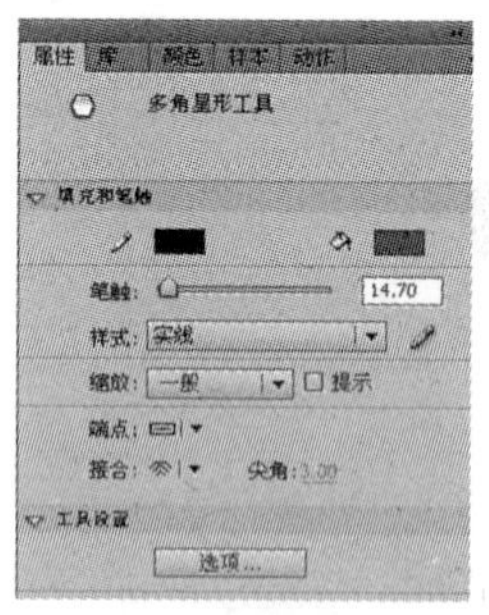

图 5—69　星形属性设置

图 5—70　绘制的五角星形

(6) 在时间轴中选择第 1 帧到第 35 帧中间的任何一帧，选择菜单“插入→补间形状”命令或者在所选帧上点击鼠标右键，在弹出的右键菜单中选择“创建补间形状”命令，即可以给选择的关键帧创建形状补间动画。我们可以看到，除了形状的变化外，颜色也在推移变化，其动画效果截图如图 5-71 所示。

图 5-71　形状补间动画效果

(7) 保存文件，进行播放，完成从五边形到星形的形状渐变动画的制作。

2. 动作补间动画

构成动作补间动画的基本元素是元件，包括影片剪辑、图形元件和按钮等，其他非元件元素如文本等，都不能创建动作补间动画。位图和文本则必须要转换成元件，才能够进行动作补间动画的创建。动作补间动画建立后，时间帧面板的背景色变为淡紫色，并且在起始帧与结束帧之间有一个长长的箭头。

下面通过实例来简单介绍动作补间动画的创建。

(1) 新建一个尺寸为“550×400”像素的文档，背景颜色设定为白色。

(2) 单击菜单“插入→新建元件”命令，打开“创建新元件”对话框，在“名称”中输入“星形”，并且从“类型”选项组中选择“影片剪辑”按钮，如图 5-72 所示。

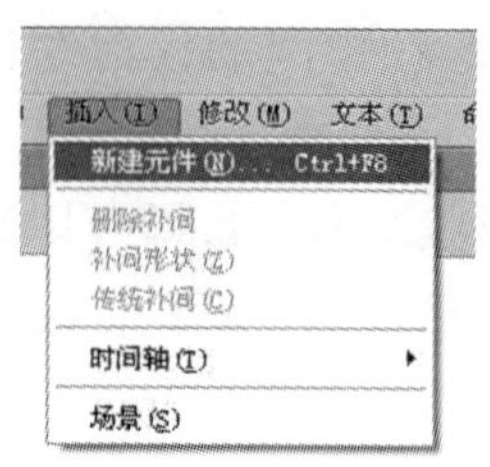

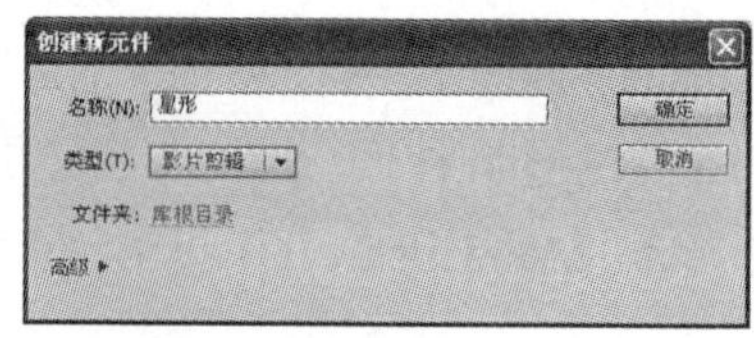

图 5—72　**创建新元件对话框**

（3）在“工具栏”中选择“多角星形”按钮，然后在“属性”面板中单击“选项”按钮打开“工具设置”对话框，从“样式”下拉列表中选择“星形”，单击“确定”按钮保存设置，如图 5—73 所示。

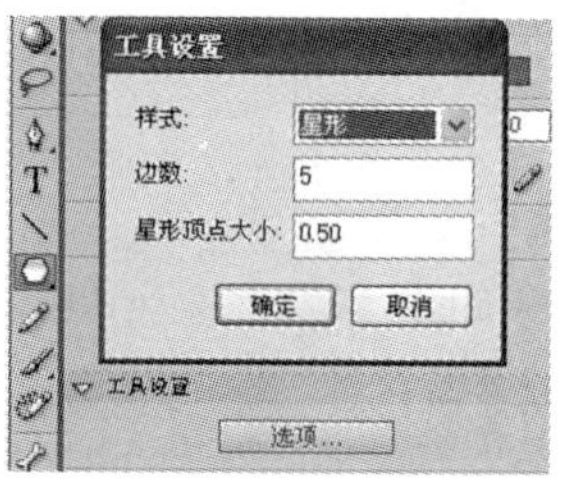

图 5—73　**多角星形工具设置**

（4）在“新元件编辑窗口”中选择第 1 帧（点击帧，使之成为蓝色显示），然后在舞台上绘制一个五角星形，设置“填充颜色”为红色，“笔触颜色”为黑色，如图 5—74 所示。

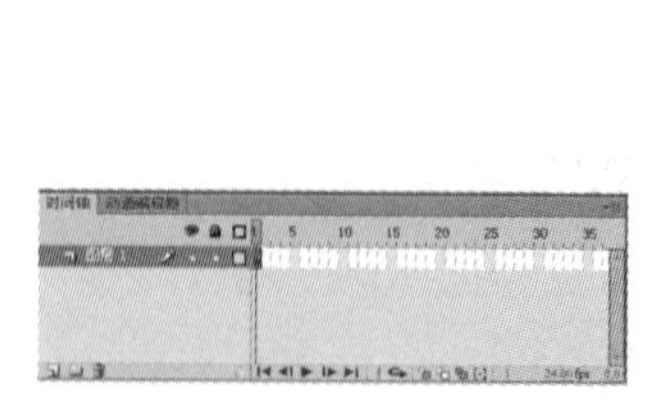

图 5—74　**绘制五角星**

(5) 打开“对齐”面板，让五角星形相对于舞台中心对齐，如图 5－75 所示。

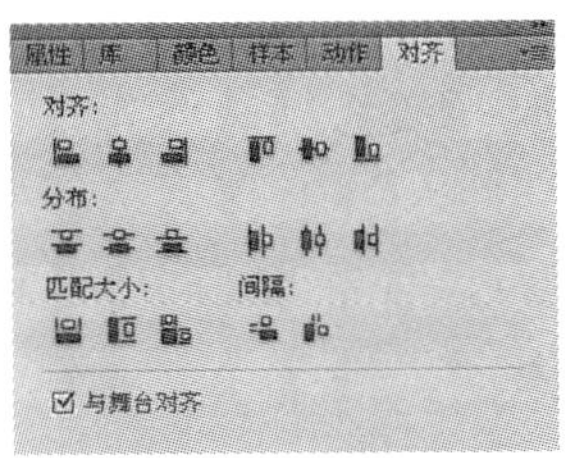

图 5－75　对齐面板

(6) 单击“工具栏”中的“线条工具”按钮，“笔触颜色”和“笔触高度”与星形的相同。在选项中把“贴紧至对象”打开，从十字标志向五个角画线，当线条到了五角星的角时，线条会自动到顶角上，如图 5－76 所示。

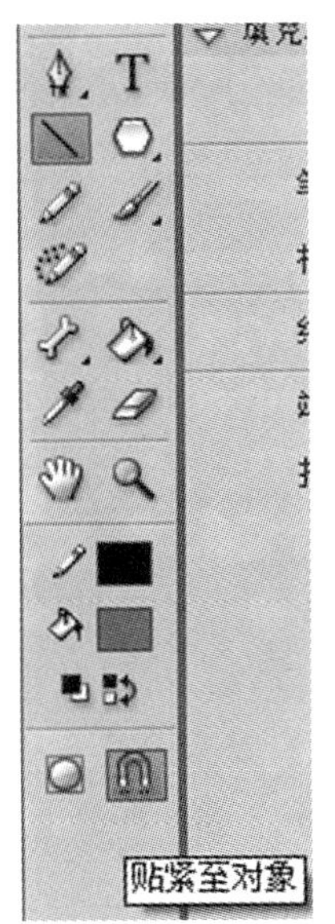

图 5－76　调整线条工具选项

(7) 单击文档选项卡中的场景 1，打开文档中的库，把星形元件拖到绘图区，如图 5－77 所示。在时间轴上选择图层 1 中的第 30 帧，按下 F7 键插入关键帧，于该关键帧处再次将星形元件拖到绘图区上其他位置，注意不要与第 1 帧位置重叠，如图 5－78所示；选择图层 1 中第 1 帧到第 30 帧中的任意一帧，点击鼠标右键击执行菜单“插入”→“传统补间动画”命令，建立动作补间动画。我们能通过单击播放按钮观看到星形从一个位置到另一个位置的移动轨迹。

图 5－77　第 1 关键帧

图 5－78　第 30 关键帧

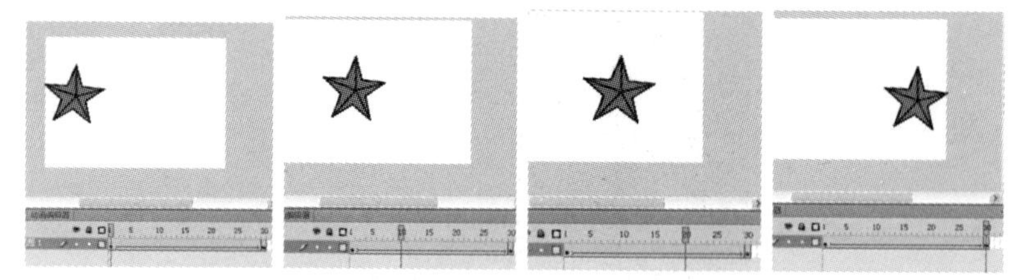

图 5－79　第 1、10、20、30 帧截图

5.3.4　Flash 课件制作实例

1. 实例 1　创建“光的色散”课件

（1）选择菜单“文件”→“打开”命令，打开一张蓝色的素材图片，如图 5－80 所示。

（2）在“时间轴”面板中创建一个新的图层，双击文字部分将图层命名为“绘图”，如图 5－81 所示。

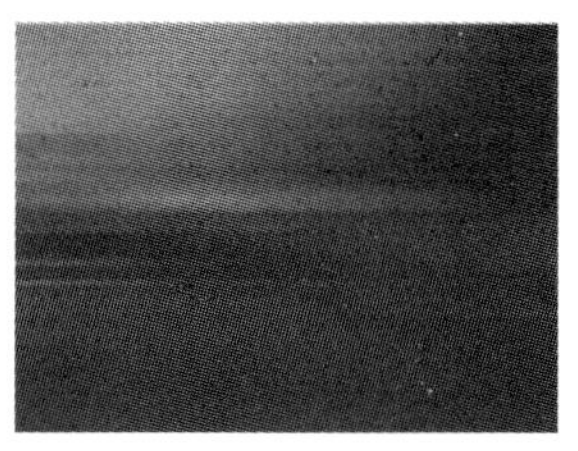

图 5－80　载入素材图片

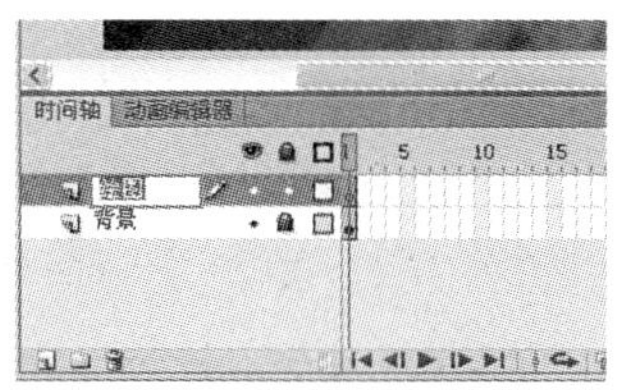

图 5－81　创建绘图图层

（3）在工具箱中选取线条工具，设置线条颜色为白色，在工具箱选项中点击“贴紧至对象”，将鼠标移动到绘图区，绘制基本的构图线条，如图 5－82 所示（小提示：在绘制时可以用 Shift 与鼠标拖动相配合，绘制直线或垂线）。

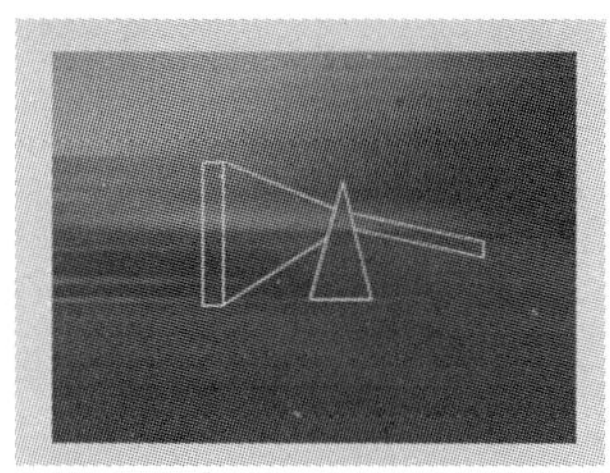

图 5－82　绘制基本形状

（4）菜单“窗口”→“颜色”命令打开颜色面板，设置填充色为白色，如图 5－83 所示。选取颜料桶工具，将绘图基本形中的射入光线填充成白色，如图 5－84 所示。

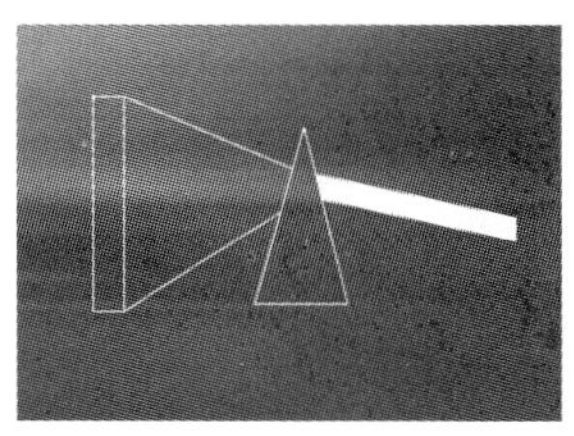

图 5－83　设置填充颜色

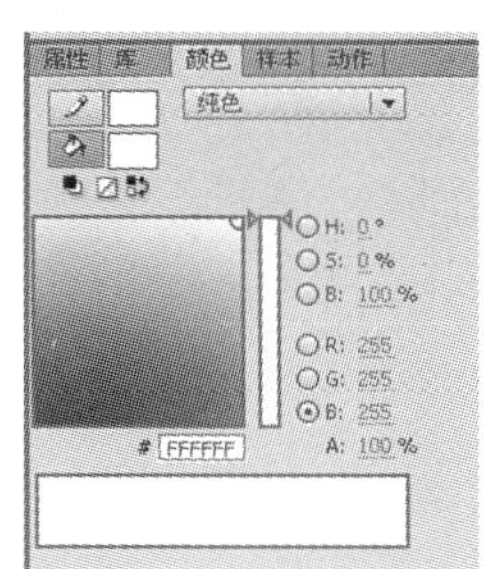

图 5－84　填充效果

（5）在“颜色”面板中，设置颜色类型为“线性渐变”，设置由白色 Alpha 值为 0 到白色 Alpha 值为 100 的线性渐变，如图 5—85 所示。使用颜料桶工具，将舞台上射出的光线填充为透明度渐变的白色，如图 5—86 所示。

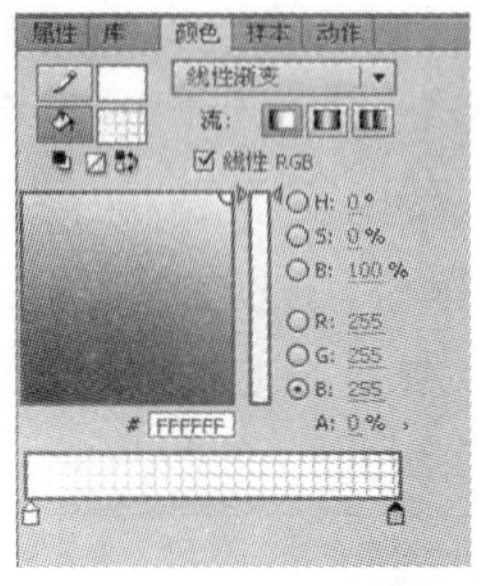

图 5—85　设置填充类型 A

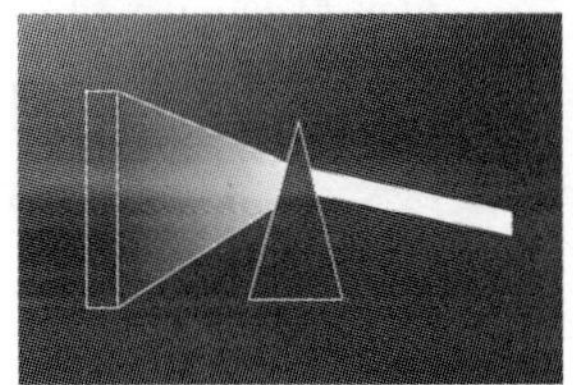

图 5—86　设置填充类型 B

（6）在“时间轴”面板中创建一个新的图层，并双击文字部分将图层命名为“文本”，在工具栏中选择文字工具，调整其大小跟字体，在舞台编辑区输入文字，如图 5—87 所示。

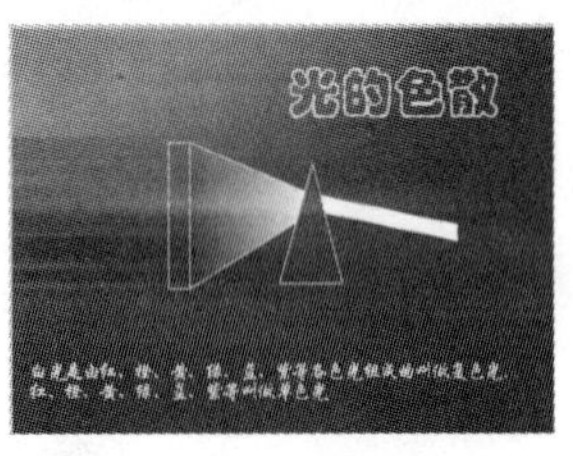

图 5—87　输入相应文字

（7）在“颜色”面板底部的配色条下方，单击鼠标左键，添加 5 个颜色滑块，分别代表光的 7 种颜色，如图 5—88 所示。

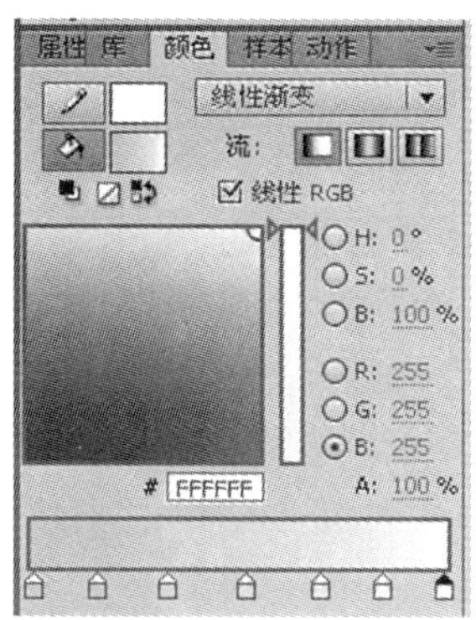

图 5－88　**添加颜色滑块**

(8) 在配色条的下方，选择最左边的滑块，双击鼠标左键，在弹出的颜色面板中设置颜色为红色（＃FF0000）、橙色（＃FF9900）、黄色（＃FFFF00）、绿色（＃009900）、蓝色（＃0033FF）、靛色（＃3300CC）、紫色（＃6600CC），Alpha 的值均为 100，如图 5－89 所示。在舞台中，用颜料桶为矩形填充渐变色，最终效果如图 5－90 所示。

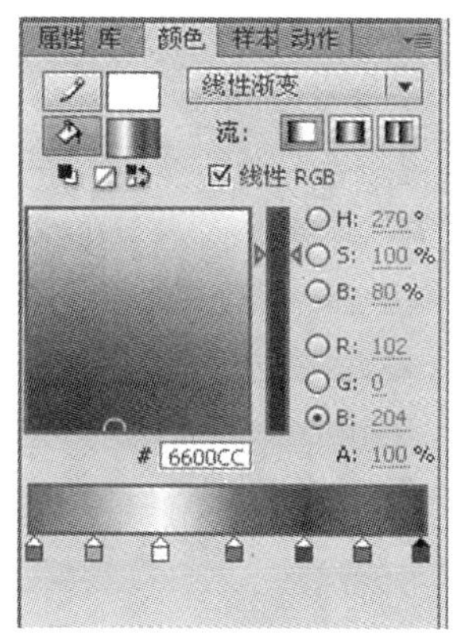

图 5－89　**调整颜色滑块**

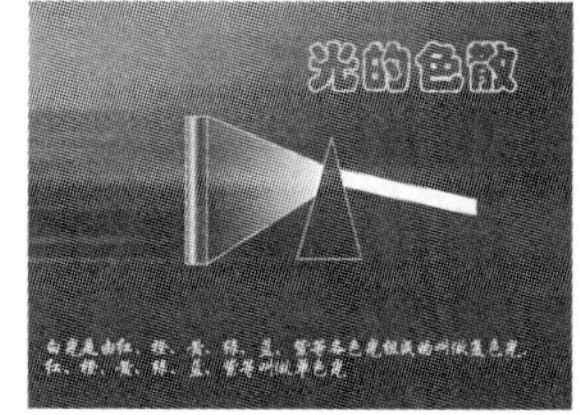

图 5－90　**填充效果**

(9) 选择渐变变形工具，如图 5－91 所示。

(10) 在绘图区选择渐变色块，调整渐变方向，如图 5－92

所示。

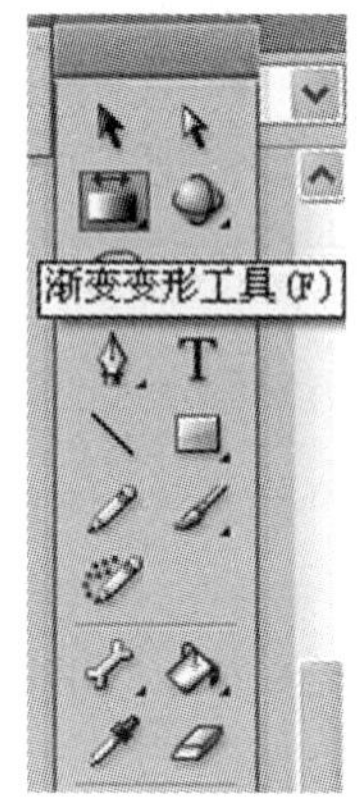

图 5－91　渐变变形工具

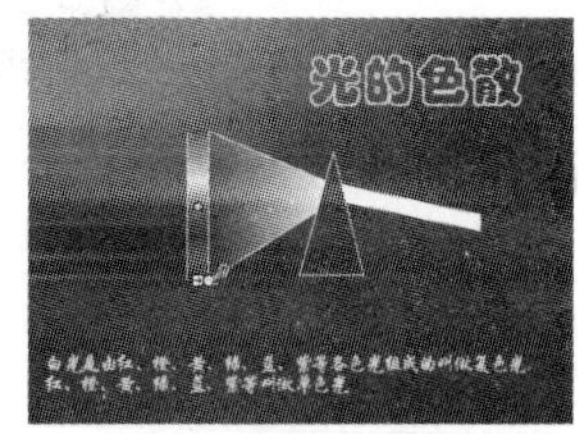

图 5－92　调整渐变方向后效果

2. 实例 2　创建“毛笔”遮罩层动画课件

遮罩层和被遮罩层是相互关联的图层。遮罩层可以将图层遮住，在遮罩层中对象的位置显示被遮罩层中的内容。下面讲解创建遮罩层动画的操作方法。

（1）新建文档，将文档尺寸修改为“760×576”，背景为白色。

（2）选择菜单“文件”→“导入”→“导入到舞台”命令，导入水墨背景素材图片，在图片上点击右键，选择“任意变形”命令，通过图片周围的控制点调整其大小使其适合绘图区，如5－93所示，并将该图层命名为背景图层。

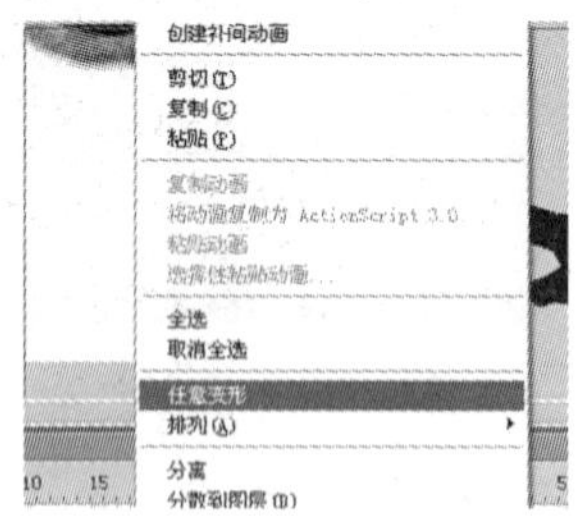

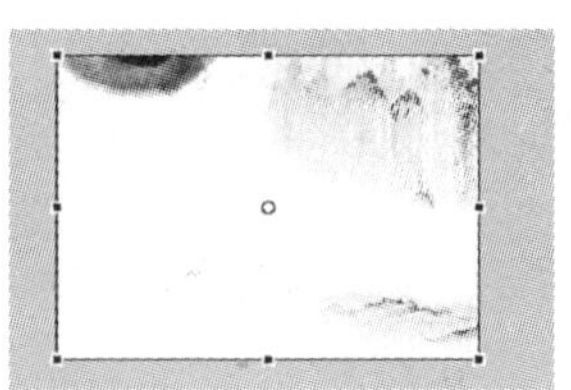

图 5－93　调整图片尺寸

（3）单击时间轴下方的创建图层图标新建图层，将其重命名为“家”。选择菜单“文件”→“导入”→“导入到舞台”命令，导入素材图片“家.png”，在舞台的图片中单击鼠标右键，从右键菜单中选择“任意变形”命令，调整其大小与位置，如图 5－94 所示。

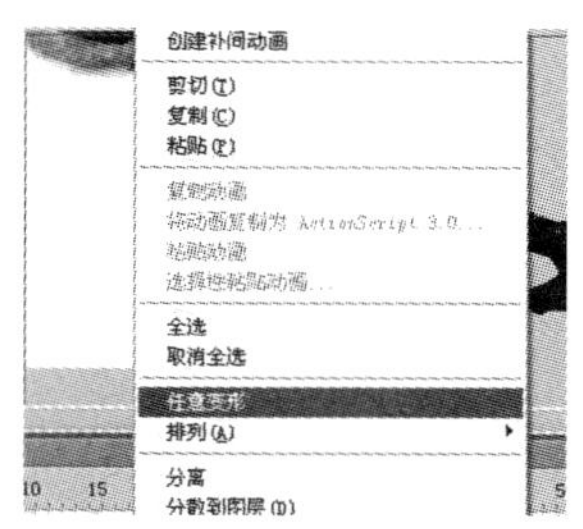

图 5－94　调整图片尺寸与位置

（4）新建图层，将其重命名为“遮罩层”，选择并鼠标单击该图层，在弹出的右键菜单中选择“遮罩层”命令，将其更改为“遮罩层”，如图 5－95 所示。

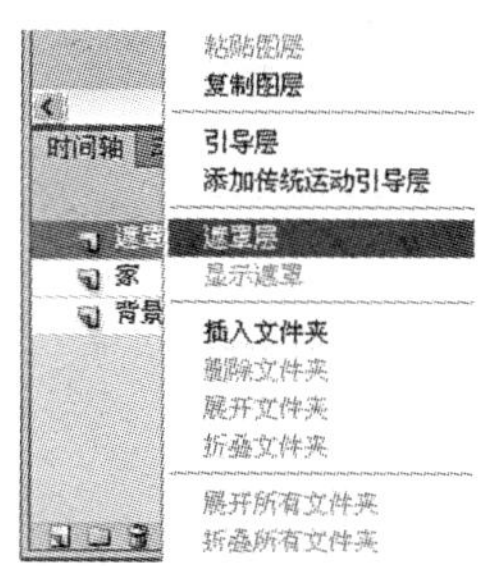

图 5－95　创建遮罩层

（5）选择遮罩层。此时遮罩层处于锁定的不可操作状态，点击锁形按钮（红色圈部分）将其解锁，如图 5－96 所示。在工具箱中选择矩形工具，在绘图区中绘制矩形，形状与位置如图 5－97 所示。

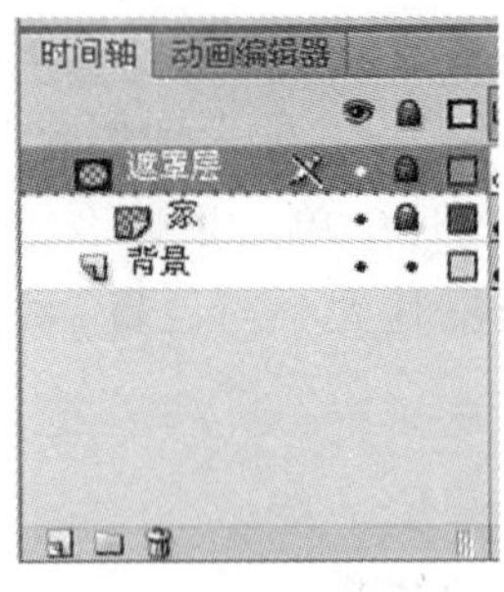

图 5－96 选择遮罩层　　图 5－97 绘制形状

(6) 分别在第 40 帧将家和背景图层按 F6 键插入关键帧，前后对比，如图 5－98 所示。

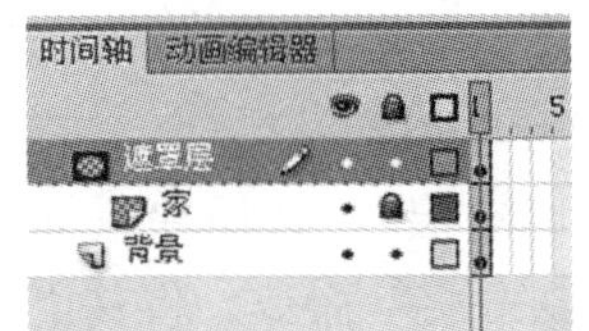

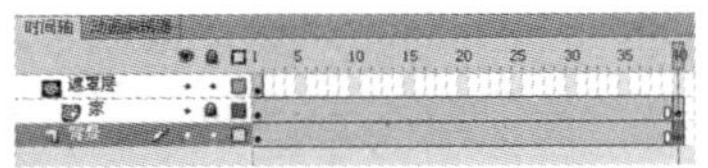

图 5－98 插入关键帧前后

(7) 选择遮罩层的第 40 帧，按 F6 键插入关键帧，选择该图层中第 1 帧到第 40 帧中的任意一帧，点击鼠标右键，选择“创建传统补间”命令，如图 5－99 所示。在第 40 帧上点击右键，选择“任意变形”命令，将矩形拖拽变形，以将文字全部遮盖为宜，如图 5－100 所示。

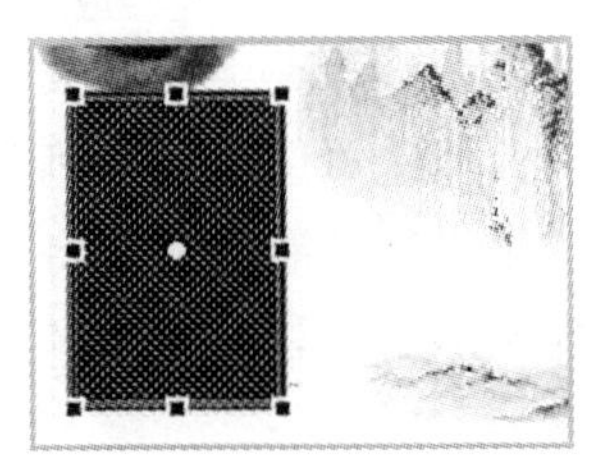

图 5－99 创建传统补间　　图 5－100 遮罩变形

（8）新建图层，重新命名为“毛笔”图层，导入“毛笔.png”，并将其大小与位置调整，如图 5－101 所示。

图 5－101　**毛笔的位置与大小**

（9）在“毛笔”图层上选择右键菜单中“添加传统运动引导层”，创建运动引导层，如图 5－102 所示。

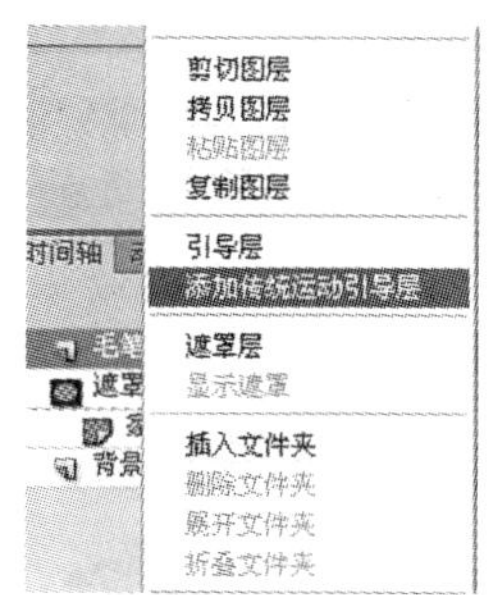

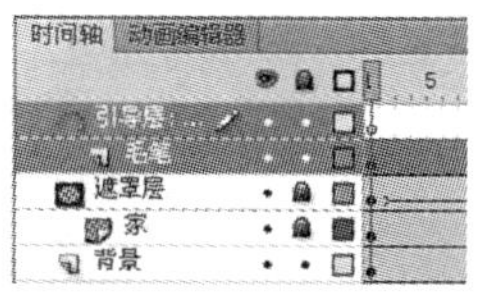

图 5－102　**创建引导层**

（10）选择引导层，选取工具箱中的钢笔工具，在舞台中的适当位置绘制一条路径，路径的形态主要考虑毛笔的运动路径和文字显示相结合，如图 5－103 所示。

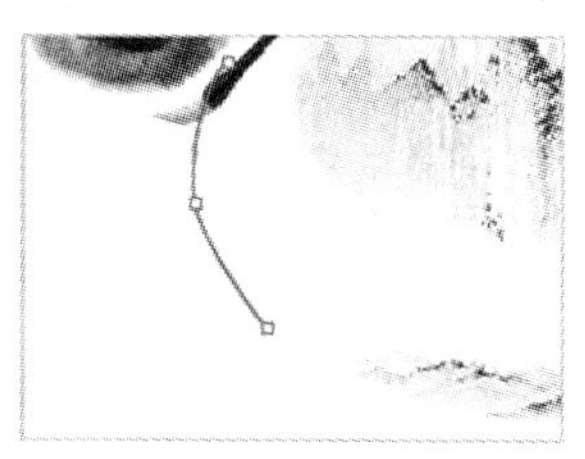

图 5－103　**绘制运动路径**

(11) 选择“毛笔”图层的第1帧，将舞台中的毛笔图形对象移动到路径开始的位置，当画面上出现粗黑圆圈时表示毛笔的位置刚好在路径的端点处。选择“毛笔”图层的最后一帧，按F6键插入关键帧，将舞台中的毛笔位置移动到路径结束的地方，如图5－104所示。

图5－104　**调整毛笔位**

(12) 选择第1帧到最后一帧中任何一帧，点击鼠标右键，选择“创建传统补间”命令，创建补间动画，这样就完成了整个动画的制作。按Ctrl+Enter组合键，测试动画效果，如图5－105所示。

图5－105　**最终效果截图**

掌握了以上Flash基本操作以及课件制作的简单技巧和方法后，即可制作出满足教学需要的Flash课件。但多媒体课件的设计制作是一个庞大且复杂的工程，需要在此基础上进一步学习与实践，以制作出更多更优秀的课件，更好地优化教学过程与效果。

【拓展学习】

学习材料5－1　PowerPoint与Flash的整合

在 PowerPoint 2010 中插入 Flash 动画能够为课件增色，从而提高教学效果。下面我们来拓展学习如何将 Flash 动画插入到 PowerPoint 中去。

（1）首先保存演示文稿，并且把需要插入的动画文件和演示文稿放在一个文件夹内。

（2）打开 PowerPoint 文档，单击“文件”→“选项”，调出选项对话框，如图 5−106 所示。

（3）在选项对话框中选择“自定义功能区”，在右面“自定义功能区”选择主选项卡，勾选下面的“开发工具选项”，按“确认”返回，如图 5−107 所示。

（4）在开发工具下的控件选区，选择其他控件。调出“其他控件对话框”，如图 5−108 所示。

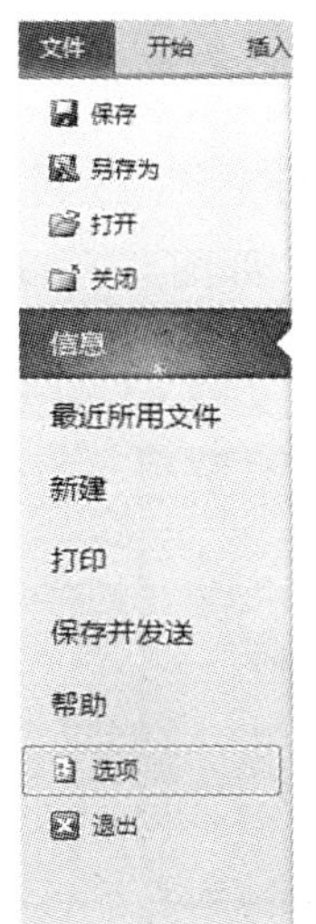

图 5−106　调出选项

图 5−107　选项对话框

（5）在其他控件对话框中选择“Shockwave Flash Object”对象（技巧：按 S 键可快速定位到 S 开头的对象名），如图 5−109 所示。

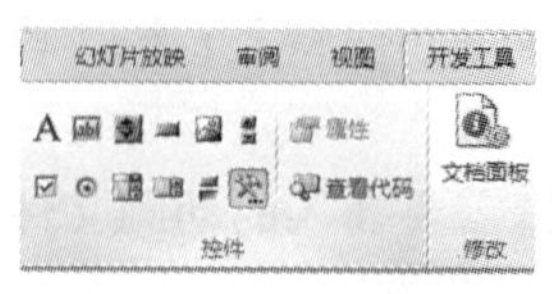

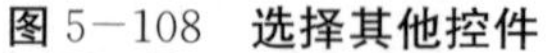
图 5－108　选择其他控件

图 5－109　其他控件对话框

（6）按“确认”返回，此时鼠标变成十字，在需要的位置拖出想要的大小，此时的放映区域还是空白，如图 5－110 所示。

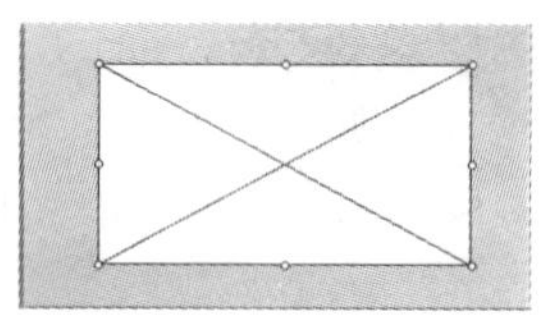

图 5－110　空白控件区

（7）在控件上右击，选择“属性”命令，调出属性对话框，在 movie 项填上 Flash 文件的文件名。请注意，文件名要包括后缀名，其余参数采用默认值，关闭返回，如图 5－111 所示。

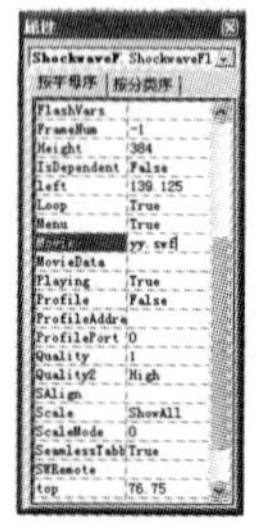

图 5－111　插入影片设置

（8）这时需要保存一下文件或者调整一下控件，然后就能看到控件的预览图了。到这里，插入 Flash 就完成了，可以随便调整控件的大小和位置。

【实训任务】

1. 利用 PowerPoint 平台设计、制作支持自己选题的那节课的演示型多媒体课件。请在课件中包含以下几种技术：

（1）自定义动画；

（2）超级链接；

（3）设置幻灯片切换效果；

（4）部分或者全部幻灯片自动播放。

2. 利用 Flash 平台制作一个球形到六边形的形态补间动画，颜色自定。

【头脑风暴】

1. 课件分为哪些类型，各自的特点是什么？
2. 多媒体课件的设计与制作一般都包含哪些环节？
3. 课件设计的一般原则是什么？
4. 常见的多媒体课件有哪些，各自有什么特点？

第 6 章　信息环境下的教学实施

【学习目标】

・了解常见的三种教学组织形式

・熟悉并掌握信息环境下，教学实施所需的软硬件的用途、功能及特性

・了解说课的方法和技巧，通过说课活动系统地阐述自己的教学设想及理论依据，体会与学习共同体相互交流以改进教学设计的过程，培养教学反思的意识

・尝试进行“微课”形式的教学实施，在教学实施过程中锻炼和提高课堂控调能力

【案例呈现】

案例 6—1　“束手无策”？“主动控制”！

王老师是某小学二年级的语文老师，刚刚入职一个月的她十分热爱自己的工作。她倾注全力备课，但几节课下来，却发现自己的上课效果不甚理想，例如，课堂有时太“闹”，有时太“静”，不知怎样控制；在课堂上提出的问题无人回答或回答得有偏差；有一次明明自己课前准备得很充分，上课时却无法打开U盘里的课件。于是她向同年级组有十年教龄的张老师请教。张老师认为，是小王老师在教学实施方面的经验不足才导致了这些问题，因此为她提供了以下几条建议：

(1) 在课堂上，要善于进行科学有效的课堂调控，并根据学

生特点有针对性地调节学习氛围，通过创设情境调动学习的积极性、主动性；在时间的安排上，注意节奏分明，教学环节有松有紧，快慢交替，有起有伏，强弱有度，教学内容由浅入深，教学方式注意讲练结合。既要对全班学生学习内容和节奏进行整体调控，也要关注个别学习状态不佳、自控能力较差的学生。

(2) 熟练掌握并应用辅助教学的常用软件和硬件，如 PowerPoint、电子白板、激光笔、电子教室等。会连接投影仪和笔记本电脑，并且熟悉软硬件出现的常见问题及解决措施，使自己即使遇到问题也能冷静处理。

(3) 多参与教研活动，如听课、说课、评课等，虚心向别的老师学习其丰富的教学经验。

4. 课后坚持写教学反思，重点关注自己的不足，然后思考如何改进，并据此进一步完善教学设计方案。

小王老师在采纳了张老师的建议后持续改进自己的教学。一学期后，她在教学实施方面取得了显著的进步，课堂教学有条不紊地展开，再也不会出现“束手无策”的状况了。

【知识导航】

在新课程背景下，如何提高课堂教学的有效性引起了越来越多的教师、学者的注意。高效课堂并非单单取决于预先设计的教学设计方案，更重要的还在于教师在教学实施过程中是否有针对性地选择适当的策略，既符合教学内容、教学目标的要求和教学对象的特点，又考虑到了在特定教学环境中的必要性和可能性。例如，如何激发与维持学生积极主动的学习心态，如何根据不同的学科特点、教学内容选择相应教学信息的呈现方式，如何在学生自主学习、协作学习过程中对其进行有效的认知指导与干预，在课堂上怎样管理秩序、避免出现纪律失控的情况等。

本章首先阐述了教学过程的基本环节、常见的三种教学组织形式，并且结合实例介绍了信息环境下教学实施所需的常用的软硬件的用途、功能及特性，然后举例说明了“说课”这一教研活动的开展方法和技巧，最后强调了教学反思的重要意义，介绍了教学反思的类型和实现途径。

6.1 教学过程的组织与实施

6.1.1 教学过程的基本环节

一个完整的教学过程包括三个基本环节：教学准备、教学实施和评价反思。这三个环节是一个有机的整体，任何一个环节都对教学过程的效果起着至关重要的作用。

1. 教学准备

教学准备可以从以下这些方面进行：

（1）教学目标的明确。

在教学准备阶段，首先应该认真学习和研究《课程标准》《教学大纲》，依照新课程评价理念，从知识与技能、过程与方法、情感态度与价值观三个方面明确教学目的和要求。

（2）教材分析和处理。

需要从课标中了解各年级教学内容、要求及知识间的联系，了解教学中应该注意的问题，在分析和处理教材时应全面准确理解教材的基本内容、知识结构，各章节内容在教学中的地位和作用，明确教学的重点、难点。如果是实验课，还需要确定演示实验、学生实验等内容。

（3）学习者特征分析。

从智力与非智力两个方面，积极主动地了解学生的思想状况、学习态度、知识基础、认知能力和心理特点等特征，力争在教学过程中因材施教。

（4）教学策略的选择。

根据学科特点、教学内容、学生实际情况和教学条件等因素，选择教学方法，设计教学过程和活动。例如，小学科学教学中，一般常采用探究教学法，强调学生自己发现问题、解决问题，注重培养学生的主体性、创造性和解决问题的能力。

（5）教学评价的设计。

教师应在教学准备中设计教学评价的方法、手段，考虑如何根据具体的课程收集能反映教师教学与学生学习效果的课堂教学数据。教学评价设计需要将学习效果与教学过程紧密结合起来，强调诊断性评价和形成性评价的作用，以便及时反馈教学信息，调控教学过程的变量。只有通过及时反馈，才有可能进行有效的调控，也才有可能帮助教师了解自己的教学情况，优化教学设计，改进教学工作。

（6）教学设计方案的编写。

上课前认真编写教案。教案应包括教材分析、学生特征分析、教学目标、教法、学法、教学过程与活动、教学评价方案（包括课内外作业）、板书提纲等内容。如果涉及实验教学，还应在教案中明确列出所需的实验器材。

（7）教学资源的搜集与整理。

教学资源从来源可分为来自校内、社会和家庭的三方面教学资源。数字化的教学资源可以通过网络等途径搜集，在百度搜索引擎中输入关键字，找到大量的相关资源，然后进行筛选、下载即可。非数字化的教学资源可以通过其他途径搜集，如物理、化学、生物等学科的实验材料可以通过购买获得，某些不易购买的教学资源还需要教师自己制作。

（8）形成教学课件。

根据教学设计方案形成教学课件，在设计课件之前需要对教学内容的选择、结构的布局、视听形象的表现、屏幕界面的形式、解说词的撰写等进行周密的考虑和细致的安排。在具体制作课件时，可将教学内容划分成若干个知识单元，并确定每个知识单元的知识点构成及所要达到的教学目标。根据不同的知识单元，设计相应的屏幕类型。如图配文类型或表格型，使相同的知识单元具有相对稳定的屏幕风格。充分考虑学生的年龄、心理等特征，在视觉上做到形象生动、简洁清晰，能引起学生兴趣，在课件中设计主菜单和各级子菜单及按钮，实现教学内容的顺利跳转。

（9）预见教学中的突发事件及处理。

教师还需要预见教学实施过程中可能会出现的突发状况及其相应处理，如课件无法打开、实验材料缺漏等。教学过程中要尽量避免这些情况发生，一旦发生也要能冷静正确地处理。

2. 教学实施

教学实施就是师生围绕教学目标开展一系列的交互活动，是教师将教学设计方案付诸实践的过程。教师根据具体的课型与教学设计方案选择不同的实施方式，运用多种策略进行教学。例如，上课伊始采用“先行组织者”策略，提出一种对新旧知识起联结作用的陈述，以帮助学生顺利接受学习材料。

教师在传统的“以教为主”教学模式下进行集中授课时，科学有效的课堂调控是保证教学有效实施的必要条件。在课堂调控中，教师应有策略地对学生的学习加以引导，从课堂学习气氛、教学节奏等多方面控制教学过程。例如，可以根据学生的年龄及心理特点创设情境，调动学习的积极性、主动性。在时间的安排上，应注意有松有紧，急缓相间，使学生思维活跃、注意力集中，教学程序由浅入深，水到渠成。教师或调动视觉，或动手操作，学生就会兴味盎然，课堂教学效果自然不错。教师既要对整体的学生学习内容和节奏进行调控，也应关注和调动个别学习状态不佳、自控能力较差的学生。

如果教师开展一些信息技术支持的，能充分发挥学生主动性、参与性、体验性的新型教学，在教学实施中就应注意利用多媒体展示技术，辅助解决学科教学中的难点、重点，为学生提供能促进其认知过程、辅助其获取与处理信息、编辑制作表达自己观点的工具，鼓励学生利用信息技术进行探究、发现和自主的知识构建，在非良构的情境下学习，利用信息技术获取、加工和表达信息，培养学生探索、发现、解决问题的能力。

3. 评价反思

评价反思是对教学准备和教学实施的全部工作进行评价和思考，通过评价反思，判断教学目标是否达成，分析存在的问题及改进的措施。评价反思是教学中一个相对独立的环节，但同时又贯穿于整个教学过程。教师可以采取观看自己的教学实录、撰写教学日志、重新设计教学方案等多种方式进行评价反思。科学、完整地进行评价反思是帮助新教师快速成长的一个重要途径。

此外，就课堂教学而言，教师能熟练运用各种教学监控策略是保证教学活动达到预期教学目标的重要条件。在教学的过程中，教师应从教学情境实际出发，综合教学活动的诸多影响因素，如课堂教学行为与交互等，运用有效的策略和措施对其进行积极主动的计划、检查、评价、反馈、控制和调节，以高效达成教学目标为最终目的。教师常用的教学监控策略有主体自控策略、师生互动策略、教学反馈策略、课堂指导策略等。首先，教学活动是主体性活动，教师、学生都处于主体地位。教师对学生最有效的监控其实应该是设法促进其自控，因此在教学实施中教师应注重激发学生的主体动机，尽量使所有学生都能感到有所收获，体验到成功的愉悦，还要注意引导学生提高其元认知监控水平，如教会学生学前计划、学中调控、学后检查。其次，积极有效的师生互动策略也能提升课堂教学成效。课堂组织能力优秀的教师善于制定合理的课堂规则，并能不断地通过提醒学生和明确地制止违反规则的行为来保证规则得以顺利推行，教师也应尽力营造一种和谐的课堂气氛，在学生面前平等、民主、互相尊重和信任，使师生都处于一种心理认同的情境之中，这样才能促进学生爱学、乐学。另外，富有经验的教师能够有效地运用教学反馈策略和课堂指导策略。他们知道在课堂上何时提问、如何追问、面对学生的回答如何反馈，能够在课堂练习时给学生提供明确的指导和解释，以及引导讨论、协作探究等课堂活动，讲解和评析家庭作业等，以达到最佳的教学效果。

6.1.2 教学信息呈现

教学实施中，教学信息的呈现方式对教学有着非常重要的影响。教学信息呈现的方式有多种，比如通过文字、图片、视频、音频等呈现，针对不同的教学内容、教学目标、教学对象等，教学信息呈现的方式应有所不同。通过何种媒体呈现教学信息应遵循以下原则。

1. 根据学生的学习风格选择恰当的媒体呈现教学信息

认知风格实质上是学生在组织和表征信息时所表现出的偏好性的习惯性方式。对信息呈现方式和认知风格的相关研究结果表明，良好的信息呈现方式（增加了动画，文本和动画接近协同呈现）能帮助表象整体型学生的有效记忆和问题解决，使之成绩得到较大提高，但这一方式对言语型学生的帮助不大，对表象分析型和言语整体型学生的效果居中。

2. 根据教学内容和教学目标选择合适的媒体

例如，小学科学教师张老师在讲授《生活中的静电现象》一课时，需要进行电荷间相互作用规律的实验演示，但由于是轻小物体，学生很难观察到细微的实验现象。张老师便利用多媒体视频投影把实验现象放大，这样学生就能很明晰地观察到轻小物体吸引、排斥的全过程，提升了课堂效果。

3. 根据认知负荷理论合理地组合运用多种媒体呈现教学信息

心理学中的认知负荷理论指出，当各种不同的信息源不能被单独理解时，整合才有意义。同时，处理冗长的文字和图表或声音会给学生记忆增加认知负荷，应避免给学生呈现重复或多余信息的学习材料。例如，教中学英语的王老师在课堂上呈现佛罗里达州的地理位置和文化背景介绍的课件时，充分考虑到了学生的认知负荷，所以在课件中只呈现了佛罗里达州的地图和文化关键点，并没有将大量文字堆积到课件上，从而使学生可以快速搜索词语、地图，并将其与佛罗里达州的意义联结，促进学生的信息整合。

对于一个屏幕的材料呈现来说，语词用声音形式呈现比用打印文本呈现会使学生学得更好。美国当代著名教育心理学家理查德・E・迈耶曾经提出过多媒体课件制作中的“通道原则”(Modality Principle)。其基本内容是：学生学习由动画和解说组成的多媒体呈现的内容，比学习由动画和屏幕文本组成的多媒体呈现的相同内容的效果好。根据心理学的双通道假设，人类有两条相互独立的信息加工通道，一条用于视觉/图像加工，另一条用于听觉/言语加工。当语词以解说的形式呈现时，画面信息从人眼输入，语音信息从人耳输入，听觉/言语通道就会用来加工语词，而视觉/图像通道会用来加工画面。两条通路平衡，就不会出现认知过载的情况。例如，教高中物理的王老师在实验课“汽油机工作过程”中，不仅用投影仪呈现了汽油机工作过程的动画课件，还伴随着课件的放映播放了语音解说词：“压缩冲程，进气门和排气门都关闭，活塞向上运动，燃料混合物被压缩，压强增大，温度升高。在该冲程中，活塞压缩燃料混合物做功，燃料混合物的内能增加，温度升高。活塞运动的机械能转化为燃料混合物的内能。”这样既不会让学生记忆困难，又能促进学生对机械能转换为内能这一抽象原理的理解。

如果选择图片、视频、动画等视觉媒体呈现教学信息，则应考虑投影仪在教室中的实际效果，要通过设置前景色和背景色的鲜明对比，才能保证投影的画面清晰。

在教学信息呈现时，如果有复杂的图示或较长的文字段落，则应尽量设法突出其中的重点内容。例如，在使用 PowerPoint 制作课件的过程中，可以采用大标题、粗体、斜体、不同颜色、下划线和高亮度标示重要文字等方法，对于图示，则可以用标注或不同颜色的边框强调重要部分。在教学信息呈现中，教师应合理地利用鼠标指针、荧光笔、激光笔等手段将学生的注意力吸引到教学内容的重要部分。语音呈现的文本也可以利用有意的停顿和重音来提示学生注意。

应将逻辑关联强的教学信息依据空间接近原则呈现，如果用到图片，就应考虑把说明图示某一部分的文字放到最接近图片的位置。而任何需要互相对照观看的内容假如分开在两页，在呈现中来回切换页面会给教学带来负面影响。例如，某教师在制作课件《燃烧与灭火》时，将燃烧的三要素可燃物、助燃物和着火源放在同一页的左侧同一区域中，这样就非常方便学生记忆。

在设计教学信息呈现方式时教师应紧扣教学目标，去除多余无关材料，而不必花费很多时间寻找有趣的图片、动画、小故事或小游戏之类的材料，因为依靠这些只能暂时吸引学生的注意，但是学生课后对真正需要掌握的内容可能全无印象，却只记得那些精彩有趣的娱乐元素。

6.1.3 常见的教学组织形式

1. 教学组织形式

教学组织形式，就是根据一定的教学思想、教学目标、教学内容，以及教学主客观条件组织安排教学活动的方式。教学组织形式是教学理论和教学实施的最终落脚点。

常见的教学组织形式有三种：集中授课、自主学习和协作学习。这三种教学组织形式各有其特点，需要教师在教学过程中把它们有机地结合起来，以充分发挥各自的优点，优化教学效果。

（1）集中学习。

集中授课是以班级为单位组织教学，教师根据教学计划中规定的教学内容、学时数进行教学。对于一个班级而言，每门学科都有固定的科目教师，然后由教师负责制定教学目标、教学内容、教学进度。班级教学最大的优点是有利于发挥教师的主导作用，教学水平较统一，有助于提高教学效率和循序渐进地传授知识；能促进学生系统地掌握学科知识，集体学习过程中学生与同学、教师的交流机会较多，能互相影响、互相促进。但是，集体授课也有其明显的局限性，如教学活动完全由教师主导，学生学习的主动性和独立性受到限制；班级人数较多，教师常常不能照顾每个学生的个性化学习需求，学生难以根据自己的兴趣、特长、学习风格等选择适合自己的学习内容和进度。

（2）自主学习。

自主学习是指学生处于主体地位的学习。学习者在总体教学目标的调控下、在教师的指导下，根据自身的条件、需求制定具体的学习目标，并采取适合自身特点的学习方法、学习材料、学习进度，对学习内容进行自主学习。自主学习与集中授课的差别在于，教师不再是学生学习的控制者，而是学生学习的辅助者，在学生学习过程中为其提供持续的、个性化的答疑解惑，为其提供必要的学习材料，创设能促进其学习的资源环境等。采取这种教学形式可以极大地促进学生的个性发展，但这种形式需要学生具备相当强的元认知能力，能够及时准确地调控自身的学习。学生在自主学习过程中陷入困境时，教师的精心辅助很有必要。教师或指导，或点拨，或解疑，或释惑，帮助学生尽快走出困境。

（3）协作学习。

协作学习是指学生形成学习小组，为达成某一学习目标而积极地互相依赖，协作完成学习任务的教学组织形式。在协作学习过程中，学习者充分发挥各自的优势和特长，相互合作，共享信息、资源，共同承担学习责任，积极主动地进行学习。教师在组织协作学习时需要注意以下几点：

第一，精心组建学习小组，根据学习任务的难度和复杂度、组员合作技能状况、所需时间等情况合理确定小组规模。

第二，分组前可以先将学生按成绩、学习风格、性格、能力、爱好等进行分类梳理，然后按“组内异质、组间同质”的原则编排成合作小组。这样分组既能为组内互补互助提供基础，同时也为全班各小组间展开公平竞争创造条件，促进“组内合作、组间竞争”。

第三，教师在设计协作学习任务时应在了解学情的基础上，充分考虑必须达成的学习目标，使任务兼具挑战性、开放性、层次性、动态性等特点。首先，应在学生的“最近发展区”内设计合作学习任务，使学习任务对所有学生都具有挑战性，促进组内成员的积极依赖。其次，应尽量避免只要求小组找到一个正确的答案或程序的封闭式任务，只有多答案、多途径、适当难度的开放性学习任务，才能有效地激发小组中所有成员的积极性。再者，学习任务不能太简单，应能分解成一系列互相联系、具有层次性的子任务，使得小组每位成员都能按照各自的实际情况，选择适合自己的子任务，为小组做出自己独特的贡献，然后整合形成最终的解决方案。最后，在课堂教学过程中还要根据学生的实际情况随时调整预设的学习任务。

第四，在学生协作学习过程中，及时的反馈、评价和帮助能够促进协作学习的有效开展，也能避免个别学生在协作学习中“搭便车”的行为。

第五，为了保证协作学习的有效展开，在正式开展协作学习前，教师应首先教会学生一些必要的技能，如如何正确、清楚、简明地向组内其他成员交流自己的观点和发现，对别人提出的质疑能做出合理的解释；学会聆听别人的发言，不随意打断别人；尝试站在对方的角度体会别人的看法和感受；勇于接受别人提出的合理意见或批评等。教师要尽可能地为学生创造实践合作技能、体会合作技能作用的机会和情境。

2. 教学交流方法

在教学过程中，师生之间有效的交流和互动能极大地促进学生的学习。教学交流不仅发生在课堂上，在课堂之外，师生之间也应通过各种渠道进行沟通与交流。在课堂上，教师要做到与学生有效地交流互动，应该注意以下几点：

第一，注意教师角色的转变。即由传统的知识传授者成为学生学习的参与者、引导者和合作者；由传统的教学支配者、控制者成为学生学习的组织者、促进者和指导者。

第二，培养学生善于表达，认真倾听的习惯。教师在课堂上应注意培养学生的语言表达能力，有效地互动不仅要求学生听得明白，还要求学生说得清楚。

第三，交流的效果不仅仅取决于语言内容，更多的还在于非语言沟通技巧，如眼神、表情、手势、语气语调等。这些都是师生交流的媒介。教师不仅要注重在自己语言表达时亲切自然，还应细致观察学生的身体语言，从学生的每一个细小举动中推测其心理状态，以更好地把握教学活动。

在课后，师生的交流方式不再局限于传统的课后问答形式，教师还可选择多种新型信息交流工具进行师生交流。例如，对于学生的疑问，可以通过 QQ 软件、E-mail、论坛、微博、微信等方式进行解答；对于学生提交的电子文档作业，教师可以通过批注、修订两种方式进行修改，然后再通过 E-mail 等方式进行反馈。在 Word 2010 中，用户可以跟踪每个插入、删除、移动、格式更改或批注操作，在水平或垂直“审阅窗格”中可以显示文档中当前出现的所有更改、更改的总数以及每类更改的数目。当用户对文档进行审阅、修订和批注时，对每一项更改可以选择接受或拒绝。在接受或拒绝文档中的所有修订和批注之前，即使是在文档中隐藏更改，审阅者也能够看到。

下面举例说明如何利用 Word 2010 的批注和修订功能进行作业批改，详细操作步骤为：

(1) 教师修订流程。

首先，打开修订功能。在打开修订功能的情况下，教师可以查看在文档中所做的所有更改。当教师关闭修订功能时，可以对文档进行任何更改，而不会对更改的内容做出标记。在“审阅”选项卡上的“修订”组中，单击“修订”图标即可打开修订，如图 6－1 所示。

其次，修订文档。单击“视图选项”，再单击“允许键入”。再次单击“视图选项”，指向“修订”，再单击“修订”，进行所需的更改。

图 6－1　审阅选项卡

(2) 教师批注流程。

首先，添加批注。在 Word 2010 中打开学生文档，切换到“审阅”选项卡，选中要插入备注的字，点击“新建批注”按钮，在批注框中输入修改意见。

其次，修改批注。修改批注有三种方法：方法一，如果批注显示在标记区，可以用鼠标把光标插入点直接置于批注中，用户即可对批注进行编辑。方法二，如果打开了“审阅窗格”，可以用鼠标把光标插入点直接置于审阅窗格的批注中，用户即可对批注进行编辑。方法三，如果批注嵌入在正文中，则可以在正文中右击批注标记，然后选择“编辑批注”命令，即可打开“审阅窗格”，用户即可编辑该批注。

再者，删除批注。删除批注有两种方法：方法一，在正文中右击批注标记，然后选择“删除批注”命令，即可删除此条批注。重复此方法，可删除文档中的所有批注。方法二，把光标定位于文档的批注标记中，然后单击“审阅”功能区中的删除按钮，在下拉菜单中如果选择“删除”命令，则可删除当前批注；如果选择“删除显示批注”命令，则会删除当前所有显示出来的针对某审阅者的批注；如果选择“删除文档中的所有批注”命令，则不论该批注是否显示，都会删除该文档中的所有批注。

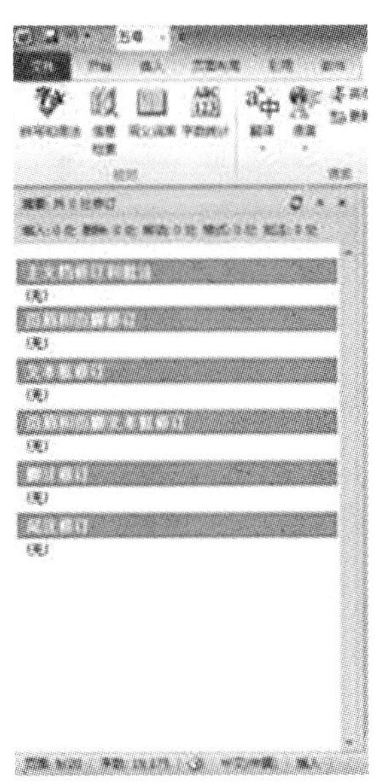

图6—2　审阅窗格

（3）学生修改流程。

首先，审阅修订摘要。学生通过审阅修订摘要功能，即可方便地查看教师批改作业的所有意见，在“审阅”选项卡上的“修订”组中单击“审阅窗格”，则可在屏幕侧边查看摘要。也可以单击“审阅窗格”旁的箭头，然后单击“水平审阅窗格”，即可在屏幕下方显示所有修改意见。

其次，按顺序审阅每一项修订和批注。在“审阅”选项卡上的“更改”组中，单击“下一条”或“上一条”，就可以在每条修订和批注之间切换。然后，选择执行下列操作之一：a. 在“更改”组中，单击“接受”；b. 在“更改”组中，单击“拒绝”；c. 在“批注”组中，单击“删除”。最后，接受或拒绝更改并删除批注，直到文档中不再有任何修订和批注，如图 6－3 所示。

图 6－3　接受或拒绝修订

为了确保所有的修订被接受或拒绝以及所有的批注被删除，可以在“审阅”选项卡的“修订”组中单击“审阅窗格”查看。该窗格的摘要部分显示了文档中仍然存在的修订和批注的确切数目。

再者，同时接受或同时拒绝更改。在“审阅”选项卡上的“更改”组中，单击“下一条”或“上一条”。点击“接受”，然后选择“接受对文档的所有修订”；或点击“拒绝”按钮，然后选择“拒绝对文档的所有修订”。

6.1.4　教学设施资源的使用

1. 电子白板

作为新兴的多媒体教学设备，电子白板因其强大的辅助教学功能在中小学教学中很受欢迎。目前常见的电子白板类型有：背投式电子白板、复印式电子白板、交互式电子白板、红外式电子白板、光学电子白板等。

电子白板需要配合投影机、计算机共同使用。在操作中，应首先将电子白板连接到计算机，然后在电脑上安装相应的电子白板程序，进行定位校准操作，利用投影仪将计算机显示器上的内容投影到电子白板上，然后就可以结合其配套使用的软件进行具体操作。电子白板可以实现自由书写、批注、课件演示、遮挡拉幕、拖放对象、过程回放、智能绘图等功能。

电子白板根据感应技术不同，其实现触屏操作的方式也有不同。电磁型需要专用电磁笔进行按压操作；压感型无须专用笔即可直接进行按压操作；红外型用不透明物体即可实现触屏功能，而无须触及板面即可进行压力感应操作。

下面是小学英语李老师使用交互式电子白板进行英语字母教学的案例，她采用了下面的功能来保证课堂教学的高效开展：

（1）链接视频。字母发音直接影响着学生单词的发音。李老师运用交互式电子白板的链接功能将相关的教学视频直接插入，再配合教师讲解示范，为学生提供标准的读音。

（2）画图和回放功能。字母的书写过程要逐步进行。李老师使用的方法为：先引导学生观察形状，再观察笔顺、占格情况，然后在交互式电子白板上进行板书。此时可使用不同的颜色、粗细线形来进行板书示范，让学生能够仔细观察字母的笔画和笔顺。学生练习描红字母后，李老师又使用了回放功能，将字母书写的完整过程进行回放，以巩固和加深学生的记忆。

（3）库功能。字母的占格是字母书写教学中的一个教学难点，学生尤其容易混淆英文字母的大小写。李老师在学生练习环节，从交互式电子白板的模板管理中心导入英语的四线格模板，请学生到讲台前板书练习。这样便省去了在黑板上画四线格的烦琐劳动，使教师能将更多精力用于化解难点。

2. 投影仪

投影仪又称投影机，是一种可以将图像或视频投射到幕布上的设备。它可以通过不同的接口同计算机、VCD、DVD、BD、游戏机、DV 等设备相连来播放相应的视频信号。投影仪按照使用方式可分为：台式投影机、便携式投影机、落地式投影机、反射式投影机、透射式投影机、单一功能投影机和多功能投影机；按接口类别可分为：VGA 接口投影机、HDMI 接口投影机、带网口投影机。

在教学中，灵活使用投影仪，能够更好地辅助课堂教学。例如，投影仪的局部放大、图像锁定等功能，可以凸显重要的知识信息，也可以使学生更容易观察到某些细致的现象。

通过笔记本电脑的视频输出接口，可以将笔记本电脑的图像输出到投影仪上。下面简单地介绍投影仪连接笔记本的方法。

首先，将投影仪的视频输入接口通过 VGA 连线连接到笔记本电脑的视频输出接口，然后投影仪上就会显示当前笔记本电脑屏幕上的画面。

然后，单击右键，打开屏幕分辨率选项，点击“连接到投影仪”。

接着，打开相关的设置选项进行相关设置：选择“仅计算机”，投影仪上将不会显示任何图像；如果选择“仅投影仪”，那么笔记本电脑将会自动关闭显示器上的图像输出，这在某种程度上有利于节能。还有一个拓展功能，可以将一个显示器上的图像输出到两个显示器上，也可以对这两个不同的显示器进行不同的

分辨率调节。

最后，为笔记本显示器调节不同的屏幕分辨率，查看投影仪显示的画面是否清晰可见。

6.1.5　教学实施中的常用软件

在信息技术环境下，有很多相关软件可供教学实施使用。选择教学实施的相关辅助软件，可以首先到国内一些大型正规的软件下载站点，如天空软件站、华军软件园等，了解一下该类软件的主要情况。可以从软件的下载量、更新情况、是否免费和人气等来对比同类型不同品牌的软件，挑选几个下载并亲自试用，从软件的功能、性能和兼容性等方面进行综合评价，然后选择适合自己教学条件的软件。

目前，在教学实施过程中的常用软件包括以下几类。

1. 课件演示软件

课件演示软件主要有 PowerPoint、WPS 演示等。这类软件一般兼有课件制作和课件演示的功能，教师可以利用这些演示软件提供的翻页、自动播放等功能，结合自己的教学策略自主设计课件中各个部分的播放顺序和时间，也可以利用这类软件提供的绘图笔边演示边标注，还可以提前录制旁白，在课堂上播放课件。

2. 学习管理系统

学习管理系统（Learning Managed System，LMS）主要包含以下功能：网上注册报名、课程管理、课程分配、整合多种格式的知识或信息资源、学习评估、学习活动及结果跟踪、生成学习报告，以及通过 E-mail 或 BBS 等方式提供学生或师生之间的交互沟通渠道等。它所具备的这一整套的功能，旨在传递、跟踪、报告和管理学习内容，掌握学生学习进度以及学生的参与互动。目前著名的 LMS 平台有 Blackboard、Moodle、Canvas 等网络学习平台，教师可以选择其一建设网络课程，供学生在线学习。例如，澳大利亚的 Martin Dougiamas 博士组织的团队开发的开源课程管理系统 Moodle 包含了几大功能模块：课程管理、作业模块、测验模块、资源模块、论坛模块、聊天模块、投票模块、互动评价模块和问卷调查模块。教师可以在课程管理模块中创建新的网络课程，设置课程的格式为星期、主题或社区讨论，并可根据需要配置相关课程活动——论坛、测验、资源、投票、问卷调查、作业、聊天、专题讨论等。然后可以统计每个学生的活动，显示图形报告，包括每个模块的细节（最后访问时间、阅读次数）、学生参与的讨论等。在作业模块，教师可以布置作业并指定作业的截止日期和最高分，学生上传作业（文件格式不限）到服务器后，教师可以在一个页面、一个表单内为整个班级的每份作业打分和评价，而教师的反馈会显示在每个学生的作业页面，并且有 E-mail 通知；在测验模块，教师可以自定义题库，在不同的测验中重复使用；而在论坛模块，教师可以以嵌套、列表、树状等不同方式浏览话题，也可轻松地回复、移动话题，还能订阅指定论坛。

3. 电子教室软件

利用电子教室软件，可以开展集中授课、协作学习、个别辅导等多种形式的教学活动。电子教室软件主要有红蜘蛛电子教室、凌波电子教室、极域电子教室等，一般分为教师端和学生端，分别安装在教师机和学生机上。

教师讲课时，可采用电子教室的“屏幕广播”功能，并结合电子黑板与白板、网上语音广播对学生进行讲解和演示。对于教学的重难点，教师可采取录屏与回放的方式将其录制成简短的视频提供给学生反复观看，还可以通过发送文本、电子举手、电子抢答等功能组织课堂问答和师生交流。教师也可以通过电子教室直接将作业发送到学生机指定文件夹，学生完成作业后再通过电子教室的学生端提交作业。在学生自主学习时，教师也可对有疑问的学生进行遥控辅导，电子教室还提供了两人对讲和多方讨论、联机讨论等支持协作学习的功能。教师也可以充分利用这类软件进行课堂管理，例如，通过屏幕监视功能防止个别学生“开小差”，获取学生机打开的程序和进程信息，即时监测学生上线情况，对没有进入学习任务的学生锁定键盘和鼠标或者黑屏肃静，还可以分组管理。除上述功能以外，大多数电子教室软件还提供网络考试的功能，方便教师组织随堂小测验。

6.1.6　课堂教学设计

课堂教学设计是指针对课堂教学的设想和计划，即教师在课堂教学工作之前进行的预先设定和筹划，主要包括教学目标的编制，教学资源的开发和利用，教学重点、难点的确定，教学方法与手段的筹划，特别是教学过程和教学活动的设计等。有效的课堂教学设计是课堂教学成功的必要条件。课堂教学设计需要教师从系统理论出发，把握课堂教学设计的理论、原则和方法，熟悉和掌握一系列的课堂教学设计的模式、操作程序和现代教育技术手段。

课堂教学设计规定了课堂教学的方向和大致进展。教师一旦制定好课堂教学设计方案，课堂教学活动的每个步骤、每个环节都将受到它的约束。教师通过课堂教学设计对课堂教学活动的基本过程进行整体把握，根据课堂教学情境的需要和学生的特点确定合理的教学目标，实施可行的评价方案，从而保证课堂教学活动顺利高效地进行。

通过课堂教学设计，教师能够掌握学生学习的初始状态和学习后的变化情况，以便及时调整教学策略、方法，采取必要的教学改进措施。通过课堂教学设计，教师应充分发挥创造力，在深入钻研教材的基础上，根据不同的教学目标、不同学生的特点，创造性地设计教学实施方案。例如，教师对学习材料进行再加工，通过选择、补充、简化、精炼、重组，构成适合当前学生水平的学习材料。

此外，教师对选定的教学内容进行分解、序列化、重新调整顺序，使之既能体现教学内容本身的内在逻辑性，又合乎学习者认知发展的规律，从而把学习材料的知识结构和学生的认知结构有机地结合起来。教师还需重视课堂教学设计的一个重要因素——设计良好的提问。因为提问在课堂教学中具有独特的作用与功能，一个好的问题能提示学生学习的重点、难点，能激发学生思维，在恰当的时机提问能方便地了解学生听课的质量，培养学生的参与能力等。如果课堂上提问的随意性很强，很少事前设计提问，则会导致很多提问无效，从而导致教学效率低下。课堂提问设计应遵循这些原则进行优化：针对性原则、多样性原则、顺序性原则、广泛性原则、评价与反馈性原则。教师在设计提问时，应顾及全体学生的发展，不能只提问优生。问题设置要有难有易，要针对不同学习水平的学生，对其提出有针对性的问题。另外，提问还要遵循学生的认知规律、思维规律，由浅入深、层层深入，不仅提出问题，更要针对学生的具体回答情况进行中肯的评价。在学生答问过程中教师要善于发现学生思维中存在的缺陷，通过反馈来引导学生思维朝正确的方向发展。这样既保护了学生参与课堂的积极性，又激发了学生学习的兴趣和解决问题的主动性。当然，在教学实施过程中，教师应根据课堂实际情况灵活开展教学，而不必完全拘泥于预设的课堂教学设计方案。

信息环境下的课堂设计，应尽量利用信息技术，提高课堂的实效性。教师应该利用信息技术设计多种教学活动方式，实现多层次教学目标。例如，某中学数学老师李老师在《抛物线及其标准方程》的教学设计中，安排了上网阅读相关资料、使用几何画板绘制抛物线、利用论坛协商解决遇到的问题等环节，利用信息技术工具创设了能有效促进学生进行观察、联想、类比、猜测、归纳、综合等思维活动的学习环境，大大提高了教学效果。

6.2　说课及其评价

6.2.1　说课

1. 说课的概念

“说课”指教师在精心备课的基础上，面对同行或教研人员讲述某节课（或某单元）的教学设想及其理论依据，然后由听者评议，说者答辩，在相互切磋的过程中使教学设计趋于完善的教研活动。

说课不同于讲课。讲课面对学生，是一种课堂行为；而说课面向同行，是一种教研活动。讲课需按照设计的教学流程进行一系列的教学活动，而说课需要概括性地说明教学设计方案，并且需要说明设计的意图。说课一般可以在课前进行，目的是面向有经验的同行征求意见以改进教学设计；也可以课后进行，课后说课一般要说出教学效果及反思。“说课”是指教学的设计及其分析，“讲课”是指教学的设计及其分析的实施。从时间上来看，“说课”花费时间较少（不超过 20 分钟），“讲课”用的时间较长（一节课的时间）。

2. 说课的内容

“说课”的内容应涵盖两个方面：一方面是教学课题的教学设计；另一方面是对教学设计的分析，即为什么打算这样设计，也就是阐述这样设计的原因、依据。说课并不是教学过程的简单复述，说课不仅要说清“教什么”“怎样教”的问题，而且要说清“为什么这样教”的问题。完整的说课应包括对课程标准的理解、对教学大纲和教材的解读、对学情的分析、对教学过程的预设以及对信息技术手段的选用等。下面依次介绍课前说课的七个方面：

（1）说教材和大纲。

说出该课的教学内容，以及该课教学内容（该章、该节）在单元中的地位，即在整体中给该课的教学准确定位，既照应单元整体性又突出单课独立性。

（2）说教学目标。

说出该课（该章、该节）的教学目标在课标中的表述，即根据课标精神和要求、学生实际水平确定该课的教学目标。教学目标是学生通过教学活动后要达到的预期学习效果，是保证课堂教学活动顺利进行、提高教学效率的必然要求。教学目标的确定，可以为教师选择教材内容、手段方法和科学评价教学结果提供相关依据，也可以为学生提供明确的学习方向。因此，教学目标是说课中十分重要的部分。

（3）说重点难点。

说出该课（该章、该节）的教学重点和难点，以及采用何种教学策略化解难点，在哪个教学环节突破重点。

（4）说教学程序。

这是说课的核心内容，说出该课（该章、该节）课堂实施的预设方案，包括所选用的课型、新课导入、各知识点的逻辑顺序安排、教与学各个环节的安排、各环节的主要内容、具体教学设想及这样做的依据。紧扣教学内容说清楚各环节如何体现知识技能训练和能力培养，如何寓思想教育与非智力因素培养于各教学环节中，如何体现教师主导和学生主体地位等。对重要的提问、课题讨论、板书设计、课堂所运用的实物媒体或数字媒体等，都可做简明扼要的说明和展示。

（5）说教法。

说教法，应说出“怎么教”的办法以及“为什么这样教”的根据。具体要做到以下几个方面：要说出本节课所采用的最基本或最主要的教法及其所依据的教学原理或原则，要说出本节课所选择的一组教学方法、手段和对它们的优化组合及其依据。无论以哪种教法为主，都应结合学科特点、学生水平、学校的设备条件而定，选择能够充分发挥教师本人特长的教法，不要生搬硬套某一种教学方法，要注意多种方法的有机结合，还要说明教师的教法与学生应采用的学法之间的联系。

（6）说学法。

学法包括“学习方法的选择”“学习方法的指导”“良好学习习惯的培养”。在说课时应突出地说明：学法指导的重点及依据；学法指导的具体安排及实施途径；教给学生哪些学习方法，培养学生的哪些能力，如何激发学生学习兴趣，如何调动学生的学习积极性等问题。

（7）说评价。

教学评价是课堂教学的重要组成部分，包括教师对学生的评价、学生对教师的评价、学生相互之间的评价等。根据新课改的要求，在课堂教学评价中要做到评价主体多元化，评价方式多样化。说课者应说清本节课中教师是怎样开展评价的，如评价内容（评价学生的哪些方面）、评价工具和具体内容及评价形式等，并说明其设计意图。

3．说课的方法与技巧

教师在说课时，应注意从说课的几个方面进行，不能遗漏某些方面。注意把控时间，在有限的时间内，不仅要使听者明白整个教学过程，而且应使用简明扼要的语言向听者阐释自己的教学设计思想。注意姿态自然大方，在必要的时候展示板书，如果在教学设计中使用多媒体课件或其他器材，也可以简单地为听者展示。

第一，在说教材环节，教师一定要注意说清楚、说透彻，不能泛泛而谈。既要说清所讲课题的教学内容及其在教材体系中的地位和作用、所涉及知识点的纵横联系，还应说清自己如何处理教材。说课时应注意突出对教材中的基本知识和基本技能、重点和难点的分析，并根据对学情的分析，合理分配时间，合理安排教学进度。例如，某初中历史教师郑老师在选择《中国历史》第二册第16课《元朝的统治》进行说课时，就说出了她对教材的处理——将原教材中的5个项目“蒙古的兴起、蒙古的统一、元朝的建立、元朝的统一、元朝的统治”重新整合为3个内容“蒙古的发展与统一、元朝的统一、元朝的统治”。这样重新整理后，整节课的线索更清晰了，更方便学生记忆。

第二，说到教学目标时，教师表述一定要明确、具体，具有操作性和可测量性，应选择可观察的动词，如“说出、写出、找出、解释、复述、默写、背诵、辨别、区分、比较、使用”等来描述教学目标，尽量避免使用含糊和不切实际的词语。例如，小学体育老师张老师在说《变速走》这节课的技能目标时把它确定为：通过练习，95%以上的学生能够掌握一种正确走的动作，能够根据要求进行改变速度地走，并保持动作正确；能用3种以上方法投掷，提高准投能力。这节课教学技能目标的描述即具有可观察、可测量、可行的特征，十分恰当。

第三，在说重难点时，应注意“前后呼应”，即如果前面分析了教学的重难点，那么在后面的教学过程中就应说清如何化解重难点。例如，某小学数学教师杨老师在进行《认识平面图形》说课时，不仅说出了难点是理解“面在体上”，并根据小学生很难理解正方体的一面就是正方形的思维特点，说出了他化解这一难点的措施：通过演示Flash课件，“面”从“体”上滑下，通过这样一种很直观的方式成功帮助学生理解了这一难点。

第四，在说教学过程时，可以重点说明自己教学设计中的精彩片段。例如，某高中化学教师张老师在说《含硅矿物与信息材料》一课的新课导入环节时，指出他是如何利用图片展示随处可见的含硅化合物及产品的，为学生简要介绍硅这一古老而具有青春活力的元素如何在传统材料到信息材料的发展过程中创造了一个又一个的奇迹，从而使学生感到化学在社会、生活、生产、科学技术中的重要作用，最终达到激发学生学习兴趣并认识到所学内容重要性的目的。

第五，在说教法时，教师可以根据学科特点、学生基础等因素选择相应的教法并解释为何使用这种教法。例如，小学语文教材中一般的记叙文（特别是记人为主）的关键在于引导学生通过读课文，指导其从时间、地点、人物这三个基本要素理清事件的起因、经过和结果，从而弄清事件的来龙去脉，理解事件的核心、人物的品质、文章的主旨等。这类课文的教法可以采用导读法、情境法等多种方法展开。

第六，在说学法时，可以与教法结合起来阐释，在“以学为主”的教学设计如探究课设计等，应重点说明教师是如何指导学生选择方法学习的。例如，初中生物老师秦老师在说《基因控制生物性状》一课的学法指导时，指出这一课中学生主要采用自主学习、合作学习、探究学习等多种学法相结合的形式，主要目的是让学生通过观察、资料分析等活动，培养学生的科学探究能力。学生以小组为单位进行合作学习，能唤醒学生的学习意识，挖掘学生的潜能，调动其积极性和主动性，培养学生自主学习的精神。

第七，在说评价时，需要注意的是不应采用单一的评价手段，而应多种评价方法相结合。教师要说明自己设计的教学评价是否有针对性，为什么通过这些方式评价，教师还应注重发挥评价的激励作用。例如，初中历史教师杨老师在说《美国南北战争》一课时，指出自己采用的评价方式专门针对已经具备一定的自觉性、独立性和创造性的九年级学生而设计，并将其贯穿于两个教学活动中：在小组讨论中进行评价，主要目的在于培养学生团结合作的精神、学生对教学材料的分析和提炼能力；要求学生撰写小段文章，并根据文章中所表现出的学生对于历史事物的理解、分析、概括及比较能力进行评价，同时这一环节也能够提高学生的语言组织能力和逻辑能力。

教师在说课中不仅要全面清晰地从上述几方面阐述，还应在说课过程中通过精彩的陈述、亲切自然的肢体语言、明快的节奏来表现出个人的教学风格和教学艺术。

6.2.2 说课的评价

对于说课的评价，评价者可以从教材、教法、学法、教学程序、教学基本功等方面进行。首先，看说者是否正确、透彻地分析了教材，是否能说出知识的前后联系，以及教材所处地位及处理方法。然后，看其教学目标是否准确、具体，是否符合大纲要求、符合学生实际，教学重、难点把握是否正确等。

总的说来，关于说课的评价，以从以下几个方面进行：

（1）对说教学目标的评价。

从教学目标的制定来看，要看其是否全面、具体、适宜。全面，指能从知识与技能、过程与方法、情感态度与价值观等几个方面来确定；具体，指知识目标要有量化要求，能力、思想情感目标要有明确要求，要能体现学科特点；适宜，指确定的教学目标，能以大纲为指导，能体现年段、年级、单元教材特点，要符合学生实际年龄和认识规律，难易适度。

从目标达成来看，要看教学目标是否明确地体现在每一教学环节中，教学手段是否都紧密地围绕目标，为实现目标服务。要看整堂课是否尽快地接触重点内容，重点内容的教学时间是否得到保证，重点知识和技能是否得到巩固和强化。

(2) 对说教材的评价。

评价说课者是否说清本课内容在本学科教学中所处的地位和作用。因为在教学过程中，每一课时所包含的教学内容是不同的，它们在每一学科知识体系中的地位及其作用也是不同的。有些课时所含的教学内容很重要，与今后授课的内容关系密切，是阶段性的关键点，甚至是本教材的关键内容，所以说课者不仅要认真领会每一课在学科教学中的地位，而且还应准确把握这堂课所包含的所有关键知识点，进而才能有目的、有重点地对学生进行准确的指导，从而达到事半功倍的教学效果。

(3) 对说教法的评价。

评价说课者是否根据教学目标选择了恰当的教学方法，是否采用多种教学策略相结合，是否在教具、学具、实验器材等的选择上恰当可行，能否贴切具体地说出所选教法的理论根据。

(4) 对说学法的评价。

评价说课者是否教给学生正确的学法，并能恰当地运用学习方法培养其能力。教师是否在说课中对所教学生的知识技能、智力水平、学习态度、思想状况、心理特点、非智力因素进行了正确的分析估计，是否说出了不同层次的学生对教师教学的反应，能否预见学生在新知识学习中所面临的困难，是否充分调动学生求知、求思的主动性、积极性，让学生在完成自我调整和准备的同时，提高学习能力，真正做到“从教到学”的转化。

(5) 对说教学过程的评价。

评价说课者一节课的教学过程指评价此教学过程中各部分内容的确立和分配，以及它们之间的联系、顺序和时间安排；教学流程的设计是否结构合理、层次清晰、主次得当、重点突出、环环相扣、过渡自然，是否合理地运用多媒体辅助教学，练习是否难易适中、有针对性等。

（6）对说课者教学基本功的评价。

除了上述几方面的评价外，还要考察说课者的教学仪态是否亲切自然，普通话是否准确清楚，语言是否流畅精炼、生动形象，语言的语调是否高低适宜、快慢适度、抑扬顿挫、富于变化；板书是否工整、布局合理、言简意赅、条理性强；技术操作是否熟练等。

总之，说课评价的标准不是唯一的，而是开放的、动态的和发展的，但是，以上几个维度应该是评价说课所必须涵盖的基本内容。好的说课能让听者感到说者有较新的教育观念，能很好地理解教材、了解学生；能准确地把握重点难点，并有效地进行处理；能合理灵活地运用教育学、心理学的一般原理，采用的教学策略手段符合学生认知规律和学科教学特点；还能体现说者较强的取舍、处理、组织能力，对所述问题有独特的见解，讲述过程中能体现出很强的逻辑性；说课中运用的语言准确、形象、生动，富有启发性和感染力，仪表端庄大方等。

6.3 教学反思

教学反思，是指教师通过教学内省、教学体验、教学监控等方式，辩证地否定主体的教学观念、教学经验、教学行为的一种积极的认知加工过程。教学反思是对教育教学实践的再认识、再思考，教师通过反思总结经验教训来进一步提高教育教学水平。教学反思的途径主要有课堂录像反思、教学日志反思、从学习者角度反思、与同事及专家的交流中反思、通过向学生征询意见反思几种。

教学反思还包括纵向反思、横向反思、个体反思和集体反思等。纵向反思是教师从时间维度上对自己的教育教学进行不间断地反思，它可以是在备课阶段进行的教学前反思，也可以是在上课阶段进行的教学反思，或者是在上完课后进行的教学后反思。教学前的反思，能使教学成为一种自觉的提炼和实践；教学中的反思，能保证教学有效实施；教学后的反思，能使教学经验沉淀和积累，促使经验上升为理论。横向反思则是指教师横向比较自己与别的教师的教学实践而产生的思考，通过学习比较，可以从宏观上找出理念上的差距，从微观上解析手段、方法上的差异，通过借鉴别人的经验全面提升自己的教学效果。教师在进行教学反思时，还应注意不仅要开展个体反思，还要经常与同事一起观察自己的、同事的教学实践，与他们就教学实践问题进行对话、讨论，这样不仅能促进教师个人的反思意识，也有助于建立合作学习的共同体。

反思方法包括行动研究法、比较法、总结法、对话法、录像法、档案袋法等。行动研究法是指教师为弄明白课堂上遇到的问题的实质，与研究者合作进行调查和实验，研究探索用以改进教学的行动方案。对话反思法是教师通过与同事、同行交流研讨来检讨自己的教学行为，加深理解教学理念，提高教学监控能力的方法。录像反思法是指通过录像手段再现整个教学过程，让教师以旁观者的身份反思自己或他人的教学过程的方法。教师在观看课堂实录时，应注意与原教学设计进行对比，特别注意临时调整的环节是否会造成课堂失控的情况，并反思其影响课堂教学效果的原因。

教师可以从多个角度开展教学反思：对教学实践活动的反思、对个人经验的反思、对教学关系的反思、对教学理论的反思。教师在课堂实践过程中，应时刻保持敏锐的观察力，及时捕捉能够引起反思的事件或现象，从实践内容、实践技术与实践效果三个方面对照检查是否达到预期目标、是否出现未曾预料到的情况，通过理性检查与加工，逐渐形成系统的认识，形成更为合理的实践方案。某小学科学教师许老师在设计《生活中的静电现象》一课时，在实验探究活动环节中，使用了两组实验材料进行对比试验，一种是橡胶棒和毛皮，另一种是玻璃棒和丝绸。用橡胶棒和毛皮摩擦吸附纸屑不是很明显，而有机玻璃棒经过丝绸的摩擦在靠近纸屑时吸附现象非常明显，有的纸屑甚至飞舞了起来。这说明使用第二种材料做对比实验效果非常好。于是许老师在课后将这一发现及时总结，记录在自己的教学博客中。

在课堂教学中，教师不仅要对所使用的工具、方法、时机等进行适当的总结，及时发现问题和不足，探寻更佳的方案，还应对整个实践所取得的成效的价值进行判断，包括考查学生在知识与技能、过程与方法、情感态度与价值观三个方面的受益状况与教师自己个人经验的提升状况、对教学理念和理论的促进状况等。

对于教学理论来说，教师除了吸收国内外经典的教学理论用于指导教学实践外，还应有意识地对教学理论进行反思，依据时代背景、技术发展、自己的知识背景与学术专长、课堂实践经验等，对教学理论进行修正与再创造；也可以通过比较不同的教学理论，发现某一理论的缺憾，尝试在不同的教学情境中创造性地运用不同的理论；甚至可以从其他学科不断更新的概念、范畴中建构新理论，这种针对原有理论进行修正、推演概括与建构就是对教学理论的反思。

【拓展学习】

学习材料 6－1　**翻转课堂**

2011年在美国兴起的“翻转课堂”（The Flipped Classroom）很快就吸引了人们的关注。这种新型的教育教学形式颠覆了传统意义上的课堂教学模式。传统的教学模式是，老师在课堂上讲课，课后布置作业，让学生回家练习。而在“翻转课堂”教学模式下，学生在家已经通过观看视频、阅读教材、查阅资料等完成了知识的学习，而在课堂上教师的主要任务是答疑解惑，学生则关注于知识的应用，师生之间、学生之间通过有效的交流互动，提升教学效果。互联网的普及和计算机技术在教育领域的应用，使"翻转课堂"教学模式变得可行和现实。学生可以通过互联网使用开放的、优质的教育资源，而不再单纯地依赖授课老师的知识传授。而老师的责任更多的是去理解学生的问题和引导学生运用知识。

"翻转课堂"的教学视频短小精悍，视频的长度控制在学生注意力能比较集中的时间范围内，符合学生身心发展特征。通过网络发布的视频，具有暂停、回放等多种功能，学生可以自我操作，有利于学生的自主学习。另外，"翻转课堂"对学生的学习过程进行了重构。"信息传递"是学生在课前进行的，老师不仅提供了视频，还可以提供在线的辅导。"吸收内化"是在课堂上通过互动来完成的，教师能够提前了解学生的学习困难，并在课堂上给予有效的辅导。同时，同学之间的相互交流也有助于促进学生知识的吸收内化过程。

目前，影响力较大的"翻转课堂"是"可汗学院"。它是由孟加拉裔美国人萨尔曼·可汗创立的一家教育性非营利组织，主旨在于利用网络视频进行免费授课，其现有教学视频已涵盖数学、历史、金融、物理、化学、生物、天文学等科目。

学习材料 6-2　博客撰写教学反思

"博客"（Blog）一词源于"Web Log"（网络日志）的缩写，是一种简便的个人信息发布方式。如今，很多教师选择博客作为撰写和发布自己教学反思的工具。由于博客的公开性，它能增加教师的成就感和责任感，教师将更加认真、更加负责地对待，使教师得到更自觉的自我锤炼和提高。

在教学反思博客上，教师不仅可以将个人工作过程、生活故事、思想历程、闪现的灵感等及时记录和发布，还能精选并连接互联网中最有价值的信息、知识与资源，更可以以文会友，结识和汇聚朋友，并与之进行深度交流沟通。教师将自己日常的生活感悟、教学心得、教案设计、课堂实录、课件等上传发表，超越传统的时空局限（课堂范畴、讲课时间等），促进了教师个人隐性知识的显性化，体现了全社会知识和思想的共享。

在写作、交流教学经验和心得的过程中，教师在交流中获得支持帮助，产生成就感，这反过来又激励他们的表达创作热情；也无形中加深了作者对知识的理解，使知识的含义在写作过程中得到建构。每日的资料整理与书写，不但会提高教师自身的写作能力，也会改善其思考能力和生活方式，促进其专业素养的提升，这不失为一个良好而简便易行的终身学习方式。

【实训任务】

1. 请根据自己的教学设计方案，截取其中的某个教学环节，以“微课”的形式实施（微课的教学设计请参考第 2 章相关内容），小组内部根据微课视频进行讨论和点评。小组意见汇总后，请填写在下面的空栏中。

____

____

____

____

____

2. 针自己选题的那节课，展示你对自己选题的那节课的教学设计理念、思路和处理过程。说课时，需要注意：

（1）内容全面。说课涵盖五个方面，即说教材、说目标，、学情、说教学流程、说评价。

（2）说课语言力求清晰流畅；叙述时重点突出，详略得当，要重点说出如何引导学生观察、思考、记忆及创新思维；说出培养学生学习能力、提高教学效果的途径。

（3）说课稿文字力求简洁生动，书写格式、图片表格明快醒目，富有感染力。

【头脑风暴】

1. 请结合自己的学科特点，谈谈在教学实施中可能会发生的突发状况，以及如何预防，一旦发生应如何正确高效地处理等问题。

2. 教师需要从哪几方面促进小组的协作学习?

3. 教学反思需要反思哪些方面?

4. 拓展学习“翻转课堂”的内容，并与学习伙伴共同讨论“翻转课堂”与传统教学方式在实施时有什么区别。

第 7 章　信息环境下的教学评价

【学习目标】

- 了解教学评价的概念、分类及其特点
- 掌握教学评价方案设计的一般原则和常用方法
- 了解利用技术手段进行评价的优势
- 掌握基于技术的评价工具 Excel 的主要功能
- 能利用 Excel 对统计结果进行分析与表达
- 了解教学设计成果的评价量表和评价方法

【案例分析】

案例 7−1　多元评价促进步

陈老师是某初中二年级的历史老师，他在准备《繁盛一时的隋朝》一课时，将这课设计为网络协作探究型课。为了真实地判断和评估学生在协作学习中的态度、行为表现、学习结果等，他专门设计了一些评价量表，采用自评、小组互评、老师评价相结合，定性和定量评价相结合的方式，来评价学生在协作学习中做出的贡献、是否达成意义建构的目标。

这一课作为公开课展示，几位同事来听课，他们对陈老师这堂课的教学质量和教学效果从多个角度进行了评价，一致认为他教态自然大方、普通话标准、语言清晰流畅；恰当地使用了信息技术工具辅助教学，合理采用了多种教学策略，教学环环相扣；在学生协作探究的过程中，陈老师在恰当的时机给予了学生帮助、指导、释疑、鼓励，学生在听课过程中兴趣浓厚，且小组内分工明确，积极地协作，完成任务的质量较好。

【知识导航】

随着我国基础教育新课程改革的推进，教学评价作为教学中的一个重要组成部分，其理念、思想、工具、方法、手段等也在不断地更新和发展。教师则面临着在信息化教学环境中，发挥现代教育技术在教学评价中的作用的问题。例如，越来越多的教师正在尝试采用信息技术支持的教学评价的新技术、新工具，利用在线形成性评价、电子档案袋、网络问卷调查等，使教学评价更加简便、有效。

本章将在提出教学评价的概念、分类之后，简单介绍新课程的评价理念，并且阐述教学评价方案设计的过程，举例说明教学评价的常用方法，特别指明了教学评价量规的设计原则。然后说明如何在信息化教学条件下，以电子档案袋、在线形成性评价等新技术手段进行教学评价。最后，还介绍了几种常用的数据统计软件在教学评价中的作用，并举例说明如何使用 Excel 对教学评价所得的数据进行统计、分析与表达。

7.1　教学评价概述

7.1.1　教学评价的概念和功能

教学评价是以教学目标为依据，按照科学的标准，运用一切有效的技术手段，对教学过程及结果进行测量，并给予价值判断的过程。教学评价是研究教师的教和学生的学的价值的过程，它直接作用于教学的各个方面，是教学工作中的一个重要组成部分。教学评价包括两个核心环节：对教师教学工作（教学设计、组织、实施等）的评价、对学生学习效果的评价。教学评价的方法包括测验、征答、观察提问、作业检查、听课和评课等。教学评价的功能有以下四点：

（1）诊断功能。

对教学效果进行评价，可以了解教学各方面的情况，从而判断它的质量和水平、成效和缺陷。全面客观的教学评价如同身体检查，是对教学进行一次严谨科学的预测，通过这种预测可以了解学生的知识基础和准备状况，以判断他们是否具备实现当前教学目标所要求的条件，为实现因材施教提供依据。通过评价，不仅能估计学生的成绩在多大程度上实现了教学目标，而且能帮助教师找到学生成绩不良的主要原因。

（2）激励功能。

评价对教师和学生具有监督和强化作用。通过评价反映出教师的教学效果和学生的学习成绩。经验和研究都表明，在一定的限度内，经常进行记录成绩的测验对学生的学习动机具有很大的激发作用，可以有效地推动课堂学习。

在课堂评价中，语言运用得当能充分发挥评价的激励作用。例如，小学数学教师赵老师在教授《平行四边形面积的计算》一课时，学生提出问题："长方形的面积用长乘宽，平行四边形的面积是否也可以用相邻的两条边相乘?"赵老师清楚地认识到这是学生在认知过程中自发的顺应和迁移现象，于是这样评价："你能做出这样的大胆猜测，证明你积极思考、勇于探索。现在就让我们一起来验证一下你的猜测，看看到底是不是这样。"这样的激励性评价，保护了学生的学习积极性。另外，教师还采用"小奖牌"的形式对学生进行评比，再结合平时作业活动的书面评价和学生之间、师生之间的评价，形成课堂学习过程的评价结果。经过一段时间，学生无论是课堂纪律还是回答问题的积极性都提高了许多，数学成绩自然也提高了。

（3）调节功能。

教师通过各种评价手段来获得反馈信息，促使教师了解自己的教学方法和教学组织过程中的不足，及时调节自己的教学工作，诊断出学生在学习上存在的问题与困难，明确教学目标的实现程度，明确教学活动中所采取的形式和方法是否有利于促进教学目标的实现，从而为改进教学提供依据。学生能根据反馈信息了解自己当前的学习状况，从而调整自己的学习策略、增强学习的自觉性。这就是评价所发挥的调节作用。

（4）教学功能。

评价本身也是一种教学活动，在这个活动中，学生的知识、技能、情感、品德等多方面都有进展。教学评价的教学功能主要是通过评价目标体系，采用他评和自评结合的方式，在形成性评价过程中得以充分体现的。

7.1.2　教学评价的分类

依据不同的分类标准，可以对教学评价做不同的划分。

1. 诊断性评价、形成性评价和总结性评价

诊断性评价是指在教学目标设定之后，在开展具体的教学活动之前，为了弄清楚学生在此前的学习状况，有效地开展所计划的教学活动而进行的一种“事前评价”。诊断性评价是开展有效的教学首先应该进行的一种摸底性评价，通过这种评价可以调查学生的学习兴趣、积极性、目前具备的知识基础等，方便教师确定教学起点、安排教学计划、增减教学内容，明确学生对学习的准备情况、问题所在和适应性等。

形成性评价是一种“事中评价”，主要指在教学过程中所进行的一种教学评价。“形成性评价”的概念是美国芝加哥大学哲学家 Scriven 在 1967 年论及课程改革时第一次提出的。Bloom 等人进一步将形成性评价运用于教育评价实践，认为形成性评价是

根据教学活动过程中把握到的阶段性成果来修正教学计划，进行必要的补充、指导或根据学生的实际情况来安排学习内容的评价活动。形成性评价的关键是认清学生现有水平和学习目标之间的差距。通常按照教学目标的规定开展一段时间的教学之后开展形成性评价，目的是为了检查前一段时间的教学是否达到了教学目标的要求，并根据检查结果调整下一段教学的目标、进度和方法等。通过这种评价可以区分出班级内有多少学生在多大程度上理解并掌握了教学内容。这样，教师就能根据检查所反馈的结果来修正后续教学的目标、内容和方法。也就是说，形成性评价的根本目的是改善教师的教学，促进学生的学习。

总结性评价是指一段时期的教学结束之后所进行的一种教学评价。它是为了检查特定单元的教学或者特定时期的教学等是否完成了既定的目标而总括性地进行的“事后评价”。总结性评价概括水平较高，测验内容覆盖范围较广，常在学期中或学期末进行，注重考查学生对某门学科整体掌握的熟练程度。只有在总结性评价的结果反映出所有学生都掌握了全部学习内容的情况下，才能进入下一阶段的教学。如果通过检查发现学生对有的重要内容还没有掌握，就应对其进行及时的辅导。

2. 目标参照评价与常模参照评价

按评价所参照的标准，教学评价可分为目标参照评价和参照评价。

常模参照评价是指以学生群体测验的平均成绩作为参照标准，说明某一学生在群体中的相对位置。重在学生个体之间的比较，主要用于选拔或按水平编班，要求试题难度适中，尽量对所有学生都有较强的鉴别力和区分度。这种评价以群体的平均成绩作为参照标准，因而缺乏对学生个人努力状况和进步程度的适当评价，过分强调选拔而忽视了评价的激励作用。

标准参照评价又称目标参照测验，是用来衡量学生是否达到预期教学目标的测验，而并不考虑学生在群体中的相对位置。测验将个人分数与特定的标准相比较，评价学生是否合格，常用绝对评分方式记分。对学生个体而言，这种评价结果能横向比较某一特定学生不同学科之间成绩与能力的差异，也可以进行某一时段前后的成绩纵向对比式分析，使学生更清晰地掌握自己的实际情况，有利于激发他们的学习动力、挖掘学习潜能、改进学习策略等。对于教师而言，标准参照评价能为全面了解学生提供准确、动态的依据。

3. 正式评价与非正式评价

根据教师对学生实施评价的正式程度，可以分为正式评价与非正式评价。

正式评价是教师通过各种正式规范的测量手段或工具，有针对性地了解学生的学习情况的评价方式。通常正式评价的途径包括测验，或者可以通过一些竞争性的活动进行，如演讲比赛、知识竞赛等。

非正式评价是教师在与学生在教学过程或日常生活中接触、互动的过程中，以观察、交流为主要方式了解学生，逐渐形成对学生的某种看法或判断的一种评价方式。相比正式评价，非正式评价是过程性的，教师在与学生的不断交流和互动中，获得学生全面、活生生的信息，并由此形成初步的认识，然后不断地根据学生的行为表现、学业进步、能力发展动态地调整对学生的印象，在教学中针对学生的情况给予相应的反馈。

非正式评价并没有明确的目的，也无固定的程序或结构，是完全在真实情景中进行的。

教师在方法的运用上也较随意，非正式评价能评价学生在解决问题的过程中表现出来的能力，因此可以很好地反映学生的内隐方面，如兴趣、学习动机、情感、态度、价值观等，而学生的这些特点是正式评价很难正确判断的。非正式评价可以对不同的学生采用不同的评价标准，例如，在小组化学实验过程中，可以针对学生实验操作能力的强弱确定不同的评价标准，通过观察学生参与实验的整个过程，能方便地评判每一位学生参与合作学习的积极程度、动手能力、与学习同伴交流的能力、对理论知识掌握的熟练程度等，可以真实地反映学生的进步情况。

当然，教师的主观因素也会在很大程度上影响非正式评价的结果，如果运用不当，评价也会有偏差。

4. 绝对评价、相对评价和自身评价

根据评价基准，教学评价可分为绝对评价、相对评价和自身评价。

绝对评价是在被评价对象的群体以外确定一个客观标准，将被评价对象与这一客观标准相比较，以判断其达到程度的评价方法。

由于绝对评价独立于评价对象而设定评价基准，因此这种基准能客观地考察教学目标是否达成，可以促使学生根据教学目标有的放矢地主动学习，并根据评价结果及时发现差距，调整学习进度、方法等。

相对评价法是从被评价对象的群体中选择评价基准，将学生成绩与基准做比较，排出名次、比较优劣的评价法。相对评价法使学生容易在相互比较中判断自己成绩的优劣，以及和同学之间的差距，从而有效激发学生在学习上的竞争意识。但相对评价法设定的评价基准容易受被评价对象群体的影响而有所差异，不能真实客观地反映学生的学习效果是否达到教学目标的要求。

自身评价是以评价对象自身状况为基准，对被评价对象进行价值判断的评价方法。在这种方法中，评价对象只与自身状况进行纵向比较，例如，将自己现在的成绩同过去的成绩进行比较，而不与同学进行横向比较。这种评价法能够较充分地兼顾学生的个性差异，减少来自其他被评价对象的压力，激励学生在学业上的进步。但是，它只是使评价对象与自身状况进行比较，并没有按照一定的客观标准进行评价，也缺少被评价对象间的相互比较，容易导致信度降低，学生自我满足，因此应与绝对评价、相对评价结合使用才能充分发挥其激励功能。

5. 定性评价和定量评价

按评价的方法，教学评价可分为定性评价和定量评价。

定性评价是指运用多种逻辑分析方法如分析、综合、比较、分类、演绎、归纳等，对评价材料进行“质”的分析，一般是以描述性的评语作为评价结果。定性评价追求对那些能够显现有关事物内在规定性的具体特征进行细致而深刻的挖掘，通过对评价对象进行广泛细致的评价，深刻地理解被评价对象，进一步从被评价者的角度来描述问题。

定量评价是对学生学习成果用数量表示的规定性进行精确测量，注重对评价材料进行“量”的分析，其出发点是把握事物量的规定性，也就是通过具体的数学统计、运算和定量分析，关注数量特征和数量变化。

定量评价和定性评价相结合，可以互相补充，既能通过数据提取可供改善教学的规律，又能通过个性化的评语关注学生个体的发展。

6. 诊断性评价、形成性评价和总结性评价

按教学评价在教学过程中发挥的作用，教学评价可分为诊断性评价、形成性评价和总结性评价。

诊断性评价也称为教学前评价，一般是在某些教学活动开始之前对学生的知识和技能、情感态度等状况进行预测。诊断性评价除了了解学生的知识基础和准备状况、辨认学生可能存在的对学习内容的一些错误理解等要素以外，还能识别学生的优点、特长等，为教师因材施教提供依据。

形成性评价是指在教学活动过程中，为了更好地达到教学目

标而不断进行的评价，能及时了解阶段教学的结果、学生学习的进展情况和存在的问题等，以便及时调整和改进教学。教师在进行教学设计时，应充分重视形成性评价的作用，可以在一节课或一个知识点以后进行小测验，以了解学生对知识与技能的掌握情况，也可以在开发课件时在课件中使用问题、课堂小练习等。

总结性评价又称事后评价，是在教学活动结束后，为了解教学的最终效果而进行的评价。例如，期末考试就属于总结性评价，其目的是检验学生对各学科的学习是否最终达到教学目标的要求。总结性评价能够对学生的学习成果做出全面鉴定、等级区分，也是对教师的整个教学设计方案是否有效的检验方式。

7.1.3 新课程评价理念

曾经，我国推行的中小学课程评价体系，由于长期受到应试教育的影响，具有如下的弊端：

第一，对学生的评价范围不够全面，往往只针对学生的知识、技能、能力的评价，特别强调理解力、记忆力方面的发展，对学生的其他方面，如实践能力、创造能力、语言表达能力、心理素质、人际交往能力、情绪、态度、习惯以及学生的兴趣等评价甚少，评价内容仍然过多注重学科知识。

第二，过分强调甄别与选拔，对学生的努力过程不够重视而只看重分数，很难发挥评价的激励作用。

第三，片面强调相对性评价标准，忽略了学生个体间的差异。

第四，通常采用定量评价，忽视了难以量化的因素，如学生的创新精神、实践能力、行为习惯、心理特征、情绪态度价值观等，很少采用体现新评价思想的、质性的评价手段和方法。

第五，评价主体一般为教师，没有实现多元化评价主体，忽略了学生自我评价的价值。

第六，学生在评价过程中处于被动地位，心理上常常感到压力，觉得自己被检查、被评判，因此常对评价特别是测验这种评价手段具有排斥、对立的心理。

这些弊端确实需要在新课程改革进程中进行深刻反思、改革。

随着新课改的推进，教师的教育观念与行为、教学方法与手段等都面临着一场巨大变革。在此背景下，相关领域研究人员致力于课堂教学评价的改革，从而形成了风格各异的课堂教学评价标准。虽然这些评价标准的表述方式和指标体系各有不同，但总结起来，这些研究成果体现了新课程理念给课堂教学评价带来的诸多变化，主要表现在以下几个方面：

第一，由过去主要评价教师的“教”向重点评价学生的“学”转变，既要关注教师在教学中的行为和“教”的效果，又要考查学生是如何学以及“学”的成果。例如，通过了解学生在课堂上如何讨论、如何交流、如何思考、如何发现和获得知识等，进行课堂教学评价，把学生在课堂内的师生互动、自主学习、合作学习中的行为和表现，参与热情，情感体验和探究，思考过程等都作为课堂教学评价的主要内容。

第二，由过去注重基础知识、基本技能和发展“学科能力”的评价，向既注重“双基”和“能力”的形成，也注重学生在学习过程中的情感体验、态度的发展转变以及价值观的培养与形成。这就要求教师不仅在课堂教学中做到语言流畅、思路清晰、板书工整合理，并且还应注意对学生学习的导向、辅助、激励等。例如，能否及时地了解学生在课堂上的所思、所学、所做、所感；能否为学生创设理想的学习环境以促进其参与到学习活动中；能否有效地组织学生发现、寻找、搜集和利用学习资源；能否为学生提供动手实践、自主探索与合作交流的机会和空间；能否创造性地使用教材而不是照搬教材。

第三，由注重教师对教材使用和教学方法选择的评价，向注重学习方法的指导和教学媒体的有效利用转变。教师的角色由重“教”向指导学生去“学”转变，其教学不再是简单地呈现教材内容，而是尽量创造性地使用教材。还应恰当地选择和使用现代教学媒体，充分利用信息技术促进学生的学习，使学生真正做到“乐学”。

为了克服传统以考试为主的评价所带来的种种弊端，新课改倡导发展性评价，突出评价促进发展的功能，教学评价理念主要体现在如下几个方面：

第一，在评价功能上，由侧重甄别和选拔转向侧重发展。新课程的评价理念淡化选拔，而更多关注学生之间存在智力和才能的差异，并综合考查学生各方面情况的发展，从特定的学生的评价结果判断出其在学习上所存在的问题和不足，采用有针对性的教育方法促进学生的发展，帮助学生树立自信心、获得成就感。

第二，基于多元智能观、强调学生全面发展的评价。传统对学生学习效果的评价一直强调“逻辑—数学智力和言语—语言智力”，而将其他因素排除在外。然而随着哈佛大学认知心理学家加德纳提出的多元智能理论在我国逐渐被接受，这一全新的理论对课程评价的改革产生了重要的影响，学校越来越重视学生不同智力和技能的发展，即更强调“多元评价”。“多元评价”意味着不仅评价学生在逻辑和语言能力上的发展，而且视觉、听觉、运动、自我反省智力和人际交往智力等也将得到评估。学生的学习策略、与他人交往的技巧以及知识在日常生活或在文化背景不同的情境中的运用能力也都将得到评价。这种“多元评价”反映出的是一个与真实生活相关、能提供一个有关学生学习的丰富描述的多元测量系统。

第三，注意定性评价与定量评价相结合。新课程评价需科学分析质的评价与量的评价的特点以及各自的优势和局限性。质的评价与量的评价的整合才是教育评价的正确道路。丰富评价手段与方法，除了将考试作为评价方法，教师应利用一些新的评价手段，如成长记录袋、学习日记、情景测验、行为观察和开放性考试等。

定量评价与定性评价结合，不仅有利于克服定量评价中对被评价学生的忽略，避免评价结果受评价者的主观因素影响，还可以克服定性评价中对评价者素质的过分依赖，使评价主体更自主，使评价者与被评价者都成为评价的主人，使评价者与被评价者都有参与选择、决策的机会与权利。

定性评价和定量评价整合，有利于克服定量评价中“纯数字”的机械性与孤立性，使评价结果更深刻、更丰富，提高评价内容的逻辑性。既可以利用定量评价对自然情景中的复杂因素进行把控，也能够发挥定量评价严密、精确的优势，从而保证评价过程的严谨性、科学性。

例如，某中学的历史课教师在设计《美国独立战争》探究课时，主要是采用了质的评价——学生们通过互联网搜集美国独立战争的相关素材，在网络论坛上讨论相关话题；学生还组织了小话剧、创作了小论文来表达对美国独立战争的观点。教师对学生呈现的作品给出了恰当的、有针对性的评语，激励了学生的学习积极性。在此过程中，该教师还适当采用了量的评价，即利用传统测验方式，考察了学生关于“美国独立战争”的知识与技能目标。

第四，评价主体多元化。新课改视野下的教学评价应强调评价主体多元化，重视自评、互评的作用。它主张学生、教师、学习伙伴、家长、管理者、社区和专家等共同参与评价，从而增强多个评价主体间的互动，强调学生也成为评价主体中的一员，以多渠道的反馈信息促进学生的发展。

这种转变使评价结果更加全面、真实，也有利于促进学生的自我反思、自我促进能力以及与他人合作能力的发展。例如，某初中物理教师在设计《滑动摩擦力》一课的协作探究型教学时，将教学评价量表设计为多个评价主体分别打分，如学生自评、教师评、小组其他成员评，然后将各项成绩进行综合后得到最终评价结果。

第五，将形成性评价与总结性评价有机结合。形成性评价与总结性评价有着各自独有的内涵和理论基础，但在运用的时间划分及功能上并不是绝对独立的，无论何种评价都要服从、服务于教育目的，因此应将两者结合起来，既关注学习结果，也关注学习过程。

7.1.4 基于技术的教学评价

相对于传统环境下以测验和考试为主要评价方式，基于信息技术支持的各种过程性评价方法具有其独特的优势。目前，很多统计分析工具可以运用于对评价结果的分析、处理，能帮助教师节省很多用于数据分析和处理的时间，如 IBM 公司的 SPSS 软件、美国 North Carolina 州立大学开发的 SAS 软件等。

1. 计算机辅助测验

计算机辅助测验（CAT）是指用编程软件编制的、由计算机实施的客观性测验。CAT 系统可帮助教师或教学管理人员进行测验设计与生成考卷，在一定条件下实施测验，也可进行测验分析、管理成绩与提供报告等。下面举例说明教师如何使用计算机辅助测验系统的主要功能进行教学评价。

（1）组卷。

组卷工作可由人工完成，也可由系统在一定程度上自动完成，形成相应的组卷参数。人工组卷时，需要教师根据测验需要设计题目内容范围、题目类型、题目数量和测验目标等，然后量化测验目标各知识点内容所占比例数，各层次的目标（记忆、理解、综合、应用等）分别对应哪些题型，每种题型在试卷中的数量，各难度级在试卷中所占比例，估算完成各题大概所需的时间等。如果由计算机自动组卷，教师只要设定好出题内容范围和总题量，计算机就可以根据题库中各试题的有关属性，选择不同目标、不同难度、不同内容的题目，组织成分布合理的一份试卷。

（2）生成测验。

CAT 系统一般提供一些测验模板，先由教师设计好试题，按属性指标、题文、附图、答文、答图等相关信息将试卷内容输入到 CAT 系统，然后测验模板就能按照所选择的形式和格式自动生成所需要的测验。输入题目后，也可以对库中的试题进行增、删、修改、更换以及按题号排字和查对等。

（3）评阅试卷。

在联机测验中的客观题型，如选择题、判断题、填空题等，系统可以自动对学生的回答进行评判，根据答案正确与否计分，并保存每个学生测验的评阅结果到数据库或文件中（包括题号、正误情况、回答等待时间等），以便进行测验分析。如果是主观题，最好由教师人工批阅，将分数输入到系统中。

（4）数据分析。

一般 CAT 系统都能根据数据进行学生学习情况分析、试题分析和试卷分析。学生情况分析是指利用评阅所获得的信息来评价学生的学习状态和能力等。由阅卷得到的学生答对题数，根据需要转换成成绩，如百分制计分、标准分或班级加权分等。然后进行基本统计分析，如班级平均分、最高（低）分以及均方和标准差等，以此反映班级总体的教学情况，可成为教学评价的参考数据。CAT 系统通常还提供统计图表，学生可以借助这些图表显示的结果进行自我评价，教师也可以通过信息诊断学生在学习中存在的问题，从而及时调整教学。

2. 网络教学评价

网络教学评价是根据网络教学的特点，结合传统教学方式的评价技术，在一定设计指导思想的指导下，形成关于人的因素的评价、针对教学过程的评价、围绕教学环境的评价，以及面向学习过程的评估方法等。

网络教学评价一般是基于某一网络教学平台开展的，通过网络教学平台可以方便地收集、记录教师的答疑次数、组织小组讨论的次数，教师可以查看学生的在线测验的成绩、参与讨论的次数、登录时长、登录次数等，然后通过这些量化的数据来对教师和学生做出评价。通过这种方式，可以实现由计算机搜集并简单处理量化数据，从而简化了评价人员的工作，缩短了评价的周期，为实现系统的自动评定和反馈创造了条件。网络教学评价应注意将量化评价与非量化评价相结合，采用非量化评价的手段作为补充。例如问卷调查中，要注意对学生的情感、态度、兴趣、意志、学习积极性等给予评价，这样才能够全面地反映网络教学效果。

例如，教师可以选择 moodle（模块化面向对象的动态学习环境）这一目前国际上较为流行的课程学习管理系统作为网络教学评价实施工具。moodle 的系统架构充分体现了以学习者为中心的学习环境设计理念，它提供的过程性学习记录、评价工具、统计、传送警告等一整套相对完善的教学控制系统，可以较好地对学生的学习进行监控。教师也可以围绕课堂教学的几个主要的学习环节：预习、听课、复习、作业及测验等，通过这一平台及时掌握、分析学生的学习行为，针对学生在学习过程中的表现进行发展性评价。

3. 电子档案袋评价

电子档案袋是一种过程性评价，起源于档案袋评价，又被称为“学习档案评价”或“学生成长记录袋评价”，最早使用这种评价技术的是哈佛大学教育学院开展的“零点项目”。随着信息技术的飞速发展，人们将新技术应用于档案评价的实践中，因此产生了电子档案袋。电子档案袋是对学生作品、学习心得、学习资料以及学习反思的一种有目的的搜集，主要关注学生的成长、改变的历程以及期间的表现性行为。

教师可以为学生收集多种媒体形式，如文本、图片、音频、视频、动画等，档案袋内容既可以直接存储于电脑，也可以利用专门的软件或借助 web 2.0 工具建立。例如，某中学语文老师陈老师就选择了博客这种简单易用的 web 2.0 工具建立学习电子档案袋。陈老师帮助每一位学生注册了博客，并指导学生在博客中记录自己所完成学习任务的过程情况，其中包括学生自己的创作内容，如链接的英语学习资源及英语学习网站、平时写的英语小作文、小组创作的英语数字故事、课文中相关的录音或视频文件等。每一位学生通过加好友、加关注等方式与别的同学形成协作学习共同体，学生之间、师生之间互相针对展示的学习成果做出评价。另外，借助博客工具中的延伸技术，如 RSS 信息聚合技术，即可实现教师无须进入每个学生的博客，而是通过一个聚合工具，就能自动、快捷地获得每个学生的最近更新内容，并对其做出评价。这种方式可以让教师更容易跟踪学生的学习进度，为教师的形成性评价提供素材。教师能够针对学生的学习过程做出及时、准确和更加全面的评价。

电子档案袋是能表明某一特定学生随时间成长的反思性工具，整合性是其最显著的特征。与传统学习档案袋相比，电子档案袋具有以下优势：最低限度的存储空间、易于备份、便携性、开放性、可长时间保存、以学习者为中心、超文本链接等。

相比于传统的教学评价，电子档案袋评价打破了教师片面评价的局面，评价的主体不仅是教师，也包括学习者自己、学习者伙伴和家长，其评价主体从不同的角度、不同的视角对学习者进行评价。传统的教学评价的主要方式为考试，这种单一的评价方式使不同的学习者面对同样的考试，忽视了每一位学生具有不同的认知水平、知识基础、学习风格、文化背景等。而电子档案袋则能体现学生个性化的发展，通过建立电子档案袋，不仅可以督促学生经常检查他们所完成的作业，而且学生也能在自主选择比较满意的作品的过程中得到反思自己学习方法、学习成果的机会，有利于培养学生学习的自主性和自信心。当然，电子档案也为老师、家长和其他人提供了学生进步的记录，教师或家长可以通过这一“窗口”观察他们学习成果和学习进步过程。

根据不同的分类标准，电子档案可以分为以下类型。

（1）按照收集材料的类型，电子档案可分为展示型和过程型。

（2）按照展现的形式，电子档案可分为基于 Blog 的、基于 wiki 百科的、基于网站的、基于 FTP 的、基于 QQ 的。

（3）按照实现技术的类型，电子档案可分为基于 asp/asp.net 的、基于 java 的、基于 php 的（Moodle）。

（4）按照使用对象。电子档案可分为学生电子档案袋、教师电子档案袋、学校机构电子档案袋。

（5）按照存储方式，国外通常将 Electronic portfolio、Digital portfolio 和 Webfolio 相互区别。Electronic eportfolio 中包括计算机可读和可分析的格式，Digital portfolio 中只包含可读的电子格式，Webfolio 指通过互联网访问，使用数据库进行数据存储。前两种主要是利用硬盘或软盘进行存储。

（6）按照使用目的，电子档案可分为评价型电子档案袋（Assessment ePortfolios）、展示型电子档案袋（Presentation/Showcase ePortfolios）、学习型电子档案袋（Learning ePortfolios）、个人成长型电子档案袋（Personal ePortfolios）、多人型电子档案袋（Multiple Owner ePortfolios）和工作型电子档案袋（Working ePortfolios）

7.2　教学评价方法

7.2.1　常用的教学评价方法

教学评价的方法是评价主体根据教学评价活动的具体需求选择的操作手段。教师应学会选择合适的评价方法和手段，才能充分发挥教学评价的功能，提高教学评价的效果和效率。教学评价的一般方法包括：测验法、观察法、调查法等。

测验法是最常用的一种评价方法，通过测验可以了解学生认知目标的达到程度。例如，初中数学教师段老师通过单元小测验的方式了解到学生在学习《二次函数》时，班级的大部分学生没有熟练地掌握配方法解二次函数，因此段老师及时地将这一难点进行复习，对个别学习困难者提供更多的个性化指导。

观察法是非正式的评价学生的行为、态度、技能、概念或学习过程的方法。教学评价中可以通过多种途径如量规、录像、作品、照片等记录观察结果。观察法能收集到其他方法不易量化的行为表现，如学习兴趣、学习态度、学习习惯、学习策略、小组合作能力、解决问题的能力等。观察法也适用于评价技能目标是否达成，如音乐课、体育课、美术课、信息技术课、理化生实验课、英语课等常用观察法进行评价。

调查法是较正式的评价方法，是指根据需要调查的目标预先设计问题，请有关人员口述或笔答，从搜集到的答案中了解情况，获取所需资料。通常包括问卷调查与访谈两种形式，需要在调查前精心设计问题，以保证调查结果真实有效。一般使用调查法能评价学生的情感态度价值观目标的完成情况，另外教师也可以使用调查法了解学生对教学过程和教学效果的意见，从而判断教学的有效程度，为改进教学提供直接依据。例如，某小学三年级学生学习完科学课《水》后，为了检测学生是否树立起珍惜水资源的正确观念，教师在课前发给每一位学生一张家庭用水情况调查表，让学生分别在课前、课后填写。这样就能了解到通过学习这一课，学生是否养成了良好的节约用水的习惯。

常用的教学评价的工具包括：教师自编的科目测验、各类标准化测验、问卷法、谈话法、行为观察记录、实验报告、调研报告、论文、作品分析等。除了这些常用的教学评价工具以外，近年来，有研究者尝试在教学评价中采用一些新的工具，如概念图和课堂行为互动分析工具等，在特定的教学情境下也取得了良好的效果。

7.2.2 常用教学评价方法的设计

下面简单地介绍三种常用教学评价工具的设计。

1. 概念图

概念图（concept map）是一种用节点代表概念，连线表示概念间关系的图示法。概念图的理论基础是奥苏贝儿的学习理论：知识的构建是通过已有的概念对事物的观察和认识开始的。学习就是建立一个概念网络，不断地向网络增添新内容。概念图能够作为评价学生综合思维及评判思维能力的有力工具，通过可视化的图式，概念图能反映学生的知识结构是否合理、学生是否正确地理解了知识之间相互关系等。概念图也可以与其他评价工具相结合，如可以结合格鲁文 V 图判断学生的评判性思维技能发展状况。

2. 课堂行为互动分析工具

1970 年，美国学者弗兰德提出了互动分析系统，该工具为教师提供了深入了解和反思自己的行为、学生的行为、师生之间的互动、师生与技术的互动的途径，有助于教师发展自身专业实践能力。弗兰德斯互动分析法（Flanders' Interaction Analysis

System，FIAS）包括三部分：一套描述课堂互动行为的编码系统，即量表；一套关于观察和记录编码的规定标准；一套用于显示数据、进行分析、实现研究目标的迁移矩阵。编码系统把课堂上的语言互动行为分为教师语言、学生语言和沉寂或混乱语言（无有效语言活动）三类共十种情况，分别用编码 1～10 表示。在课堂观察中，弗兰德斯互动分析法采用时间抽样的办法，一般每间隔 3 秒钟观察者就依照上述分类记录下相应的编码。一般一节课有 800～1000 个编码，这些编码反映了课堂中按时间顺序发生的一系列事件，而这些事件按时间顺序连接成一个序列，就能呈现出课堂教学的结构、模式和风格。课堂师生语言行为的每一个代码分别用前一代码和后一代码结成“序对”，除首尾两个代码各使用一次外，其余代码都使用两次，即有 N 个代码，就得到 N−1 个“序对”，每一序对的前一个数字表示行数，后一个数字表示列数，将全部序对进行计数，就形成弗兰德斯迁移矩阵。矩阵中的每个单元格数据表示连续的课堂行为出现的频次，依据矩阵中各种课堂行为频次之间的比例关系以及它们在矩阵中的分布可以对课堂教学状况做出有意义的分析，并且在分析的基础上，可以诊断出教师在教学中存在的问题，提出相应的改进方案。

3. 问卷

问卷是一种常用的评价工具。设计调查问卷时，应明确调查目标，尽量少用开放性问题，要遵循和恪守清晰性、单一性、中立性、简单性、可靠性、间接性、排他性、敏感性、完整性、规范性等原则，以提高问卷的信度和效度。

目前，除了自制调查问卷以外，也可以选择 B/S 结构的在线问卷调查系统制作问卷，比较著名的在线问卷调查网站有问卷星、问卷网等。这些网站提供了一些调查问卷模板，能大大节省教师制作问卷的时间，也为问卷填写者提供了便利。例如，要求某班级 42 位学生对某位教师的教学效果进行评价。在问卷星里使用“矩阵题”中的“矩阵量表题”题型就可以设计出“学习满意度调查表”。该调查表设计了 12 个选项，将满意等级采用 5 级李克特量表进行测量：分值 1 表示“完全不同意”，分值 2 表示“不太同意”，分值 3 表示“同意”，分值 4 表示“基本同意”，分值 5 表示“完全同意”。参评学生在线提交问卷后，在问卷星里可以对每一道题的回答情况通过数据表格、饼状图、柱状图、条形图、折线图等形式来进行直观分析，这相对于人工计算更高效和精准。在线问卷调查方式除了用于这种对教学效果的评价外，教师也可以将其用于组织评选学生的优秀电子作品。

7.2.3　教学评价方案设计

课堂教学评价专指对在课堂教学实施过程中出现的客体对象所进行的评价活动，其评价范围包括教与学两个方面，其价值在于促进学生通过学习成长、教师通过教学实现专业发展。由此，如何科学有效地进行课堂教学评价成为现代教学的基本组成部分。它不仅是一堂高质高效的课堂教学的保证，而且是进行各种教育决策的基础。常用的教学评价方式包括设计课堂观察记录表和使用量规进行评价。

1．设计课堂观察记录表

通过课堂观察记录表，可对教师教学行为进行观察、量化、分析。通过评价，发现教学过程的问题，总结教学过程中的经验，形成新的课堂教学过程结构的经验指南，以促进教师自我反思意识的提升。

在设计课堂观察记录表时，应关注教学结构转变、学生学习方式和效果、教师教学方式和效果等三个维度。教学结构是教师、学生和教材（教学内容）、教学媒体相互联系、相互作用的有机整体及其具体体现。信息化教学从以“教”为中心的教学结构转变为“主导—主体”的教学结构，信息技术与课程的有效整合意味着信息技术不再仅仅是作为辅助教学的工具，而是用来营造一种能支持自主探索、多重交互、情境创设、合作学习、资源共享等多方面要求的理想教学环境。通过这样的教学环境，教师、学生、资源之间可以进行多重交互，学生通过共享的资源按需学习，能充分调动学生的主动性、积极性，使课堂的教学结构发生根本变革，使学生的创新精神与实践能力培养落到实处。优质的信息化课堂教学能改善学生学习方式和效果，具有如下特征：

第一，在课堂上学生采取积极主动的学习方式如自主探究、小组协作、讨论等，积极参与、踊跃发言、相互协作，不是形式上的“热闹”。

第二，无论是在自主学习还是在协作学习过程中，学生发自内心地参与进来，在情感上积极投入，在学习过程中获得成就感，进而转化为成就动机。

第三，利用信息化的交流协作工具、认知加工工具、探究发现工具等为学生深层次的认知体验提供技术支持。

第四，教师更关注学生将课堂里所学的学科知识迁移到其他情境中的能力，尽力帮助学生有效地运用学科知识解决实际问题。随着教学的展开，学生分析问题和解决问题的能力和方法得到提升，学生能够掌握学科内部以及不同学科知识之间的内在联系，多角度、多层面地对问题加以阐释。

第五，教师启发学生独立主动地寻求问题答案，而不是通过机械地反复练习、测试来让学生记住所谓的正确答案。

课堂教学效果评价还涉及教师的教学态度、教学内容、教学方法、教学效果等几个方面。

第一，从教学态度评价来看，主要应关注教师是否对讲课内容和方法做了精心准备，课堂教学过程中对学生辅导是否耐心细致，是否关注每一位学生的个性发展。

第二，从教学内容方面评价来看，可以通过对照观察等方法确认教学内容是否符合大纲要求，深度、广度是否与学生实际情况相符，教师是否注意实时更新教学内容，讲授内容时是否达到准确、清楚、科学性强的标准。

第三，从教学方法评价来看，应注意教师在讲课过程中是否突出重点，是否能运用恰当的教学策略化解难点，是否注重理论联系实际，是否注意启发学生思维、调动学生积极性，是否激发鼓励学生自主学习、协作学习，是否注重学生的实践能力、创新精神培养，语言是否准确、精练、生动，板书是否工整、简明、合理，能否熟练运用多媒体辅助教学，能否恰当地利用技术促进学习。

第四，从教学效果评价来看，应关注学生听课是否认真，课堂纪律是否有序，课堂气氛是否活跃，学生能否掌握基本理论、基本技能及正确的学习方法。

另外需要注意的是，设计课堂观察记录表应针对教师的某一具体教学行为，这样才能避免过于空泛。例如，可以通过对“师生问答”这一行为设计课堂问答观察记录表。首先，将“师生问答”分解为多个环节，即教师提问环节、学生回答环节、教师反馈环节、学生质疑环节。其次，需设计每个维度的深层次子问题作为评价的具体指标，在教师提问环节，评价的重点应关注提问的时机、内容、方式、对象等；而在学生回答环节，可以侧重于观察和分析学生答案是否符合期待，在学生答问的过程中还应注意是否体现创造性思维、知识结构是否完整等；在教师反馈环节，评价的指标应反映教师对学生的反馈是正向、负向评价以及中性评价、无评价的具体情况。最后，在学生质疑环节，主要关注教师提供的答案是否能引起以及如何引起学生质疑，因为学生提出质疑表明学生具有学习主动性，不盲从于所谓的“标准答案”，是值得鼓励的。

2. 评价量规

这是一种结构化的定性与定量相结合的评价技术，一般由评价要素、指标、权重、分级描述等这几个基本要素构成，常以二维表格的形式呈现。评价量规的优点是操作性好、准确性高，一般可以用于对学生学习成果、小组协作情况等的评价。

通常，需要根据学习目标来设计量规的评价指标，并根据学习目标的侧重点确定各评价指标的权重，并用具体的、可操作的描述语言来说明量规中各个指标的评价要求。例如，一节小学一年级语文课《一去二三里》，学习目标的侧重点应该是三维目标中的知识与技能，评价的重点应是测量、判断小学生“听说读写”的能力，掌握“字词句”等相关知识点。所以，评价标准可以这样写：认识 12 个生字，会写“一、二、三”等简单汉字，认识笔画“横”，能正确、流利地朗读、背诵课文。设计评价量规主要包括以下六个步骤。

（1）确定主要评价要素。

对学习计划的内容进行分析，然后确定影响学习计划执行的主要学习环节或要素，从中选择某些要素作为评价要素，选择评价要素时要考虑其总体涵盖的范围及其在单元学习计划中的地位。

（2）确定主要评价指标。

评价主要指标应该符合这些要求：主要指标应该与三维学习目标紧密结合；主要指标要尽可能用简短的词语进行描述；主要指标一般是一维的，一个有效量规中的每个主要指标通常是一维的，它可以被分解成几个二级指标，但却与其他一级指标并列构成了评价的主要方面；所确定的主要指标整体要能够涵盖影响评价要素的各个主要方面。

每个评价要素的主要指标数目不必相同，但每个指标都应该是构成评价要素的主要影响成分。每个评价要素还可以拥有多级指标，但指标级数并不是越多越好，而应根据实际需求来确定。

(3) 设计评价指标权重。

对所选定评价要素的主要评价指标进行综合权衡，为每个主要评价指标分配权重，并对量规中各评价指标的权重进行合理设置。保证某个一级评价指标的所有二级评价指标权重之和等于该一级指标的权重。

首先，评价指标的权重设计与教学目标的侧重点有直接的关系，并与评价的目的相关。它反映主要考察目的的评价指标，所以权重应该高些。

如对学生电子作业的评价，如果教师的主要目的是教会学生学习制作电子作业的有关技术，那么赋予技术、资源利用评价指标的权重则应该高些；如果教师的主要目的是为了让学生通过电子作业展示自己的调查报告，那么赋予选题、内容、组织等评价指标的权重则应该高些。

(4) 描述评价的具体要求。

应该使用具体的、可操作性的描述语言。如在评价学生的表达能力时，“学生具有很好的表达能力”就会显得很含糊，而应采用明确的描述“学生会用语言、文字、图形、表情和动作等清晰明确地表达自己的观点”。

(5) 设计量规的水平。

在设计评价量规的水平时，需要注意两点：同一部分必须出现在每个量规水平里，量规水平必须尽可能接近等距离。

(6) 修改和完善评价量规。

用设计出的量规对教学效果进行试评价，在试评价的过程中发现量规在评价指标、权重分配、等级描述中存在的不足，根据试用结果完善量规。

7.3　评价数据的统计、分析与表达

在教学评价过程中，教师经常需要使用一些专业软件对搜集到的学习结果数据进行统计与分析，例如，计算平均分数、最高分、最低分等，或者制作一些图表呈现评价数据的规律。常用的数据统计与分析工具包括：Excel、SPSS、SAS、Minitab 等。下面重点介绍 Excel 软件的统计功能及其在教学中的应用。

7.3.1　Excel 数据统计功能及其教学应用

Excel 是微软公司办公软件 Microsoft Office 的组件之一，它可以进行各种数据的处理、统计分析和辅助决策操作，被广泛地应用于管理、统计财经、金融等众多领域。

Excel 中大量的公式函数可以应用选择，使用 Excel 具有执行计算、分析信息并管理电子表格或网页中的数据信息列表、数据资料图表制作等功能。为了方便快捷地进行成绩统计，教师除了可以利用 Excel 中提供的公式或函数以外，还可以利用 Excel 的其他常用功能，如制作数据图表、设置数据有效性、设置条件格式、激活和使用加载项、设置工作表中数字的格式、使用自动筛选对数据进行排序等。

Excel 软件普及性较高，简单易用，能高效、便捷地进行分数统计、试卷分析等。下面着重探讨如何使用 Excel 的相关统计函数解决一些成绩统计中的常见问题，如统计不同分数段人数、在保持学号不变的前提下进行排名、将百分制转换成不同分数段、用红色显示不及格的分数等。

1. 统计某一科目不同分数段的学生人数

统计不同分数段最好的方法是利用条件计数函数 COUNTIF（x，y）。该函数有两个参数，第一个参数 x 为统计的范围，第二个参数 y 为统计条件，要加双引号。

这里，假设需要统计图 7—1 中语文科目 90～100、80～89、70～79、60～69 及低于 60 分五个不同分数段的人数。

1	学号	姓名	语文	数学	英语	物理	化学	生物	总分	平均分	等级	名次
2	140101	蔡小梅	67	99	97	68	69	70				
3	140209	陈芬芳	71	85	95	77	72	83				
4	140105	陈勇	52	60	97	67	60	71				
5	140207	丁一	85	94	96.5	86	75	74				
6	140106	窦文晨	82	100	99.5	88	88	90				
7	140205	段倩	68	97	98.5	77	58	90				
8	140206	方正	81	92	96		86	84				
9	140107	何静	82	82	96	79		78				
10	140208	胡若莎	75	100	100	70	83	78				
11	140202	黄莉	75	90	97	80	86	78				
12	140108	李英	68	60	89	74	42	68				
13	140201	李永丽	77	66	100	81	78	81				
14	140102	李子浩	71	75	97.5	80	85	84				
15	140210	刘勇刚	66	75	93.5	75	61	72				
16	140204	王福林	74	100	97	72	76	91				
17	140104	王莉莉	76	95	97	81	69	77				
18	140109	向冰	79	100	99	91	80	87				
19	140103	赵凯	71	92	97.5		60	82				
20	140203	周军	69	97	98	72	68	88				
21												
22	语文：	90-100分人数		80-90分人数		70-80分人数		60-70分人数		不及格人数		

图 7—1 学生成绩表

对于小于 60 分的人数只需要在 J23 单元格中输入公式：=COUNTIF（C2：C20," <60"）。对于其他在两个分数之间的分数段的人数统计，需要用两个 COUNTIF（x，y）函数相减。如在 B23 单元格中输入公式：=COUNTIF（C2：C20," <=100"）－COUNTIF（C2：C20," <90"），即用小于等于 100 的人数减去小于 90 的人数，就能得到 90～100 分的人数。

如果要统计 80～89、70～79 与 60～69 分数段的人数，可以利用自动填充柄将该公式复制到右边三个单元格，再把函数的第二个参数值修改成对应的条件，就可以得到正确的结果，如图 7—2所示。

	学号	姓名	语文	数学	英语	物理	化学	生物	总分	平均分	等级	名次
6	140106	窦文晨	82	100	99.5	88	88	90				
7	140205	段倩	68	97	98.5	77	58	90				
8	140206	方正	81	92	96		86	84				
9	140107	何静	82	82	96	79		78				
10	140208	胡若莎	75	100	100	70	83	78				
11	140202	黄莉	75	90	97	80	86	78				
12	140108	李英	68	60	89	74	42	68				
13	140201	李永丽	77	66	100	81	78	81				
14	140102	李子浩	71	75	97.5	80	85	84				
15	140210	刘勇刚	66	75	93.5	75	61	72				
16	140204	王福林	74	100	97	72	76	91				
17	140104	王莉莉	76	95	97	81	69	77				
18	140109	向冰	79	100	99	91	80	87				
19	140103	赵凯	71	92	97.5		60	82				
20	140203	周军	69	97	98	72	68	88				
21												
22	语文：	90-100分人数		80-90分人数		70-80分人数		60-70分人数		不及格人数		
23		0		4		9		5		1		

图 7－2　计算分数段人数

2. 计算总分

求总分主要用 SUM 函数，其语法格式为 SUM（Ref），此处 Ref 为参与计算的单元格区域。例如，在 I2 单元格中输入函数＝SUM（C2：H2），是表示求 C2、D2、E2、F2、G2、H2 6 个单元格内数字的和，即求某同学语文、数学、英语、物理、化学、生物 6 科目成绩总分。然后，利用自动填充柄将其复制到下方的 I3—I20 单元格中即可，结果如图 7－3 所示。

	A	B	C	D	E	F	G	H	I	J	K	L
1	学号	姓名	语文	数学	英语	物理	化学	生物	总分	平均分	等级	名次
2	140101	蔡小梅	67	99	97	68	69	70	470			
3	140102	李子浩	71	75	97.5	80	85	84	492.5			
4	140103	赵凯	71	92	97.5		60	82	402.5			
5	140104	王莉莉	76	95	97	81	69	77	495			
6	140105	陈勇	52	60	97	67	60	71	407			
7	140106	窦文晨	82	100	99.5	88	88	90	547.5			
8	140107	何静	82	82	96	79		78	417			
9	140108	李英	68	60	89	74	42	68	401			
10	140109	向冰	79	100	99	91	80	87	536			
11	140201	李永丽	77	66	100	81	78	81	483			
12	140202	黄莉	75	90	97	80	86	78	506			
13	140203	周军	69	97	98	72	68	88	492			
14	140204	王福林	74	100	97	72	76	91	510			
15	140205	段倩	68	97	98.5	77	58	90	488.5			
16	140206	方正	81	92	96		86	84	439			
17	140207	丁一	85	94	96.5	86	75	74	510.5			
18	140208	胡若莎	75	100	100	70	83	78	506			

图 7－3　使用 SUM 函数计算总分

3. 成绩排名

学生成绩排名是在成绩统计时常遇到的问题，如果使用排序功能，就会使学生的学号顺序发生变化。如何在保持学号顺序不变的情况下进行学生成绩名次排定，则需要使用 RANK（X，Y，Z）函数。其中有三个参数，第一个参数 X 为某个学生的成绩所在单元格；第二个参数 Y 为需要统计的所有成绩的所在区域；第三个参数 Z 是可选的，表示统计方式，若不写或写成 0，则成绩高的名次靠前，一般都使用这种方式，如果写 1，则成绩高的名次靠后，这种情况较少用。

首先，在 L2 单元格中输入公式：=RANK（I2，＄C＄2：＄C＄20，0）。然后，利用自动填充柄将其复制到下方的几个单元格。注意，第二个参数值＄C＄2：＄C ＄20 用的是绝对地址，这是指整个班级成绩的所在区域，这样便能保证公式在复制时此处不变，结果如图 7－4 所示。

	姓名	语文	数学	英语	物理	化学	生物	总分	平均分	等级	名次
5	王莉莉	76	95	97	81	69	77	495			7
6	陈勇	52	60	97	67	60	71	407			17
7	窦文晨	82	100	99.5	88	88	90	547.5			1
8	何静	82	82	96	79		78	417			16
9	李英	68	60	89	74	42	68	401			19
10	向冰	79	100	99	91	80	87	536			2
11	李永丽	77	66	100	81	78	81	483			11
12	黄莉	75	90	97	80	86	78	506			5
13	周军	69	97	98	72	68	88	492			9
14	王福林	74	100	97	72	76	91	510			4
15	段倩	68	97	98.5	77	58	90	488.5			10
16	方正	81	92	96		86	84	439			15
17	丁一	85	94	96.5	86	75	74	510.5			3
18	胡若莎	75	100	100	70	83	78	506			5
19	陈芬芳	71	85	95	77	72	83	483			11
20	刘勇刚	66	75	93.5	75	61	72	442.5			14
21											
22	90-100分人数		80-90分人数		70-80分人数		60-70分人数		不及格人数		

图 7－4　**成绩排名**

4. 将百分制分数转换成不同的等级

在将百分制转换成不同的等级时，一般使用 IF（X，Y，Z）函数。其中有三个参数，第一个参数 X 为条件，第二个参数 Y 为条件成立时的结果，第三个参数 Z 为条件不成立时的结果。该函数可以嵌套。

下面是如何将平均分转换成优（90～100）、良（75～89）、中（60～74）与不及格（低于 60）四个等级的步骤：在 K2 单元格中输入公式：=IF（J2>=90，“优”，IF（J2>=75，“良”，IF（J2>=60，“中”，“不及格”））），然后，利用自动填充柄将其复制到下方的几个单元格，结果如图 7—5 所示。

=IF(J2>=90,"优",IF(J2>=75,"良",IF(J2>=60,"中","不及格")))

姓名	语文	数学	英语	物理	化学	生物	总分	平均分	等级	名次
蔡小梅	67	99	97	68	69	70	470	78.3	良	13
李子浩	71	75	97.5	80	85	84	492.5	82.1	良	8
赵凯	71	92	97.5		60	82	402.5	80.5	良	18
王莉莉	76	95	97	81	69	77	495	82.5	良	7
陈勇	52	60	97	67	60	71	407	67.8	中	17
窦文晨	82	100	99.5	88	88	90	547.5	91.3	优	1
何静	82	82	96	79		78	417	83.4	良	16
李英	68	60	56	74	42	68	368	61.3	中	19
向冰	79	100	99	91	80	87	536	89.3	良	2
李永刚	77	66	100	81	78	81	483	80.5	良	11
黄莉	75	90	97	80	86	78	506	84.3	良	5
周军	69	97	98	72	68	88	492	82.0	良	9
王福林	74	100	97	72	76	91	510	85.0	良	4
段倩	68	97	98.5	77	58	90	488.5	81.4	良	10
方正	81	92	96		86	84	439	87.8	良	15
丁一	85	94	96.5	86	75	74	510.5	85.1	良	3
胡若莎	75	100	100	70	83	78	506	84.3	良	5
陈芬芳	71	85	95	77	72	83	483	80.5	良	11
刘勇刚	66	75	93.5	75	61	72	442.5	73.8	中	14

图 7—5　将百分制分数转换为等级

5. 求某学生所有科目的平均分

如图 7—6 所示，首先选中 J2 单元格，点击“公式”选项卡的“其他函数”选项，在弹出的菜单“统计”中选择“AVERAGE”函数，在弹出的对话框中选择第一个参数为 C2：H2，表示计算语文、数学、英语、物理、化学、生物六门课成绩的平均分，用自动控制填充柄填充下面的 J3：J20 单元格就完成平均分的计算。最后，选中 J2：J20 区域，点击右键，在菜单中选择“设置单元格格式”，将这些单元格格式设置为只保留 1 位小数的数值，结果如图 7—7 所示。

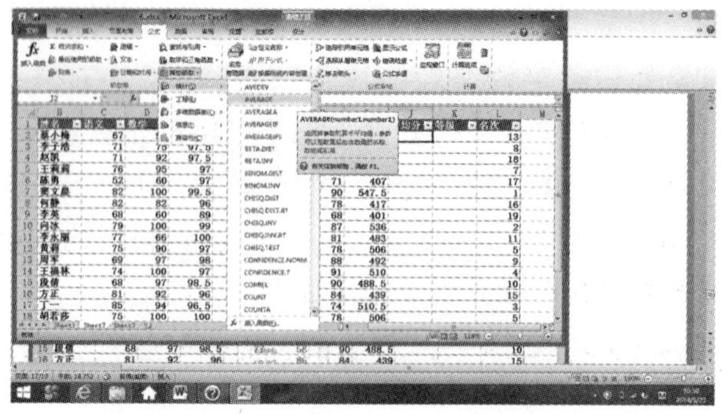

图 7—6　使用 AVRAGE 函数求平均分

J2　=AVERAGE(C2:H2)

姓名	语文	数学	英语	物理	化学	生物	总分	平均分	等级	名次
蔡小梅	67	99	97	68	69	70	470	78.3		13
李子浩	71	75	97.5	80	85	84	492.5	82.1		8
赵凯	71	92	97.5		60	82	402.5	80.5		18
王莉莉	76	95	97	81	69	77	495	82.5		7
陈勇	52	60	97	67	60	71	407	67.8		17
窦文晨	82	100	99.5	88	88	90	547.5	91.3		1
何静	82	82	96	79		78	417	83.4		16
李英	68	60	89	74	42	68	401	66.8		19
向冰	79	100	99	91	80	87	536	89.3		2
李永丽	77	66	100	81	78	81	483	80.5		11
黄莉	75	90	97	80	86	78	506	84.3		5
周军	69	97	98	72	68	88	492	82.0		9
王福林	74	100	97	72	76	91	510	85.0		4
段倩	68	97	98.5	77	58	90	488.5	81.4		10
方正	81	92	96		86	84	439	87.8		15
丁一	85	94	96.5	86	75	74	510.5	85.1		3
胡若莎	75	100	100	70	83	78	506	84.3		5
陈芬芳	71	85	95	77	72	83	483	80.5		11
刘勇刚	66	75	93.5	75	61	72	442.5	73.8		14

图 7—7　求平均分结果

6．设置总分较低的格式为红色

统计学生成绩时有时需要将总分较低的分数用红色显示，这时就可以使用新建一条“条件格式”规则来实现。首先，选择成绩表中的 I2：I20 区域，然后切换到“开始”选项卡上的“样式”组中，单击“条件格式”下方的三角箭头，然后单击“新建规则”，在“新建格式规则”对话框中，选择“仅对排名靠前或靠后的数值设置格式”，在编辑规则说明中，设置为后百分之五，然后点击“格式”按钮，在弹出的“设置单元格格式”对话框中设置字体颜色为红色，如图 7－8 所示，分别点击两个对话框中的“确定”按钮完成。

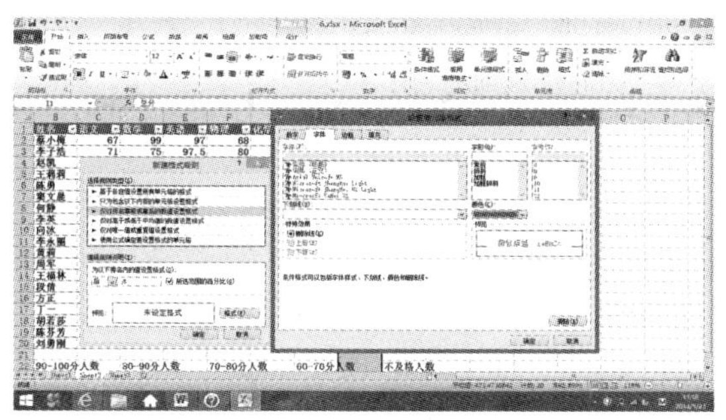

图 7－8　**设置条件格式**

7. 计算及格率

及格率即一个班级中某一科成绩大于等于 60 分的比例。在图 7－9 中，先选中数据区域 A2：L20，然后按照学号升序排列，排列后 1 班、2 班学生数据分别位于 A2：L10 区域和 A11：L20 区域，在 M2 单元格中输入 COUNTIF（E2：E10，" ＞＝60"）/COUNT（E2：E10），即可求得 1 班英语的及格率，与之类似，在 M3 单元格中输入 COUNTIF（E11：E20，" ＞＝60"）/COUNT（E11：E20），即可求得 2 班英语的及格率，结果如图 7－9 所示。

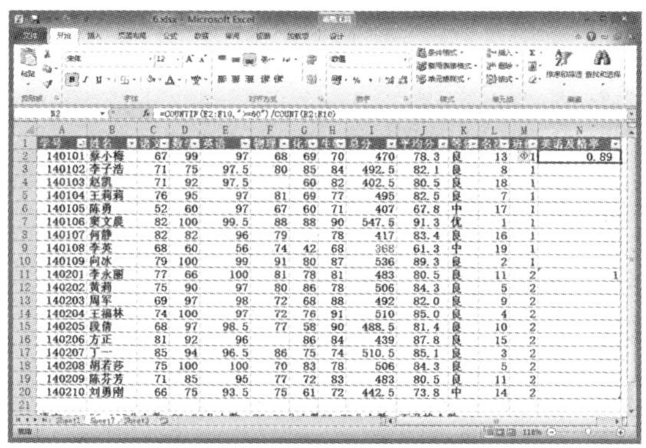

图 7－9　**计算及格率**

8. 计算优秀率

假设 C2：C10 存放的是初一（1）班的语文期末考试成绩，C2：C20 存放的是初一全年级语文考试的成绩，如果规定全年级 20%的学生为优秀，那么初一（1）班语文的优秀率应该这样计算：

COUNTIF（C2：C10，" >=" &&LARGE（C2：C20，INT（0.2 COUNT（C2：C20））））/COUNT（C2：C20）

其中 LARGE（C2：C20，INT（0.2 COUNT（C2：C20）））/COUNT（C2：C20）所求的是全年级语文分数前 20%中最低的一个同学的分数，COUNTIF（C2：C10，" >=" &&LARGE（C2：C20，INT（0.2 ∗COUNT（C2：C20））））则是求出了初一（1）班语文高于或等于这个同学分数的人数，最后再除以初一（1）班的总人数 COUNT（C2：C10），所得就是初一（1）班的语文优秀率。同理，使用 COUNTIF（C11：C20，" >=" &LARGE（C2：C20，INT（0.2∗COUNT（C2：C20））））/COUNT（C11：C20）可以计算 2 班的语文优秀率，结果如图 7－10 所示。

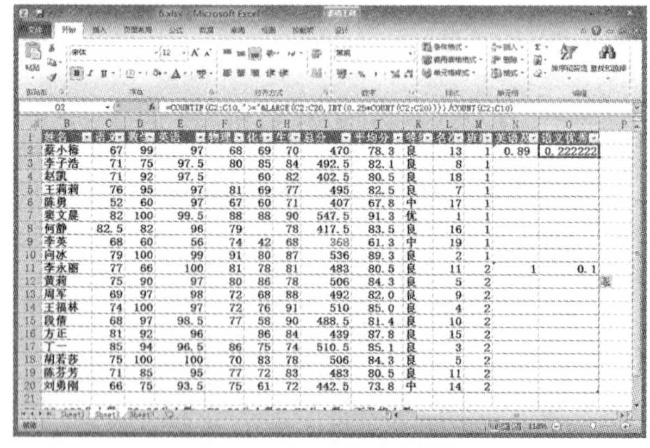

	B	C	D	E	F	G	H	I	J	K	L	M	N	O
1	姓名	语文	数	英语	物理	化	生	总分	平均分	等	名次	班	英语及	语文优秀
2	蔡小梅	67	99	97	68	69	70	470	78.3	良	13	1	0.89	0.222222
3	李子浩	71	75	97.5	80	85	84	492.5	82.1	良	8	1		
4	赵凯	71	92	97.5		60	82	402.5	80.5	良	18	1		
5	王莉莉	76	95	97	81	69	77	495	82.5	良	7	1		
6	陈勇	52	60	97	67	60	71	407	67.8	中	17	1		
7	窦文晨	82	100	99.5	88	88	90	547.5	91.3	优	1	1		
8	何静	82.5	82	96	79		78	417.5	83.5	良	16	1		
9	李英	68	60	56	74	42	68	368	61.3	中	19	1		
10	向冰	79	100	99	91	80	87	536	89.3	良	2	1		
11	李永丽	77	66	100	81	78	81	483	80.5	良	11	2	1	0.1
12	黄莉	75	90	97	80	86	78	506	84.3	良	5	2		
13	周军	69	97	98	72	68	88	492	82.0	良	9	2		
14	王福林	74	100	97	72	76	91	510	85.0	良	4	2		
15	段倩	68	97	98.5	77	58	90	488.5	81.4	良	10	2		
16	方正	81	92	96		86	84	439	87.8	良	15	2		
17	丁一	85	94	96.5	86	75	74	510.5	85.1	良	3	2		
18	胡若莎	75	100	100	70	83	78	506	84.3	良	5	2		
19	陈芬芳	71	85	95	77	72	83	483	80.5	良	11	2		
20	刘勇刚	66	75	93.5	75	61	72	442.5	73.8	中	14	2		

图 7－10　计算优秀率

9. 计算某一科目参加考试的总人数

对于有学生在某一科目缺考的情况，该生该科目的成绩以空格表示，可以使用 CountA（X）函数针对某一科目计算参加考试的总人数。该函数只有一个参数，为计数的区域，在区域中进行计数，但不计空格。在 D22 单元格中输入公式＝COUNTA（F2：F20），可计算出两个班参加物理考试的总人数，结果如图 7－11 所示。

	学号	姓名	语文	数	英语	物理	化	生	总分	平均分	等	名	班	英语及	语文优
3	140102	李子浩	71	75	97.5	80	85	84	492.5	82.1	良	8	1		
4	140103	赵佩	71	92	97.5		60	82	402.5	80.5	良	18	1		
5	140104	王莉莉	76	95	97	81	69	77	495	82.5	良	7	1		
6	140105	陈勇	52	60	97	67	60	71	407	67.8	中	17	1		
7	140106	窦文晨	82	100	99.5	88	88	90	547.5	91.3	优	1	1		
8	140107	何静	82.5	82	96	79		78	417.5	83.5	良	16	1		
9	140108	李英	68	60	56	74	42	68	368	61.3	中	19	1		
10	140109	向冰	79	100	99	91	80	87	536	89.3	良	2	1		
11	140201	李永丽	77	66	100	81	78	81	483	80.5	良	11	2	1	0
12	140202	黄莉	75	90	97	80	86	78	506	84.3	良	5	2		
13	140203	周军	69	97	98	72	68	88	492	82.0	良	9	2		
14	140204	王福林	74	100	97	72	76	91	510	85.0	良	4	2		
15	140205	段倩	68	97	98.5	77	58	90	488.5	81.4	良	10	2		
16	140206	方正	81	92	96		86	84	439	87.8	良	15	2		
17	140207	丁一	85	94	96.5	86	75	74	510.5	85.1	良	3	2		
18	140208	胡若莎	75	100	100	70	83	78	506	84.3	良	5	2		
19	140209	陈芬芳	71	85	95	77	72	83	483	80.5	良	11	2		
20	140210	刘勇刚	66	75	93.5	75	61	72	442.5	73.8	中	14	2		
21															
22	物理参考总人数：			17											
23															

图 7－11　计算参加考试的总人数

10. 按班级分别求某一科目的最高分

首先选中需要分类汇总的列“班级”，点击“数据”选项卡，单击“升序”排序，成绩即按照班级升序排列，1 班和 2 班学生成绩被分成两块区域。然后在“数据”选项卡上的“分级显示”组中，单击“分类汇总”。

在“分类汇总”对话框（如图 7－12）中选择相应的项，在“分类字段”框中，单击要分类汇总的列，这里应当选择“班级”。在“汇总方式”框中，单击要用来计算分类汇总的汇总函数，这里则应当选择“最大值”。在“选定汇总项”框中，对于包含要计算分类汇总的值的每个列，选中其复选框，这里勾选“物理、化学、生物”3 列。

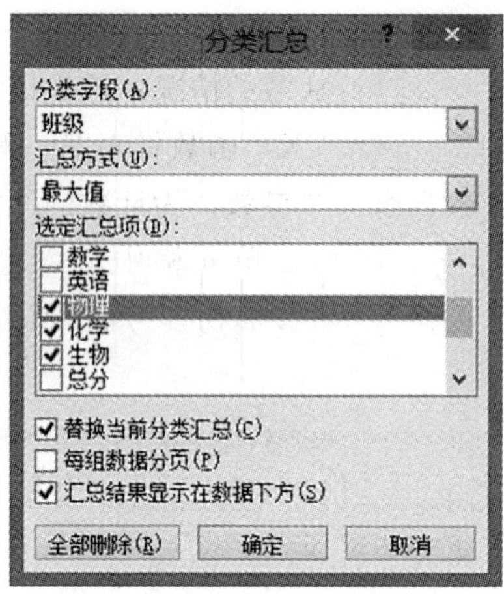

图 7－12　“分类汇总”对话框

按照以上步骤得出分类汇总后的结果，如图 7－13 所示。

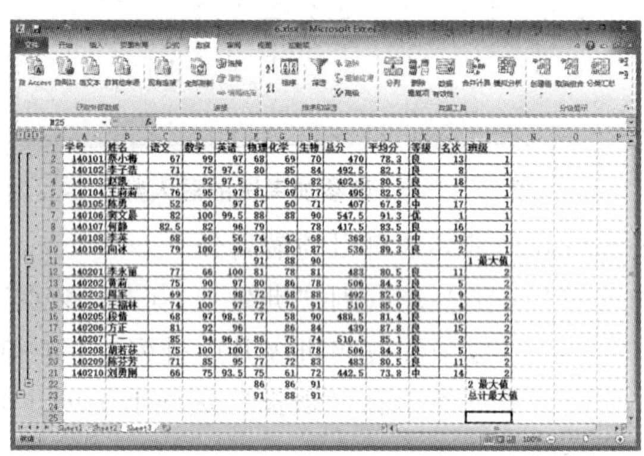

学号	姓名	语文	数学	英语	物理	化学	生物	总分	平均分	等级	名次	班级
140101	蔡小梅	67	99	97	68	69	70	470	78.3	良	13	1
140102	李子浩	71	75	97.5	80	85	84	492.5	82.1	良	8	1
140103	赵凯	71	92	97.5		60	82	402.5	80.5	良	18	1
140104	王莉莉	76	95	97	81	69	77	495	82.5	良	7	1
140105	陈勇	52	60	97	67	60	71	407	67.8	中	17	1
140106	郭文晨	82	100	99.5	88	88	90	547.5	91.3	优	1	1
140107	何静	82.5	82	96	79		78	417.5	83.5	良	16	1
140108	李英	68	60	56	74	42	68	368	61.3	中	19	1
140109	向冰	79	100	99	91	80	87	536	89.3	良	2	1
					91	88	90					1 最大值
140201	李永丽	77	66	100	81	78	81	483	80.5	良	11	2
140202	黄莉	75	90	97	80	86	78	506	84.3	良	5	2
140203	周军	69	97	98	72	68	88	492	82.0	良	9	2
140204	王福林	74	100	97	72	76	91	510	85.0	良	4	2
140205	段倩	68	97	98.5	77	58	90	488.5	81.4	良	10	2
140206	方正	81	92	96		86	84	439	87.8	良	15	2
140207	丁一	85	94	96.5	86	75	74	510.5	85.1	良	3	2
140208	胡若莎	75	100	100	70	83	78	506	84.3	良	5	2
140209	陈芬芳	71	85	95	77	72	83	483	80.5	良	11	2
140210	刘勇刚	66	75	93.5	75	61	72	442.5	73.8	中	14	2
					86	86	91					2 最大值
					91	88	91					总计最大值

图 7－13　分类汇总结果

7.3.2　Excel 图表功能及其教学应用

1．以折线图分析各科成绩分布

Excel 2010 的折线图可以直观地显示表格中的内容，因此可以选择这种图式来分析各科成绩分布。先选中 1 班所有学生的 6

门课成绩所在区域 C2：I10，如图 7－14 所示；然后选择“插入”选项卡中的“折线图”；最后选择“带数据标记的二维折线图”，效果如图 7－15 所示。

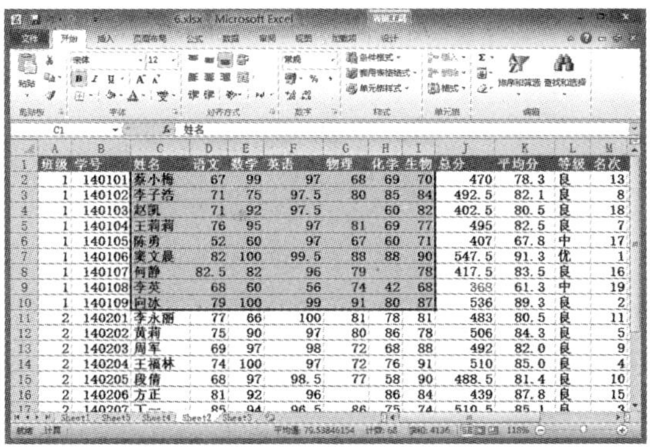

班级	学号	姓名	语文	数学	英语	物理	化学	生物	总分	平均分	等级	名次
1	140101	蔡小梅	67	99	97	68	69	70	470	78.3	良	13
1	140102	李子浩	71	75	97.5	80	85	84	492.5	82.1	良	8
1	140103	赵凯	71	92	97.5		60	82	402.5	80.5	良	18
1	140104	王莉莉	76	95	97	81	69	77	495	82.5	良	7
1	140105	陈勇	52	60	97	67	60	71	407	67.8	中	17
1	140106	窦文晨	82	100	99.5	88	88	90	547.5	91.3	优	1
1	140107	何静	82.5	82	96	79		78	417.5	83.5	良	16
1	140108	李英	68	60	56	74	42	68	368	61.3	中	19
1	140109	向冰	79	100	99	91	80	87	536	89.3	良	2
2	140201	李永丽	77	66	100	81	78	81	483	80.5	良	11
2	140202	黄莉	75	90	97	80	86	78	506	84.3	良	5
2	140203	周军	69	97	98	72	68	88	492	82.0	良	9
2	140204	王福林	74	100	97	72	76	91	510	85.0	良	4
2	140205	段倩	68	97	98.5	77	58	90	488.5	81.4	良	10
2	140206	方正	81	92	96		86	84	439	87.8	良	15
2	140207	丁一	85	94	96.5	86	75	74	510.5	85.1	良	3

图 7－14　建立折线图所选数据区域

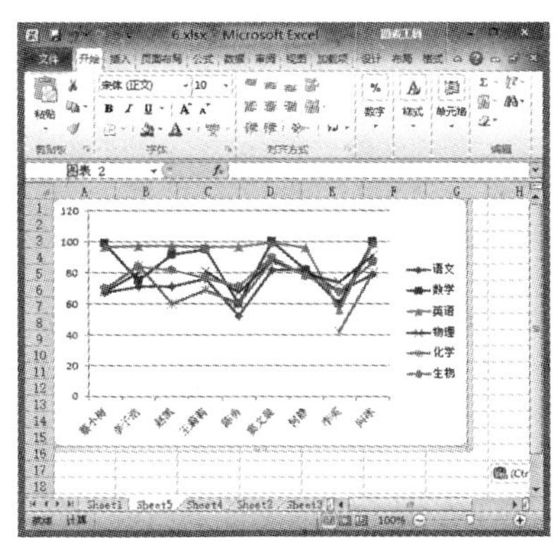

图 7－15　各科成绩折线图

2. 以柱状图比较各班各科平均成绩

首先，使用 AVRAGE 函数分别计算出 1 班、2 班语文和数学两科目的平均分，如图 7－16 所示。

班级	学号	姓名	语文	数学	英语	总分	平均分	等级	名次	班级语文平均分	班级数学平均分
1	140101	綦小梅	67	99	97	470	78.3	良	13	72.06	84.78
1	140102	李子浩	71	75	97.5	492.5	82.1	良	8	74.1	89.6
1	140103	赵凯	71	92	97.5	402.5	80.5	良	18		
1	140104	王莉莉	76	95	97	495	82.5	良	7		
1	140105	陈勇	52	60	97	407	67.8	中	17		
1	140106	窦文晨	82	100	99.5	547.5	91.3	优	1		
1	140107	何静	82.5	82	96	417.5	83.5	良	16		
1	140108	李英	68	60	56	368	61.3	中	19		
1	140109	向冰	79	100	99	536	89.3	良	2		
2	140201	李永丽	77	66	100	483	80.5	良	11		
2	140202	黄莉	75	90	97	506	84.3	良	5		
2	140203	周军	69	97	98	492	82.0	良	9		

图 7—16　计算班级平均分

然后选中四个平均分值，选择“插入”选项卡的“柱形图”，在其中选择“二维柱形图”，自动生成的柱状图如图 7—17 所示。

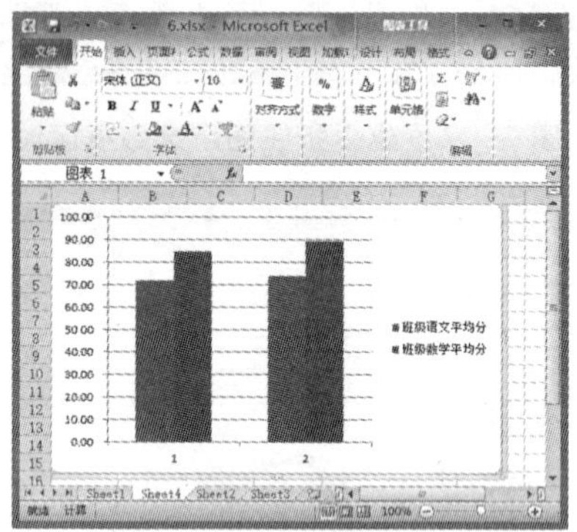

图 7—17　班级平均成绩柱状图

7.4　教学设计成果的评价

教学设计成果的评价也属于教学评价的范畴，它是教学设计成果趋向完善的重要保障。教学设计结果的评价对象既包括微观层次的教学设计，主要面向具体课程内某个单元、某堂课的设计，如课堂教学设计方案、教学多媒体课件及学习资源、教学录像，也包括宏观层次的教学设计，如一个学校或一门新专业的课程及教材、网络课程、题库系统等。

教学设计成果的形成性评价一般包括制订评价计划、试用设计成果、根据试用情况收集资料和分析资料、报告结果等几个环节。

在制订评价计划环节，需要确定评价活动的目的、评价对象、评价的指标体系和在何种情况下从事评价和实施评价后所必须做出的决策程度，以及在何时何地实施测量、获取信息等，还要考虑组织实施的细节。完整的评价计划应包括评价对象的评价指标体系、评价的方法手段、选择被试的标准及需要的人数、收集信息的途径、处理统计数据的技术手段等。在设计评价对象的评价指标体系时，应根据具体的评价对象从全方位考虑。如评价的对象是多媒体课件，一般可以从教育性、科学性、技术性、艺术性和经济性等角度建立具体的指标体系。在选择评价的方法时，可以通过测验、问卷调查、访谈、观察、教师的课后反思、学生的学习心得等多种方法相结合的方式来获取评价信息。

在试用设计成果与收集和分析资料的环节，需要评价者根据评价指标体系，逐项收集信息，尽量全面、客观、真实地掌握评价对象的情况。在一对一评价、小组评价和实地试验等中，还要组织教学过程。通过采用观察、测验、访谈和问卷等方法，评价者可收集到一系列所需的资料。信息收集完成后，就应对所收集的信息进行汇总整理，并根据需要，利用 Excel 软件将测量的数据资料进行统计处理并制成图表，然后根据图表所反映的数据之间的关系，分析理解数据背后所隐含的教学各因素之间的相互关系。在分析过程中所发现的重要问题，应加以解释，并通过恰当的途径证实自己的解释。例如，当评价者发现几种不同的评价工具所提供的数据都反映出教学效果并未达到预期目标时，就应重点关注此问题并探究其原因。其中，可以就这些问题咨询、访问相关教育学家、学科专家和有经验的同行，或与被试者（师生）

进行个别面谈或集体座谈，让各方人士对初步分析结果进行判断并提出改进意见。最后可将访谈结果与初步分析结果综合起来，对评价资料做进一步的深入分析，并在此基础上酝酿修改设计成果的方案。

在评价成果报告环节中，评价者的主要任务是把前一阶段分析的情况和得出的结论形成书面报告。评价报告的内容一般包括：设计成果的名称和宗旨、使用的范围和对象、试用的要求和过程、评价的项目和结果及结果的分析、修改的建议和措施、参评者的名单和职务以及评价的时间等。报告可以是正式的，也可以是非正式的；可以是描述性的，也可以是数据分析的。应将相关的资料，如各种数据、访谈记录、分析说明等作为报告的附件。评价者在报告中应重点对数据做出解释，然后对发现的问题提出解决的建议方案。

微观层次的教学设计成果的评价维度应包括内容的完整性和规范性、可行性、创新性，媒体资源的支持性等，其评价原则有如下四条。

1. 完整性和规范性

一个完整的课堂教学设计成果应至少包含两部分内容：一份规范的教学设计方案，一份媒体素材清单及多媒体资源。教学设计的完整性和规范性是指，在教学设计方案中应体现一个完整的教学设计过程的所有必需环节（具体参见第 2 章相关内容），而且要前后一致，各环节共同组成一个有机的整体。一份完整的媒体素材清单及多媒体资源清单指应提供教学涉及的各类媒体素材清单，如投影、幻灯、挂图、模型、计算机软件等。

2. 可行性

判断教学设计成果的优劣，还应从多方面来评估其运用于教学是否具有较强的可操作性。从时间因素考虑，应估算将该成果运用于教学所需的时间，包括教师的教学时间、学生的学习时间等；从环境因素考虑，好的教学设计成果应对教学环境和技术的要求不会十分苛刻，可复制性较强。另外，还要考虑教师和学生两方面。对教师来说，教学设计成果应简单、可实施，最好能与教师的教学风格、教学特点及其预备操作水平相符合；而对学生来说，教学设计成果最好与学生的预备知识、技能以及学习方法契合。

3. 创新性

一个优秀的教学设计成果还应体现设计者的创新性，使其在使用的过程中既能发挥教师的主导作用，又能体现学生的主体地位。例如，在评价一个教学设计方案时，可以考查设计者是否从教法、学法、媒体使用等方面进行了创新，能否激发学生的兴趣和促进学生高级思维能力的培养。在多媒体课件中，更应体现新技术的有效应用。

4. 媒体资源的支持性

在信息化教学设计成果中，媒体资源运用是否得当在很大程度上决定了教学设计成果的最终实施效果，可以从以下 5 个方面来判断教学设计成果中媒体资源的支持性的优劣。

（1）教育性。

选择的媒体或资源能用来向学生传递规定的教学内容，为预期的教学目标服务，不应仅仅为了活跃课堂气氛而使用一些与教学本身无关的资源。

（2）科学性。

正确地反映了学科的基础知识或先进水平，如果设计者从网络上获取资源，就应检验其来源是否权威正确，保证不出现任何学科知识的错误。

（3）技术性。

传递的教学信息达到了一定的技术质量，设计者应善于利用技术加工处理媒体资源，也应关注当前的多媒体技术标准，尽量使用或制作符合技术标准的媒体资源。

（4）艺术性。

具有较强的表现力和感染力，特别是语文、英语、历史等文科类学科，更应在教学设计成果中使学生感受到艺术之美，如此也能同时拓展学生的视野。

（5）经济性。

以较小的代价获得了较大的效益。例如，教师在设计教案或多媒体课件时，应充分发挥网络的优势，从网络上搜索、下载资料，并通过简单加工、整合，融入自己的教学设计思想，最终形成自己独有的教学设计成果。这样做既经济又能博采众长。

【拓展学习】

学习材料 7－1　学习分析技术

近年来，随着在线学习这一重要学习模式的发展，一种新型学习评价技术——学习分析出现。在 2011—2013 年美国新媒体联盟和美国高校教育信息化协会联合发布的地平线报告中，都指出了基于数据的学习分析技术将在未来成为主流。加拿大学习分析领域专家 Siemens 指出，学习分析是利用智能数据、学习者学习过程数据和分析模型去发现信息和社会联系情况，对学习进行预测与建议。

网络技术及新一代信息技术，如物联网等的发展，使学习者除传统学习以外，还可选择各种不同方式的学习，如移动学习、混合学习、泛在学习等，在不同的学习环境来跟踪学习者与不同的工具和资源的交互数据非常有利于教师为每个学习者做出更为全面、真实、个性化的评价，更容易识别困难学习者，也可以为不同学习需要、不同能力水平的学习者提供个性化的教学指导，辅助其创造更有效的学习经验。学习分析是一个不断循环、迭代改进的过程，主要包括收集数据、存储数据、清理或调整数据、集成相关的数据集、分析数据、数据可视化等步骤。

学习分析方法主要包括认知网络分析和社会网络分析。认知网络分析方法通过定位五大认知元素——技能、知识、个性、价值观和认知论来评估认知框架，建构学习者模型，利用认知网络分析方法可以检测和衡量在不同的数字化学习环境中学习者的认知思维所发生的变化。社会网络分析则是根据数学方法发展起来的定量分析方法，通过建立社会关系的模型，发现群体内行动者之间的社会关系，学习者在网络课程中的学习成绩、网络模型和社区影响力，描述社会关系的结构。

学习材料 7－2　课堂应答系统

课堂应答系统（Classroom Response System，CRS）是一套用于在课堂中进行实时反馈并支持师生互动的教学系统，该系统由手持发射器、接收器和软件包三部分组成。CRS 特别适用于大班教学，学生全体参与互动反馈，非常适合问题解决式课堂教学。教师可以利用课堂应答系统询问预先设计好的一系列问题，然后学生通过发射器回答问题，相应的软件会把学生的答题情况即时反馈并呈现在大屏幕上。因而，教师能够及时地知道全班学生答问的情况。这些信息使教师可以针对课堂实时情况有的放矢地进行启发、诱导、反馈，并且能够把学生回答的问题与别的同学的答案相对照，从而促进学习者知识的自我构建。

【实训任务】

1. 为自己选题的那节课设计教学评价方案：根据自己对自己选题的那节课的教学设计，设计、确定教学评价内容和评价工具等，注意评价方案应体现三维教学目标的达成情况，体现评价主体的多元性，体现形成性评价和总结性评价相结合、定性评价和定量评价相结合。

2. 选择一种典型教学行为，设计课堂教学观察记录表，考虑以下维度：教学目标的达成、教学策略运用、教学媒体的设计、教态和教学组织等。

3. 完善、优化自己选题的那节课的教学设计方案。

【头脑风暴】

1. 与学习伙伴讨论教学录像课的评价维度。

2. 信息技术支持的教学评价有哪些优势?

3. 结合自己的学科，讨论如何有效发挥现代教育技术在教学评价中的作用。

附　录

附录 1　中小学教师教育技术能力标准（试行）

为提高中小学教师教育技术能力水平，促进教师专业能力发展，根据《中华人民共和国教师法》和《中小学教师继续教育规定》有关精神，特制定《中小学教师教育技术能力标准（试行）》。

本标准适用于中小学教学人员、中小学管理人员、中小学技术支持人员教育技术能力的培训与考核。

第一部分　教学人员教育技术能力标准

一、意识与态度

（一）重要性的认识

1. 能够认识到教育技术的有效应用对于推进教育信息化、促进教育改革和实施国家课程标准的重要作用。

2. 能够认识到教育技术能力是教师专业素质的必要组成部分。

3. 能够认识到教育技术的有效应用对优化教学过程、培养创新型人才的重要作用。

（二）应用意识

1. 具有在教学中应用教育技术的意识。

2. 具有在教学中开展信息技术与课程整合、进行教学改革研究的意识。

3. 具有运用教育技术不断丰富学习资源的意识。

4. 具有关注新技术发展并尝试将新技术应用于教学的意识。

（三）评价与反思

1. 具有对教学资源的利用进行评价与反思的意识。

2. 具有对教学过程进行评价与反思的意识。

3. 具有对教学效果与效率进行评价与反思的意识。

（四）终身学习

1. 具有不断学习新知识和新技术以完善自身素质结构的意识与态度。

2. 具有利用教育技术进行终身学习以实现专业发展与个人发展的意识与态度。

二、知识与技能

（一）基本知识

1. 了解教育技术的基本概念。

2. 理解教育技术的主要理论基础。

3. 掌握教育技术理论的基本内容。

4. 了解基本的教育技术研究方法。

（二）基本技能

1. 掌握信息检索、加工与利用的方法。

2. 掌握常见教学媒体选择与开发的方法。

3. 掌握教学系统设计的一般方法。

4. 掌握教学资源管理、教学过程管理和项目管理的方法。

5. 掌握教学媒体、教学资源、教学过程与教学效果的评价方法。

三、应用与创新

（一）教学设计与实施

1. 能够正确地描述教学目标、分析教学内容，并能根据学生特点和教学条件设计有效的教学活动。

2. 积极开展信息技术与课程的整合，探索信息技术与课程整合的有效途径。

3. 能为学生提供各种运用技术进行实践的机会，并进行有针对性的指导。

4. 能应用技术开展对学生的评价和对教学过程的评价。

（二）教学支持与管理

1. 能够收集、甄别、整合、应用与学科相关的教学资源以优化教学环境。

2. 能在教学中对教学资源进行有效管理。

3. 能在教学中对学习活动进行有效管理。

4. 能在教学中对教学过程进行有效管理。

（三）科研与发展

1. 能结合学科教学进行教育技术应用的研究。

2. 能针对学科教学中教育技术应用的效果进行研究。

3. 能充分利用信息技术学习业务知识，发展自身的业务能力。

（四）合作与交流

1. 能利用技术与学生就学习进行交流。

2. 能利用技术与家长就学生情况进行交流。

3. 能利用技术与同事在教学和科研方面广泛开展合作与交流。

4. 能利用技术与教育管理人员就教育管理工作进行沟通。

5. 能利用技术与技术人员在教学资源的设计、选择与开发等方面进行合作与交流。

6. 能利用技术与学科专家、教育技术专家就教育技术的应用进行交流与合作。

四、社会责任

1. 公平利用。努力使不同性别、不同经济状况的学生在学习资源的利用上享有均等的机会。

2. 有效应用。努力使不同背景、不同性格和能力的学生均能利用学习资源得到良好发展。

3. 健康使用。促进学生正确地使用学习资源，以营造良好的学习环境。

4. 规范行为。能向学生示范并传授与技术利用有关的法律法规知识和伦理道德观念。

第二部分　管理人员教育技术能力标准

一、意识与态度

（一）重要性的认识

1. 能够认识到教育技术的有效应用对推进教育信息化、促进教育改革和实施国家课程标准的重要作用。

2. 能够认识到教育技术能力是教师专业素质的必要组成部分。

3. 能够认识到教育技术的有效应用对于优化教学过程、培养创新型人才的重要作用。

（二）应用意识

1. 具有推动在管理中应用教育技术的意识。

2. 具有推动在教学中开展信息技术与课程整合、促进教育教学改革研究的意识。

3. 具有支持教师运用教育技术不断丰富学习资源的意识。

4. 具有密切关注新技术的价值并不断挖掘其教育应用潜力的意识。

（三）评价与反思

1. 具有促进对教学资源的利用进行评价与反思的意识。

2. 具有促进对教学过程进行评价与反思的意识。

3. 具有促进对教学效果与效率进行评价与反思的意识。

4. 具有对教学管理的效果进行评价与反思的意识。

（四）终身学习

1. 具有不断学习新知识和新技术以提高自身管理水平的意识与态度。

2. 具有利用教育技术进行终身学习以实现管理能力与个人素质不断提高的意识与态度。

3. 具有利用教育技术为教师创造终身学习环境的意识与态度。

二、知识与技能

（一）基本知识

1. 了解教育思想、观念和教育技术的发展趋势。

2. 了解教育技术的基本概念和应用范畴。

3. 了解教育技术的基本理论。

4. 掌握绩效技术、知识管理和课程开发的基本知识。

（二）基本技能

1. 掌握信息检索、加工与利用的方法。

2. 掌握资源管理、过程管理和项目管理的方法。

3. 掌握教学媒体、教学资源、教学过程与教学效果的评价方法。

4. 掌握课程规划、设计、开发、实施与评价的方法。

三、应用与创新

（一）决策与规划

1. 制定并实施教育技术应用计划以及应用技术来促进教育教学改革的条例与法规。

2. 能够根据地区特点和实际教育状况，宏观调配学习资源，规划和设计教育系统。

3. 能够有效应用信息技术和统计数据辅助决策过程。

（二）组织与运用

1. 能组织与协调各种资源，保证教育技术应用计划的贯彻和执行。

2. 能组织与协调各种资源，促进信息化学习环境的创建。

3. 能组织与协调各种资源，支持信息化的教学活动。

4. 能运用技术辅助教学组织和教学实施。

（三）评估与发展

1. 能使用多种方法对教师和管理人员的教育技术应用效果进行评价。

2. 能运用技术辅助对管理体制和运行机制进行评价。

3. 能采取多种措施推动技术体系的不断改进，支持技术的周期性更新。

4. 能充分利用技术手段为教师、学生和管理者的发展提供更多机会。

5. 能充分运用技术改善教育教学条件，并为教师提供教育技术培训的机会。

（四）合作与交流

1. 能利用技术与教学人员就教学工作进行交流。

2. 能利用技术与技术人员就学习支持与服务进行交流。

3. 能利用技术与家长及学生就学生发展与成长进行交流。

4. 能利用技术与同事就管理工作进行合作与交流。

四、社会责任

（一）公平利用

能够在管理制度上保障所有的教师和学生均能利用学习资源得到良好发展。

（二）有效应用

1. 能够促进学习资源的应用潜能得到最大化的发挥。

2. 能够促进技术应用达到预期效果。

（三）安全使用

1. 能确保技术环境的安全性。

2. 能提高技术应用的安全性。

（四）规范行为

1. 努力加强信息道德的宣传与教育。

2. 努力规范技术应用的行为与言论。

3. 具有技术环境下知识产权保护的意识，并能够以实际行动维护这种知识产权。

第三部分　技术人员教育技术能力标准

一、意识与态度

（一）重要性的认识

1. 能够认识到教育技术的有效应用对推进教育信息化、促进教育改革和实施国家课程标准的重要作用。

2. 能够认识到教育技术应用能力是教师专业素质的重要组成部分。

3. 能够认识到教育技术的有效应用对优化教学过程、培养创新型人才的重要作用。

（二）应用意识

1. 具有研究与推进信息技术与课程整合的意识。

2. 具有利用技术不断优化学习资源和学习环境的意识。

3. 具有积极辅助与支持教学人员和管理人员应用教育技术的意识。

4. 具有不断尝试应用新技术并探索其应用潜力的意识。

（三）评价与反思

1. 具有对技术及应用方案进行选择和评价的意识。

2. 具有对技术开发进行评价与反思的意识。

3. 具有对技术支持进行评价与反思的意识。

4. 具有对教学资源管理进行评价与反思的意识。

（四）终身学习

1. 具有积极学习新知识与新技术以提高业务水平的意识。

2. 具有利用教育技术进行终身学习以不断提高个人素质的意识。

二、知识与技能

（一）基本知识

1. 了解教育思想、观念和技术的发展趋势。

2. 了解教育技术的基本概念和应用范畴。

3. 掌握现代教学媒体特别是计算机与网络通信的原理与应用。

（二）基本技能

1. 掌握信息检索、加工与利用的方法。

2. 了解教学系统设计与开发的方法。

3. 掌握教学媒体的设计与开发的技术。

4. 掌握教学媒体的维护与管理的方法。

5. 掌握学习资源维护与管理的方法。

6. 掌握对教学媒体、学习资源的评价方法。

三、应用与创新

（一）设计与开发

1. 参与本单位教育信息化建设方案的整体规划与设计。

2. 能够设计与开发本单位的信息化学习环境。

3. 能够收集、整理已有学习资源并设计与开发符合教学需要的学习资源。

（二）应用与管理

1. 能够为教学人员的教学和科研工作提供技术支持与服务。

2. 能够为管理人员的管理和评估工作提供技术支持与服务。

3. 能够对学习资源与学习环境的使用进行有效的管理与维护。

（三）评估与发展

1. 能够对学习资源和学习环境的开发与应用效果进行评估，并提出发展建议。

2. 能够对自身的技术服务和管理工作进行评估，并反省自身的技术服务和业务水平。

3. 能够参与本校教师教育技术应用效果的评估工作，并提出发展建议。

4. 能够参与制定本校教师教育技术培训方案并实施。

（四）合作与交流

1. 能利用技术与教师就教育技术在教学中的应用效果进行交流。

2. 能利用技术与管理人员进行交流。

3. 能利用技术与学生及家长进行交流。

4. 能利用技术与同行及技术专家进行交流。

四、社会责任

（一）公平利用

能够通过有效的统筹安排保障所有的教师和学生均能利用学习资源得到良好发展。

（二）有效应用

1. 能不断加强信息资源的管理。
2. 能不断提高教育技术应用的有效性。

（三）安全使用

1. 努力提高技术应用环境的信息安全。
2. 能为教师和学生提供安全、可靠的技术服务。

（四）规范行为

1. 努力加强技术环境下信息资源的规范管理。
2. 努力规范技术应用的行为方式。

附录：术语与定义

教育技术（Educational Technology）

教育技术是指运用各种理论及技术，通过对教与学过程及相关资源的设计、开发、利用、管理和评价，实现教育教学优化的理论与实践。

教学系统（Instructional System）

教学系统是教育系统的子系统，是指为了实现某种教学目的、由各教学要素有机结合而成的具有一定教学功能的整体。

教学设计（Instructional Design）

教学设计又称为教学系统设计（Instructional System Design），是指主要依据教学理论、学习理论和传播理论，运用系统科学的方法，对教学目标、教学内容、教学媒体、教学策略、教学评价等教学要素和教学环节进行分析、计划并作出具体安排的过程。

信息（Information）

信息是人、生物和自动机等控制系统所接收和加工的事物属性或运动状态。在教育教学领域有表示教学内容的信息、描述师生特征的信息、反映教学动态过程的信息等。

信息资源（Information Resources）

信息资源是指以文字、图形、图像、声音、动画和视像等形式储存在一定的载体上并可供利用的信息。

信息技术（Information Technology）

信息技术是指能够支持信息的获取、传递、加工、存储和呈现的一类技术。其中，应用在教育领域中的信息技术主要包括电子音像技术、卫星电视广播技术、多媒体计算机技术、人工智能技术、网络通信技术、仿真技术和虚拟现实技术等。

教育信息化（Educational Informationization）

教育信息化是指在教育教学的各个领域中，积极开发并充分应用信息技术和信息资源，促进教育现代化，以培养满足社会需求人才的过程。

信息道德（Information Morality）

信息道德是指在信息领域中用以规范人们相互关系的思想观念与行为准则。

信息安全（Information Security）

信息安全是指个人、组织和国家在信息领域的利益保护状态。它涉及信息的保密性、完整性、可用性和可控性。

信息技术与课程整合（Integrating Information Technology into Curriculum）

信息技术与课程整合是指在学科教学过程中把信息技术、信息资源和课程有机结合，建构有效的教学方式，促进教学的最优化。

学习资源（Learning Resources）

学习资源是指在学习过程中可被学习者利用的一切人力与非人力资源，主要包括信息、资料、设备、人员、场所等。在课堂教学中所利用的学习资源也称教学资源。

教师专业化（Teacher Professionalization）

教师专业化是指教师在整个职业生涯中，通过专门训练和终身学习，逐步习得教育专业的知识与技能并在教育专业实践中不断提高自身的从教素质，从而成为一名合格的专业教育工作者的过程。

终身学习（Lifelong Learning）

终身学习是指社会每个成员为适应社会发展和实现个体发展的需要，贯穿于人的一生的、持续的学习过程。

教学媒体（Instructional Media）

媒体是指承载、加工和传递信息的介质或工具。当某一媒体被用于教学目的时，则被称为教学媒体。

教学资源管理（Instructional Resources Management）

教学资源管理是指通过对教学资源的计划、组织、协调和评价，以实现既定教学目标的活动过程。教学资源管理包括硬件资源的管理和软件资源的管理。

项目管理（Project Management）

项目是指致力于完成具有独特性的产品或服务的一次性工作。学校教育中的项目管理，是指对学校特定教育教学项目的计划、组织、监督与调控。项目管理在学校教育中主要应用于教学系统设计、教学资源开发、教育技术应用和教育改革实验等开发项目与研究课题中。

教学过程管理（Process Management）

教学过程是教学活动展开的过程。教学过程管理就是对这一过程所涉及的各种要素及活动的管理。

学习环境（Learning Environment）

学习环境是指直接或间接影响个体及群体学习的全部外在因素。在学校教育中，学习环境主要包括校园、教室、图书馆、实验室和教学软件平台、学习工具、各种学习资源等硬软件物质条件，以及校风、学风、校园文化等精神因素。此外，家庭和社区通常被认为是学生的校外学习环境。

绩效技术（Performance Technology）

绩效是指人们在工作场所中通过一定的活动完成任务所形成的业绩或成果。绩效技术是指应用系统方法，通过对目标和行为的分析、设计、开发、实施、管理和评价，以达到工作业绩最大化的技术。

知识管理（Knowledge Management）

知识管理是指利用适当的技术、方法和机制来促进知识的有效生成、传播和利用的过程。

课程开发（Curriculum Development）

课程开发是指通过需求分析确定课程目标，再根据这一目标选择某一个学科（或多个学科）的教学内容和相关教学活动进行计划、组织、实施、评价、修订，以最终达到课程目标的整个工作过程。

附录2　教学设计方案模板

"××××××"教学设计方案

一、课题概述

二、教学目标分析

1. 知识与技能：

2. 过程与方法：

3. 情感态度与价值观：

三、教学重、难点分析

项目	内容	解决措施
重点		
难点		

四、学习者特征分析

五、教学策略选择与设计

六、教学资源与工具设计

七、板书设计

八、教学过程设计

教学过程：

教学流程图：

九、教学评价设计

十、教学反思

参考文献

[1] 张剑平. 现代教育技术——理论与实践 [M]. 北京：高等教育出版社，2012.

[2] 赵呈领，万力勇. 教育信息化发展与师范生教育技术能力培养 [M]. 北京：科学出版社，2013.

[3] 李振亭，马明山. 现代教育技术 [M]. 北京：高等教育出版社，2010.

[4] 何克抗. 教育技术培训教程（教学人员·初级）[M]. 北京：高等教育出版社，2009.

[5] 何克抗. 教育技术水平考试辅导教程（教学人员·初级）[M]. 北京：高等教育出版社，2009.

[6] 何克抗. 教育技术培训教程（教学人员·中级）[M]. 北京：高等教育出版社，2011.

[7] 祝智庭. 教育技术培训教程（教学人员·初级）[M]. 北京：北京师范大学出版社，2006.

[8] 左艳君，徐明成. 现代教育技术 [M]. 北京：电子工业出版社，2013.

[9] 顾明远. 教育技术 [M]. 北京：高等教育出版社，2006.

[10] 刘俊强. 新课程教师教育技术和媒体运用能力培养与训练 [M]. 北京：人民教育出版社，2004.

[11] 高铁刚. 信息技术环境下课堂教学模式的理论与方法

[M]. 任友群，詹艺，译. 北京：清华大学出版社，2011.
[12] 全美教师教育学院协会创新与技术委员会. 整合技术的学科教学知识：教育者手册 [M]. 任友群，詹艺，译. 北京：科学出版社，2011.
[13] 何克抗，林君芬，张文兰. 教学系统设计 [M]. 北京：高等教育出版社，2006.
[14] 李龙. 教学设计 [M]. 北京：高等教育出版社，2010.
[15] 王小明，胡谊，皮连生. 教学设计 [M]. 北京：高等教育出版社，2009.
[16] 李玉斌，戴心来. 现代教育技术 [M]. 第2版. 北京：高等教育出版社，2011.
[17] 刘军，黄威荣. 现代教育技术 [M]. 北京：北京师范大学出版社，2010.
[18] 何文茜，高振环. 现代教育技术 [M]. 北京：北京大学出版社，2009.
[19] 张建国. 现代教育技术 [M]. 北京：国防工业出版社，2009.
[20] 李汉龙，王金宝，等. Flash 多媒体课件制作实例教程 [M]. 北京：国防工业出版社，2013.
[21] 凤舞科技. Flash 多媒体课件制作入门与提高 [M]. 北京：清华大学出版社，2014.
[22] 周玉萍. 现代教育技术 [M]. 北京：人民邮电出版社，2014.
[23] 李军. 多媒体课件制作入门与提高 [M]. 北京：清华大学出版社，2014.
[24] 李世荣. 现代教育技术 [M]. 北京：清华大学出版社，2011.
[25] 白列湖. 协同论与管理协同理论 [J]. 甘肃社会科学.

2007 (5): 228.

[26] 杨浩，高岭，宁玉文，杨建锋. 基于移动终端的非正式学习资源设计 [J]. 中国教育信息化，2012 (3).

[27] 胡铁生. “微课”：区域教育信息资源发展的新趋势 [J]. 电化教育研究，2011 (10).

[28] 何克抗. TPACK——美国“信息技术与课程整合”途径与方法研究的新发展 [J]. 电化教育研究，2012 (5-6).

[29] 韩飞翔. 多媒体课件结构设计制作的优化策略研究 [J]. 甘肃科技纵横，2011 (1): 42-43.

[30] 高洁. 多媒体教学软件设计制作关键技术分析 [J]. 软件导刊 (教育技术)，2011 (3): 81-84.

[31] 徐志红. 基于框架图标的多媒体课件结构设计 [J]. 滁州学院学报，2007 (3): 35-36.

[32] 崔阳华. PPT 课件设计的框架式构思 [J]. 中国教育信息化，2007 (6): 44-45.

[33] 郑静华. PPT 课件设计原则和实用技巧 [J]. 中国教育技术装备，2011 (26): 115-117.

[34] 课件设计教程——封面设计. http://www.edudown.net/Article/xuexi/200607/6199.html.

[35] 丛荣华. 基于 Web 的多媒体课件页面设计 [J]. 长春师范学院学报 (自然科学版)，2010 (2): 57-59.

[36] 洪智凤，冯天敏. 多媒体课件页面设计的艺术 [J]. 中国科技信息，2006 (4): 288.

[37] 刘小和，曹睿丽. 多媒体教学课件页面制作探讨 [J]. 河南职工医学院学报，2013 (4): 525-527.

[38] 李百平. 多媒体音乐课件制作 (六) 课件制作与美化 (上) [J]. 中国音乐教育，2012 (11): 22-24.

[39] 施永新. 基于 ActionScript3.0 的 Flash 课件的程序框架设

计 [J]. 电脑编程技巧与维护，2014 (4)：58—61.

[40] 韩建彬. PPT 课件中的色彩搭配 [J]. 科技资讯，2013 (26)：27.

[41] 白改平，韩龙淑. 专家型教师与熟手型教师数学课堂教学行为的异同及启示 [J]. 教育理论与实践，2011 (32)：34—36.

[42] 陈刚. 论探究式教学实施的误区及应对方案 [J]. 上海教育科研，2011 (9)：56—60.

[43] 陈卫东，叶新东. 未来课堂中屏的设计——基于交互的视角 [J]. 远程教育杂志，2013 (5)：23—31.

[44] 陈秋吟. 课堂理答、教学智慧与生命关怀 [J]. 中国教育学刊，2013 (S2)：36—37.

[45] 何其国. 信息技术与基础教育课程整合及其课堂教学实施模式的研究 [J]. 中国教育信息化，2013 (8)：23—26.

[46] 康诚，周爱保. 个人特质对多媒体环境下学习的影响 [J]. 现代教育技术，2008 (9)：35—39.

[47] 李长吉，张雅君. 教师的教学反思 [J]. 课程・教材・教法，2006 (2)：85—89.

[48] 李长娟. 实现有效教学的若干环节 [J]. 教育评论，2013 (6)：33—35.

[49] 刘彬. 浅谈教师课堂调控技能 [J]. 中国教育学刊，2011 (S1)：112—113.

[50] 马凤芹. 新教师教学中存在的问题及改进对策 [J]. 教育与职业，2010 (5)：58—59.

[51] 曲兆东. 声音媒体在多媒体课件中的运用 [J]. 中小学电教，2004 (12)：58—60.

[52] 张大均. 论教学实施与监控的基本策略 [J]. 西南师范大学学报（哲学社会科学版），1999 (2)：65—69.

[53] 张小莉，陈江静. 多媒体设计的冗余原则在物理实验讲授课中的应用 [J]. 电化教育研究，2010 (7)：93—95.

[54] 赵健，郭绍青. 信息化教学能力研究综述 [J]. 现代远距离教育，2010 (4)：28—31.

[55] 王映学，赵兴奎. 教学反思：概念、意义及其途径 [J]. 教育理论与实践，2006 (3)：53—56.

[56] 谢非，余胜泉. 中学混合式学习的教学实施模式 [J]. 现代教育技术，2007 (11)：79—83.

[57] 陈晓明，杜云. 电子档案袋在信息技术新课改教学中的应用 [J]. 中国电化教育，2005 (7)：52—55.

[58] 段洁利，赖元峰，谢小妍，李萍. 教师课堂教学质量评价体系的研究 [J]. 山西农业大学学报（社会科学版），2004 (3)：202—205.

[59] 范铭. 课堂教学评价方法新探——《课堂观察记录表》的设计与应用 [J]. 上海教育科研，2012 (4)：56—59.

[60] 高凌飚，黄韶斌. 教学中的非正式评价 [J]. 学科教育，2004 (2)：1—6.

[61] 葛军. 对教学评价的若干思考 [J]. 教育理论与实践，2010 (7)：62—64.

[62] 寇海莲，万正刚. 概念图用于C程序设计教学评价的实践研究 [J]. 中国电化教育，2012 (10)：114—119.

[63] 李君丽，祝智庭. 基于新课改的发展性教学评价设计探讨 [J]. 电化教育研究，2007，04：66—68.

[64] 李雪平. 不同评价方式对学生心理的影响 [J]. 中国教育学刊，2005 (11)：52—55.

[65] 刘洋，兰聪花，马炅. 电子档案袋评价与传统教学评价的比较研究 [J]. 电化教育研究，2012 (2)：75—77.

[66] 刘志军. 课堂教学质量评价方法论的探讨 [J]. 教育理论

与实践，2001 (2)：7－11.

[67] 陆小玲. 多元化教育评价视野下的电子档案袋评价 [J]. 黑龙江高教研究，2012 (8)：56－58.

[68] 罗美淑，刘世勇，夏春艳. 数据挖掘技术在教学评价中的应用研究 [J]. 教育探索，2013 (2)：81－82.

[69] 马元丽. 信息技术支持下的英国中小学个性化学习评介 [J]. 中国电化教育，2014 (2)：108－113.

[70] 宋彩萍，王江红. 教师教学效果评价研究 [J]. 教育理论与实践，2001 (2)：28－31.

[71] 孙超博. 课堂教学中师生沟通存在的问题与思考 [J]. 现代教育科学，2011 (10)：52－53.

[72] 孙来福，王朋娇. 基于 Blog 的 ePortfolio 网络学习评价初探 [J]. 现代远距离教育，2007 (2)：58－60.

[73] 孙名符，方勤华. 关于信息技术环境下数学课堂教学设计实效性的研究 [J]. 电化教育研究，2007 (7)：63－67.

[74] 王华女. 当前中小学教学评价的问题分析与改革策略 [J]. 辽宁教育研究，2004 (11)：57－59.

[75] 王彦秋，韩瑛. 基于 Blog 平台的电子档案袋在教育中的应用 [J]. 中国现代教育装备，2006 (12)：116－117.

[76] 魏雪峰，宋灵青. 学习分析：更好地理解学生个性化学习过程——访谈学习分析研究专家 George Siemens 教授 [J]. 中国电化教育，2013 (9)：1－4.

[77] 严凌. 网络教学评价应注意的若干问题 [J]. 图书与情报，2006 (3)：104－107.

[78] 张宝辉，张金磊，黄龙翔. 计算机建模在教学评价中的应用研究 [J]. 中国电化教育，2013 (4)：103－109.

[79] 张海. 网络环境下课堂评价的创新与实践——“魔灯”在课堂教学评价中的作用 [J]. 上海教育科研，2012 (9)：

57－59.
[80] 张红. 多元智能理论观照下的新课程评价观的转变 [J]. 教育探索，2003 (7)：60－61.
[81] 郑秀敏，朱德全. 美国基础教育教师教学评价与信息技术整合的路径分析 [J]. 电化教育研究，2012 (4)：115－120.
[82] 郑鹰. 对当前教师教学评价问题的思考 [J]. 黑龙江高教研究，2003 (6)：70－71.
[83] 钟志贤，王觅，林安琪. 量规：一种现代教学评价的方法 [J]. 中国远程教育，2007 (10)：43－46.
[84] 周颖. 在线形成性评价工具在英语写作中的应用、困难及对策探究 [J]. 现代教育技术，2011 (9)：88－93.
[85] 庄秀丽. 电子档案袋评价与网络互联学习 [J]. 中国电化教育，2005 (7)：56－58.
[86] 教育部关于实施全国中小学教师信息技术应用能力提升工程的意见 [EB/OL]. http://www.ict.edu.cn/news/n2/n20131106_5351.shtml.
[87] 教育部办公厅. 2014 年教育信息化工作要点 [EB/OL]. http://www.ict.edu.cn/news/n2/n20140321_9507.shtml.
[88] 教育部. 教育部关于印发《教育信息化十年发展规划(2011－2020 年)》的通知 [EB/OL]. http://www.moe.gov.cn/publicfiles/business/htmlfiles/moe/s3342/201203/133322.html.
[89] 教学媒体环境. http://wenku.baidu.com/link?url=p9VoziAy82vn1AIyFf6KUKJ_ggT1sCl4H94w6YzFoB5UYzm－kp8emph7dddcbK_Yp6IgnoBZ5_EeXz8SSaeuN3ivhcWa8h0WakNzBUNItW7.
[90] 赵建华，李克东. 信息技术环境下基于协作学习的教学设

计 [EB/OL]. http://blog. sina. com. cn/s/blog _ 4e6af0be0102e1f8. html.

[91] http://wenku. baidu. com/view/021721ec102de2bd96058827. html.

[92] 云课堂 [EB/OL]. http://baike. sogou. com/v59687436. htm,2014-6-12.

[93] 中国云教育网：http://www. chinayunedu. com.

[94] 百度百科：http://baike. baidu. com.

[95] 百度文库：http://wenku. baidu. com.

[96] 360doc 个人图书馆：http://www. 360doc. com.

[97] 焦建利. 论教育技术学的研究对象 [EB/OL]. http://www. 360doc. com/content/05/1013/14/1926 _ 19028. shtml.

[98] 黎加厚. 微课程教学设计 [EB/OL]. http://wenku. baidu. com/view/5ea54ed70242a8956bece4b2. html.

[99] 张一春. 微课的十大特征 [EB/OL]. http://blog. sina. com. cn/s/blog _ 8dfa9ca20101ouw4. html.

[100] 云计算与教育信息化——听祝智庭教授学术报告有感 [EB/OL]. http://blog. sina. com. cn/s/blog _ 7da31f9e01017it3. html.

[101] 如何制作微课 [EB/OL]. http://wenku. baidu. com/view/ab44185877232f60ddcca132. html.

[102] 柯清超. 微课设计与应用 [EB/OL]. http://wenku. baidu. com/view/99daec136c85ec3a86c2c50f. html.

[103] 金东威. 课堂教学中信息技术与课程整合的具体方式 [EB/OL]. http://wenku. baidu. com/link?url=9nHjUt7931B9Fkx5OdUaG2Ub _ beUimHiquE3o-x3wtHeh Oq7 _ FGN972dDGIQnfIMKl97KhUwyNpf6JJFyREKoYPJcSlFj04Rbu0UhyK8ZYS.

[104] 课件制作流程 [EB/OL]. http: //www. qxxx. fx.

edu. sh. cn/webapps/teabk/bwDisp1. aspx? id=267.

[105] 怎么设计课件脚本?[EB/OL]. http://zhidao. baidu. com/link? url = NbG - WpcgxO1FHPfxLPgK5xv5jRyEl462b9UXxMKu3mo9cmqMBCGmjQireAgJCmphyXHARCwbJZcJG2yVIa5LwK.

[106] 信息化教学资源的定义[EB/OL]. http://wenku. baidu. com/link? url = bFiyq9NNXCMz3J _ oBfQgtwsha68oXYOM6eT741 - iWsZ5pr6qdvMtCd3t6Za6nySqH4 _ U5WLHURQQIyGALgbyXqhQu-mFm74WoR3L-TxY4Va.